북핵을 넘어 통일로

김태우 지음

명인문화사

북핵을 넘어 통일로

1쇄 펴낸 날   2012년 8월 14일

지은이   김태우
펴낸이   박선영
펴낸곳   명인문화사

디자인   박종희
삽 화   박소라, 박희은

등 록   제2005-77호(2005.11.10)
주 소   서울시 송파구 석촌동 58-24 미주빌딩 202호
이메일   myunginbooks@hanmail.net
전 화   02)416-3059
팩 스   02)417-3095

ISBN   978-89-92803-45-8
가 격   13,000원

차례

이 세상에는 절대로 건드리지 않아야 할 것 세 가지가 있다. 용의 역린(逆鱗)과 호랑이의 코털 그리고 아버지의 퇴직금이다. 북한에는 한 가지가 더 있다. 그네들의 체제다. 북한은 체제를 수호하는데 혈안이며, 핵은 체제수호를 위한 수단이다. 북한을 고립과 궁핍 속에 가두고 있는 것도 북핵이다. 당장은 약(藥)인듯 하지만 결국은 독(毒)이라는 말이다. 그럼에도, 북핵을 포기시키기란 말 못하는 짐승에게 주기도문이나 불경을 암송시키는 것만큼 어렵다. 협상을 통해 북핵을 제거하기란 '맨손으로 안개 잡기'나 '대바구니로 물 뜨기'와 같다. 김정일 국방위원장이 죽고 김정은 시대가 열렸지만 핵에 대한 집착은 그대로이다.

이 책은 핵 이야기로 시작하여 통일 이야기로 끝을 맺는다. 북핵 문제만 해결되면 통일이 된다는 의미는 아니다. 통일로 가는 쉬운 길을 알려주는 요술책도 아니다. 북핵을 제대로 알면 북한을 다루는 방법을 알게 되고, 그 방법으로 북한 문제에 대처해나가면 통일로 가는 길이 보인다는 뜻이다. 이런 목적으로 이 책은 북핵이 가진 애증(愛憎)의 두 얼굴을 설명하고 있으며, 그 방식으로 북한의 두 얼굴을 직시하도록 권하고 있다. 통일로 가는 길이란 브라질의 밀림 속에서 아마존 강의 발원지를 찾는 것만큼 어려울 수 있지만 그 길을 찾기 위한 출발점은 북한의 두 얼굴을 직시하는 것이다.

이 책은 핵문제와 함께 북한의 천안함 공격과 연평도 포격 도발 그리고 국방개혁과 같은 안보국방 이슈는 물론 한중관계나 한일관계와 같은 외교 이슈들도 다루고 있다. 모두가 통일로 가는 길에 맞닥뜨려야 하는 변수들이기 때문이다.

안타까움으로 쓰기 시작한 책

필자는 대학졸업과 함께 (주)대우개발에서 직장생활을 시작했던 월급쟁이였지만, 특별한 계기가 있어 1989년 박사 학위를 취득하고 안보전문가로 새 삶을 시작했다. 전공을 묻는 사람에게는 '국가생존학'이라고 답하는 것을 즐긴다. "저는 강대국병 환자입니다"라는 농담도 곧잘 즐긴다. 결코 평탄하지 않은 전문가의 삶을 살았지만, 늘 중시했던 것이 젊은이들과의 소통이었다.

전라남도 광양에는 세계 최대 규모의 광양제철소가 있다. 안내자의 말에 의하면 제철소를 견학하면서 노인들은 눈물을 흘리고 청년들은 땀을 흘린다고 한다. 거대한 고로(高爐)가 벌건 쇳물을 쏟아내는 것을 보면서 노인들은 궁색했던 한국의 과거를 회상하며 감격에 젖지만, 젊은이들은 그냥 덥다고 느낀다는 것이다. 모든 젊은이가 그런 것은 아니겠지만, 젊은이들은 현재 주어진 것들을 당연한 것으로 생각할 뿐 한국이 어떻게 해서 세계 6위의 철강생산국이 되었는지에 대해서는 무신경하다는 것이다. 요즘도 대학가와 군부대에 특강을 다니면서는 "돈이 많이 드는 통일은 할 필요가 없다"고 주장하는 젊은이들을 심심찮게 만난다. 속상한 일이다. 통일이 가져올 편익이나 역사적 의미를 제쳐두고 비용만 걱정하는 젊은이들을 만나면 영 개운치 않다.

1990년대 『무궁화 꽃이 피었습니다』라는 소설이 화제를 불러일으킨 적이 있었다. 한국이 핵을 가진 북한과 힘을 합쳐 일본을 혼내주는 스토리가 독자의 속을 후련하게 만들었다. 대학가에는 "북핵도 통일되면 우리 것"이라는 유행어가 확산되었다. "우리도 핵무기를 만들자"는 주장도 제기되었다. 핵문제를 전공한 필자로서는 답답한 일이었다. 분단국을 사는 젊은이들이 필연적으로 겪는 혼란이라고 수긍하면서도 속으로는 "너희가 핵을 얼마나 아느냐"고 반문하지 않을 수 없었다.

한번은 이웃에 사는 막내 딸 친구의 어머니가 어두운 표정으로 찾아왔다. 아이가 갑자기 대학진학을 포기하겠다고 우기니 생각을 바꾸어 줄 수 없겠느냐는 것이었다. 상담을 해보니 이 학생은 전교조 소속 역사 선생님의 영향을 받아 공평하지도 정의롭지도 않은 사회에서 대학에 다니는 것 자체가 죄악이라는 생각을 하고 있었다. 대견스러운 구석이 있는 생각이었지만, 왜곡된 역사에 근거하고 있었다. 이승만·박정희 전 대통령을 민족의 반역자로 배웠고, 노근리 양민학살을 한국전쟁을 대변하는 사건으로 알고 있었다.

"정권의 합법성 부족, 민주주의 파괴, 지역갈등 심화 등 박정희 정권이 야기했던 본질적 문제들을 직시해야 하지만, 그가 정주영, 박태준 등과 함께 이룬 경제기적과 근대화도 공정하게 평가해야 한다. 공(功)과 과(過) 중에 어느 쪽을 더 크게 느끼는가 하는 것은 사람에 따라 다르겠지만, 일단 양쪽 모두를 볼 수 있어야 한다", "이승만은 독재와 부패로 종말을 맺었지만, 그가 도입한 자유민주주의와 시장경제 그리고 한미동맹은 이 땅의 번영을 가져온 시발점이었다", "노근리 학살은 미군이 저지른 참극이었지만 지엽적인 사건이며, 그보다는 미국이 4만 명을 희생시키면서 공산통일을 저지해 준 것이 한국전쟁 역사의 주류라는 사실을 직시해야 한다." 밤이 늦도록 이런 대화가 이어졌다. 이 여학생은 대학에 진학했고 지금은 직장인이다.

한국의 대학생 중에는 한국전쟁을 남한의 북침으로 시작된 전쟁으로 배운 경우가 적지 않다. 모 대학 학군단 후보생들에게 특강을 하던 중에 일어난 일이다. 한국전쟁을 북침전쟁으로 배웠다는 학생을 불러 세웠다. "6월 25일 전쟁이 시작되어 사흘 만에 서울이 함락되었는데, 북침이라면 그게 가능한가"라고 다그쳤다. 학생은 난감한 표정으로 우물쭈물 하더니만

"북한이 침략했으니 '북침'이라고 하는 것입니다"라고 외쳤다. 이 학생은 한바탕 웃음을 자아내는 농담으로 필자의 추궁을 벗어났지만, 어쨌든 한국전쟁의 역사를 잘못 알고 있는 학생을 접할 때마다 안타까움을 주체할 수 없었다. 사실(facts)에 근거한 토론문화가 절실하다는 생각이 들었다. 토론이란 서로 다른 주장을 생산하지만 근거하는 사실은 동일해야 한다. 이런 안타까움이 필자로 하여금 1,000여 편의 글을 집필하고 쉼 없이 강연활동을 지속하도록 만들어준 엔진이었다. 이 책을 집필한 동기도 연장선상에 있다.

북한, 바로 알고 바로 보자

분단국을 사는 젊은이들은 혼란을 겪을 수밖에 없다. 그들에게는 혼란을 말끔히 정리해 줄 해답이 절실하다. 대학에 들어간 딸이 "북한은 동족인가요, 주적인가요"라고 물으면 아버지는 어떻게 대답해야 할까. "북한의 핵무기는 통일되면 우리 것이니 반대할 필요가 없어요"라고 말한다면, 또는 "북핵이라고 해봐야 조잡한 것 몇 개일텐데 왜 위험한가요"라고 물으면 뭐라고 답해야 할까. 군에 입대한 아들이 휴가를 와서 "왜 동족인 북한을 향해 총부리를 겨누어야 합니까"라고 묻는다면 부모는 어떻게 답해야 할까.

젊은이들이 가진 의문들은 그 말고도 많다. 1만 개가 넘는 핵무기를 가진 미국이 몇 개에 지나지 않는 북한의 핵무기를 시비하는 것은 힘센 자의 오만이 아닙니까? 왜 우리는 핵무기를 만들어 북핵에 대응할 수 없는 건가요? 미국의 전술핵을 재반입하면 되지 않나요? 남한의 GDP가 북한의 37배인데도 북한이 안보위협인가요? 북한 급변사태 대비를 거론하는 것은 북한을 자극하는 것 아닙니까? 북한도 우주개발권을 가진 주권국인데 왜 위성발사를 하면 안 되나요? 이런 질문들에 대해 기성세대가 정돈된 답변을 들려주지 못한다면 혼란은 계속될 것이다. 혼란이 이어지는 한 북한을 바로 볼 수 없고 통일로 가는 길도 찾을 수 없다.

이 책은 '두개의 안경'과 '무게 중심'을 가지고 이런 문제들을 바라보도록 제안하고 있다. '이상주의'라는 안경으로 보이는 북핵은 동족이 이룩한 과학적 업적일 수 있지만, '현실주의'라는 안경너머로 보이는 북핵은 주적의 손에 들려있는 흉측한 무기다. 이것이 북핵의 예쁜 얼굴과 미운 얼굴이다. 우리는 양자를 모두 인정하면서도 경중(輕重)과 완급(緩急)을 따져 무게 중심을 찾아야 한다. 그래야 북한을 바로 보고 통일문제에도 바로 접근한다.

부동여산 · 의문대자 · 호시우보 · 수적천석 · 유비무환

『북핵을 넘어 통일로』는 학술서가 아니다. 핵무기에 관한 기술적 내용, 동전의 양면과도 같은 원자력과 핵무기의 관계, 핵보유국들의 핵전략, 핵질서, 국제 핵정치 등을 기술하고 있지만, 이것들은 북핵을 객관적으로 이해하는데 필요한 배경들일 뿐이다. 초점은 어디까지나 '북핵 바로 보기를 통한 북한 바로 보기'와 '북한 바로 보기를 통한 통일 바로 보기'에 있다. 딱딱한 학술적 표현을 회피했으며, 각주달기, 참고문헌 소개 등도 생략했다. 지겹도록 많은 연구논문들을 생산해온 필자에게 학술업적을 추가하는 것은 관심사항이 아니며, 이 보다는 전문지식이 없는 젊은이들과 일반인들이 쉽게 읽어나갈 수 있도록 하는 것이 중요했다.

이 책을 통해 필자가 주장하는 바는 부동여산(不動與山), 의문대자(倚門待子), 호시우보(虎視牛步), 수적천석(水滴穿石), 유비무환(有備無患) 등의 사자성어들로 함축될 수 있다. 안보에 있어서는 거대한 산이 미동을 하지 않듯 확고해야 하지만, 북한 전체를 바라봄에 있어서는 대문에 기대어 서서 집나간 자식을 기다리는 부모의 심정을 가져야 한다. 북핵 문제에 대해서는 호랑이의 눈으로 꿰뚫어보되 소처럼 신중하게 발걸음을 떼야 하며, 통일을 위해서는 물방울이 바위를 뚫듯 인내심을 발휘해야 한다. 이 책을 읽은 독자들이 균형 잡힌 시각으로 북핵을 바라보고 건전한 대북관과 통일관을 가지는 계기로 삼아준다면, 그것으로 필자는 여한이 없다.

2012년 8월

著者 김태우(金泰宇)

통일로 가는 봄

통일로 가는 길에 봄이 옵니다
내 키만큼이나 무성하게 자란 잡초 사이로
60년 꽁꽁 언 땅 뚫고 이름모를 봄꽃이 일어섭니다

달려가다 멈춘 기차
그 기차 녹쓸고 있는 땅에도 꽃이 핍니다
휴전선 지뢰밭 사이에도
아이처럼 재잘대며 작은 풀꽃이 올라옵니다.

지난 60년
조국이라는 뜨거운 가슴안고
피어보지 못한 채 사라져 간 붉은 꽃잎같은 목숨들
통일로 가는 길에 서서 사라진 젊은 이름들을 불러봅니다

그 소중한 희생 앞에 오늘 우리는 약속합니다.
가는 길 아무리 힘들어도 함께 손잡고 통일의 노래 부르며
삼천리 조국강산 한라에서 백두까지
생명의 봄으로 꽃피우겠습니다.

2012년 3월 29일
뉴욕 통일안보 강연회에서 시인 황미광 낭송

제 1 장

핵무기 누가 얼마나 가지고 있나

핵무기라는 보물단지

플루토늄탄과 우라늄탄은 인류가 최초로 만든 제1세대 핵무기이다. 현재 세계에 산재한 핵무기의 대다수도 이런 핵무기이다. 플루토늄탄의 원료인 플루토늄은 자연에서 존재하지 않고 원자로에서 타고 난 폐연료봉 속에 형성되는 핵분열 물질이다. 당연히 모든 원자력발전소는 폐연료봉을 배출하며, 폐연료봉을 재처리(reprocessing)라는 화학공정을 통해 분해하면 플루토늄을 얻는다. 그럼에도 재처리 시설은 다음 장에서 설명하게 될 비확산 체제가 금지하는 대상이 아니다. 재처리를 해야 폐연료봉 속에 생성된 각종 동위원소들을 추출하여 활용할 수 있다. 또한, 폐연료봉 자체는 엄청난 방사성을 지닌 고준위 방사성 폐기물이기 때문에 재처리를 해야만 덩치와 발열량을 줄여 친환경적으로 처리할 수 있다. 부엌에서 쓰이는 식칼을 강도가 흉기로 사용할 수 있다는 이유로 판매금지를 할 수 없듯, 재처리는 원자력 산업에 필요한 기술이기 때문에 금지대상이 될 수 없다.

　우라늄은 자연 상태로 존재하는 핵분열 물질이지만, 천연에서 채굴되는 우라늄광에는 소량(0.2%)의 우라늄만 들어 있다. 이것을 정련과 전환을 거쳐 노란 가루 상태의 우라늄 분말(yellow cake)로 만든다. 이 우라늄 가루에도 연료가 되지 않는 U-238이 대부분이며 연료가 되는 U-235는 0.7% 뿐이다. 그래서 농축(enrichment)이라는 과정을 통해 U-235의 순도를 3% 내외로 높인 후 핵연료봉을 만들어 원자로의 연료로 사용한다. 농축에는 여러 방식이 있지만, 가장 흔한 방식은 원심분리법이다. 이 방식은 '원심분리기'로 불리는 원통 속에 기체로 변환시킨 우라늄을 넣어서 엄청난 속도로 돌리는 것이다. 그러면 원심력에 의해 더 무거운 U-238이 바깥으로 쏠리면서 안쪽에는 U-235가 더 많이 함유된 기체 우라늄이 모이는데, 이것을 뽑아서 다음 원통에서 돌린다. 이 방식을 반복하면 U-235의 농도는 조금씩 높아지게 되고 농도가 90%에 이르면 핵무기의 또 다른 원료인 고농축우라늄(HEU: highly enriched uranium)이 된다. 재처리와 마찬가지로 농축 또한 원자력 산업에 없어서는 안 되는 소중한 기술이다. 농축을 통해서 원전의 핵연료를 만들 수 있기 때문이다. 당연히 금지대상이 아니다.

　정리하면, 재처리를 통해 만들 수 있는 것이 플루토늄탄이고, 농축을 통해 만들 수 있는 것이 우라늄탄이다. 1945년 8월 6일 히로시마를 강타한 핵폭탄 '리틀보이(Little Boy)'는 64kg의 고농축 우라늄으로 만든 원폭이었고, 사흘 후 나가사키에

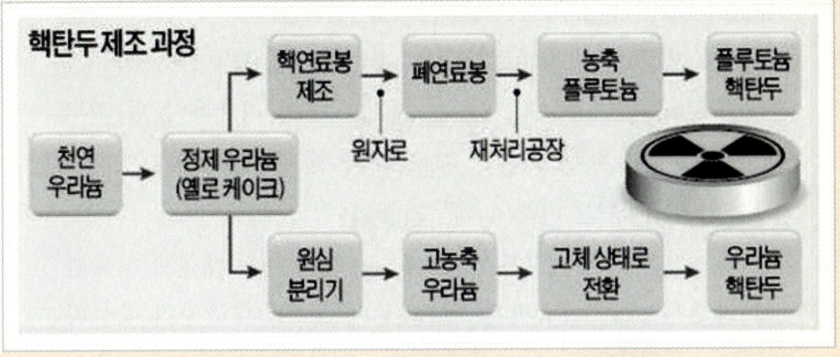

투하된 '팻맨(Fat Man)'은 6.3kg의 플루토늄으로 만든 원폭이었다.

제1세대 핵무기가 핵분열을 이용하는 핵무기라면 핵융합을 이용하는 수소폭탄은 제2세대 핵무기이다. 이것 역시 1960년대에 개발된 오래된 핵무기이다. 수소폭탄은 수소 동위원소들을 융합시키는 과정에서 발생하는 에너지를 이용하여 제1세대 핵무기보다 수십 배 또는 수백 배의 위력을 발휘한다. 제3세대 핵무기로는 수소폭탄에 우라늄(U-238)을 입힌 '더러운 폭탄(dirty bomb)'과 중성자의 발생을 극대화시킨 '중성자탄(neutron bomb)'을 들 수 있다. '더러운 폭탄'이란 폭발력과 방사능 유출량이 엄청나게 증가하기 때문에 붙여진 별명이다. 중성자탄은 방사능 방출을 줄이고 인명 살상만을 목표로 한다는 이유로 '깨끗한 폭탄(clean bomb)'이라고 불리지만, 대량 살상무기를 두고 이런 별명을 붙인 것이 우습다. 아메리슘

(Am-242)이나 큐리움(Cm-245) 등 플루토늄보다 더 무거운 원소로 만드는 초플루토늄탄은 제4세대 핵무기이며, 하프늄(hafnium)을 이용하여 만드는 지하 목표물 파괴용 소형 핵무기는 제5세대 핵무기이다. 제4세대와 제5세대 핵무기는 핵강국들이 연구 중인 미래의 핵무기들이다.

핵무기는 일단 사용되면 여러 차례에 걸쳐 막대한 살상효과를 발생시킨다. 폭발과 함께 초기 에너지의 대부분이 폭풍파(55%), 열파(35%), 방사선파(15%), 전자자기파(EMP) 등으로 발산된다. 폭풍파는 일정 반경 내의 모든 것을 날려버리고, 열파는 불바다를 만든다. 방사선파 중 감마선은 인명을 살상하며, 전자자기파는 컴퓨터 회로를 망가뜨려 인류문명을 파괴한다. 이후에는 핵폭발로 하늘을 뒤덮은 낙진이 떨어지면서 세

상은 또 한 번 죽음의 땅으로 바뀐다. 핵폭발과 먼 거리에 떨어져 있던 사람들도 백혈병, 불임증, 기억상실증, 피부암 등 각종 원자병에 걸릴 수 있다.

냉엄한 국제현실정치에서 보면 핵무기는 보물단지이다. 세 가지의 효용성을 발휘하기 때문이다. 첫째, 무시무시한 파괴력은 핵무기가 가장 효율적인 살상무기임을 증명하는 것이니, 훌륭한 군사적 무기라는 데에 이설이 없다. 요즘 기준으로 치면 장난감에 지나지 않는 초보적인 두 발의 핵폭탄이 일본의 항복을 받아내고 제2차 세계대전을 종식시켰다는 역사적 사실을 기억한다면 더 이상 무슨 설명이 필요하겠는가.

둘째, 핵무기는 우수한 경제적 수단이다. 단 한발로 수천 대의 탱크나 수백 대의 전투기 또는 수십 개 지상군 사단이 가지는 파괴력을 발휘하니, 이보다 더 값싼 국방이 있겠는가. 냉전시절 서방의 나토(NATO)군은 공산진영인 바르샤바조약기구(WTO)에 비해 수적으로 열세였지만, 그 공백을 메운 것은 미국이 서유럽에 배치한 핵무기였다. 재래무기들로 공백을 메우려 했다면 수십 배의 돈이 더 들어갔을 것이다.

셋째, 핵무기는 효율적인 정치외교적 수단이다. 핵무기는 힘의 상징이자 강대국의 표상이며, 실제로 사용하지 않고 가지고만 있어도 상대를 주눅들게 만들어 행동과 결정에 영향을 미친다. 1948년 소련군이 서베를린을 봉쇄했을 때, 연합국은 비행기로 식량과 연료를 공수했다. 당시 유일한 핵보유국이었던 미국이 핵무기를 탑재한 B-29 폭격기 2개 대대를 영국으로 이동시키자 소련은 순순히 봉쇄를 풀었다. 1956년 제2차 중동전쟁이 터지고 영불 연합군이 수에즈 운하를 점령했을 때 소련은 핵무기 사용을 강력하게 시사했고, 결국 영국군과 프랑스 군은 물러났다. 1950~60년대 대만을 강점하려던 중국의 시도는 핵무기를 탑재한 미국 제7함대에 의해 저지되었다. 핵무기가 정치외교적 무기임을 증명하는 사례는 이 외에도 수없이 많다.

핵무기는 약소국에게도 군침을 돌게 만드는 보물이다. A국과 B국이 이웃하고 있다고 가정해보자. A국의 국력이 B국보다 열배나 강하다. A국이 100만 명의 군대와 100대의 전투기 그리고 100대의 탱크를 가지고 있는데 비해 B국은 10만 명의 군대와 10대의 전투기 그리고 10대의 탱크를 가지고 있다. 10대 1이라는 힘의 차이 때문에 양국 간에는 수직적 서열이 형성되어 B국은 A국을 '형님'으로 모셔야 한다. 국제정치란 그런 것이다. 핵시대에서는 이런 전통적 상하관계가 그대로 적용되지 않는다. A국이 핵무기 100개를 그리고 B국이 10개를 가지고 있다고 가정해보자. A와 B는 협소한 국토공간을 가진 소국들로서 핵무기 한두 개만으로도 공멸한다. B국이 너죽고 나죽자는 식으로 대들면 양국 사이의 전통적 서열은 무너지고 수평적 관계가 성립된다. 군대의 규모나 전투기 또는 탱크의 수적 차이는 큰 의미를 가지지 못하게 된다. 전문가들은 이것을 '공포의 균형(balance of terror)' 또는 '의지의 균형(balance of resolution)'이라 부르며, 이 경우 핵무기는 균형자(equalizer)

의 역할을 한다.

핵무기는 보유국과 비보유국 간의 관계를 ‘주인과 노예’로 만들 수 있다. 핵을 보유한 소국은 핵을 보유하지 않은 강대국을 가지고 놀 수 있다. 핵을 가진 소국이 막가파식으로 굴면 핵을 안 가진 소국은 말할 것도 없고 핵을 가진 강대국조차 함부로 하지 못하는 ‘황당한 시추에이션’을 맞이할 수 있다. 많은 인구와 국토를 가진 이슬람 제국들은 한때 “이스라엘을 지중해로 쓸어내겠다”고 큰 소리를 쳤지만, 지금은 핵을 가진 소국 이스라엘에 의해 압도당한다. 수십 배의 경제력을 가진 한국은 핵을 가진 최빈국 북한의 핵공갈 앞에 주눅이 들어 있다. 미국도 쩔쩔 매고 있다.

핵무기는 군사적 무기이자 경제적 무기이며 동시에 정치외교적 무기이다. 핵무기가 다양한 효용성을 발휘하는 보물단지이기에 많은 나라들이 핵무기를 탐해왔고 강대국들은 핵독점을 위해 힘을 앞세운 외교를 구사해왔다. 북한도 오지랖이 흥건하도록 군침을 흘리면서 보물단지를 끌어안고 있다.

핵무기의 확산과 핵질서의 등장

지구상에 존재하는 핵무기는 얼마나 될까. 어떤 나라가 얼마나 많은 핵무기를 가지고 있을까. 이런 것들은 북핵 문제에 대해 권위 있는 토론을 하기 위해 반드시 배워야 할 기본과목이다.

제2차 세계대전 동안 미국, 나치독일, 그리고 일본은 핵무기를 향한 달리기 시합을 벌였다. 일등으로 테이프를 끊은 나라가 미국이었지만, 제1세대 핵분열탄의 가능성을 최초로 밝힌 것은 1930년대 유럽에서 수행된 연구였다. 독일은 선두주자였지만 서두르지 않았다. 일본도 핵무기의 가능성을 연구했지만 뒤처져 있었다. 이 상황에서 미국을 자극한 것은 아인슈타인이 보낸 한 통의 편지였다. 유럽전쟁 발발 한달 전인 1939년 8월 2일 아인슈타인은 미국 루주벨트 대통령에게 편지를 보내 나치독일의 핵무기 개발 가능성을 경고했다. 루주벨트 대통령은 즉각 연구 착수를 지시했다. 1941년 진주만 피습 후 미국은 맨하탄 프로젝트(Manhattan Project)를 출범시키면서 본격적으로 핵탄제조에 착수했다.

이 프로젝트에는 미국, 영국, 캐나다 등 동맹국들의 과학자들이 동원되었지만, 결실을 낳은 주역은 질라드(Leo Szilard), 페르미(Enrico Fermi), 베스(Hans Bethe), 바이스코프(Victor Weisskopf), 보르(Neils Bohr), 키치아코우스키(George Kistiakowsky) 등 나치독일을 탈출한 유럽과학자들이었다. 연구는 1939년에 시작되었지만 정식 프로젝트 기간은 1942년에서 1946년까지였다. 행정책임자는 미군 공병단의 글로브(Leslie R. Glove) 장군이었고 연구책임자는 유명한 오펜하이머(Robert Oppenheimer) 박사였다. 총 고용인은 13만 명이었으며 미국, 캐나다, 영국 등지의 30개 장소에서 연구가 진행되었다. 핵심적인 장소는 플루토늄 생산을 맡았던 미국 워싱턴주의 핸포드연구소(Hanford Site), 우라늄 농축을 담당했던 테네시주의 오크리지국립연구소(Oak ridge National Laboratory), 핵폭탄 설계와 제조를 책임졌던 뉴멕시코주의 로스알라모스국립연구소(Los Alamos National Laboratory) 등 세 곳이었다. 프로젝트에 들어간 총 경비는 22억 달러였다. 요즘 가치로는 200억 달러쯤 된다.

이윽고 세 개의 핵폭탄이 만들어졌다. 하나는 우라늄탄이었고 두 개는 플루토늄탄이었다. 플루토늄탄 하나는 1945년 7월 16일 뉴멕시코주 사막의 알라모고르도(Alamogordo)에서 행한 최초의 핵실험에 사용되었고, 우라늄 원폭은 1945년 8월 6일 히로시마에 그리고 남은 플루토늄 원폭은 8월 9일 나가사키에 투하되었다. 나치독일은 핵무기가 완성되기 전에 항복하여 핵참화를 피했다. 맨하탄 프로젝트의 과학자들 자신들조차도 히로시마와 나가사키에서 20만 명 이상이 희생되는 것을 보고 소스라치게 놀랐다. 그들 스스로 핵무기를 '종말무기(doomsday weapon)'라 부르기 시작했다.

미국은 제2차 세계대전을 종식시킨다는 명분으로 핵무기 개발에 착수했지만, 종전 후 미소(美蘇) 냉전이 시작되면서 핵경쟁은 더욱 가열되었다. 미국과 소련이 초강대국으로 등장하고 영국, 프랑스 등 전통적인 식민제국들이 쇠퇴하면서 세계는 급속히 냉전체제로 빨려 들어갔다. 소련이 1949년 핵실험에 성공했고,

영국(1952), 프랑스(1960), 중국(1964) 등도 차례로 핵실험에 성공했다. 이대로 두면 도나 개나 모두 핵무기를 만들어 핵무기가 온 세계로 확산될 판이었다. 그래서 탄생한 것이 1970년 핵무기비확산조약(NPT: Nuclear Nonproliferation Treaty)이었다. 하지만, NPT 이후에도 이스라엘, 인도(1998), 파키스탄(1998), 북한(2006) 등이 NPT를 외면하고 핵보유를 강행하면서 실제 핵보유국은 9개로 늘어났다. 이스라엘의 경우 공개적인 핵실험을 실시하지 않아 정확한 핵보유 시점이 밝혀지지 않았지만 1970년을 전후한 시점에 보유한 것이 확실하다. 나라들이 핵무기를 추구하는 동기는 여러 가지이나 대개 안보, 국위선양, 영향력 확대 등으로 대별된다.

이들 9개 나라가 지금까지 생산한 핵무기는 총 13만 개 정도이며, 그중 97%는 미국과 소련이 생산한 것이다. 전 세계에 존재하는 핵무기는 1986년 6만 개로 정점을 기록했으나, 냉전 소멸과 핵군축 협상에 힘입어 꾸준히 감소하여 오늘날에는 2만4천여 개를 헤아린다. 현재에도 대부분의 핵무기는 미국과 러시아가 보유하며, 이중 절반은 실전배치된 것으로 그리고 나머지는 비축 또는 해체대기 상태로 존재하는 것으로 보면 된다. 물론 핵보유국들이 핵무기를 최고 국가기밀로 취급하기 때문에 정확한 숫자를 알 수는 없으며, 자료에 따라 핵무기 숫자에 대한 추정은 다르다.

공개된 자료나 정황을 종합할 때 미국 1만개, 러시아 1만 4천개, 영국 200개, 프랑스 350개, 중국 400개, 이스라엘 80개, 인도 60개, 파키스탄 50개, 북한 5~10개 정도로 추정된다. 현존하는 핵무기들의 파괴력을 합산하면 대략 4,500,000 킬로톤 (1kt=TNT 1,000t)또는 4,500 메가톤(1mt=1,000kt)으로 히로시마 원폭(12.5kt) 300,000개에 해당한다. 히로시마 원폭이 12.5킬로톤(또는 12,500톤)짜리라고 함은 10톤짜리 트럭 1,250대가 다이너마이트를 가득 싣고 와서 한 자리에 내려놓고 터뜨리는 것과 같다는 의미다. 제2차 세계대전 중 사용된 모든 화력이 3메가톤 정도인데, 현존하는 핵무기의 위력을 모두 합치면 이것의 1,500배가 된다. 1980년대 이후 핵무기가 감축 추세를 보이고 있음은 다행스러운 일이나, 아직은 핵강국들에게 천사의 옷을 입혀줄 수 없다. 지금도 강대국들은 지구를 수십 번 멸망시키고도 남을 만큼의 너무 많은 종말무기를 가지고 있다. 이를 두고 전문가들은 '잉여살상력(overkill capacity)' 이라고 부른다.

미국과 러시아

전략핵무기란 도시, 산업기반 등 상대국의 생존기반 자체를 초토화시키는 용도의 핵무기로 파괴력이 크고 사정거리가 길다. 대륙횡단 능력을 가진 대륙간탄도탄(ICBM)은 지상발사 전략핵을 투발하는 전형적인 수단이며, 핵잠수함(SSBN)은 수중발사 전략핵을 발사하는 체계이다. 전술핵무기란 군사적 목표를 타격하기 위한 용도의 핵무기로 상대적으로 파괴력이 작고 사정거리가 짧으며 정밀성을 요구한다. 이런 구분은 큰 나라들에게만 유의미할 뿐, 협소한 한반도 공간에서는 그게 그거다. 현재까지 미국이 생산한 핵무기는 전략핵과 전술핵을 합쳐 대략 7만 개 정도다. 이 중 6만 개는 폐기되고 현재 1만개 정도가 존재한다. 5천 7백 개는 실전배치(active deployment) 상태이며, 나머지는 비축 또는 조립대기(inactive-responsive storage) 상태에 있다. 실전배치 핵무기의 대부분은 전략핵무기로서 3축 체제(triad)를 통해 운용된다.

3축 체제란 적대국이 핵공격을 가해오는 경우 지상, 해상 또는 해저, 그리고 공중에서 보복 핵무기를 발사하는 시스템으로 핵전쟁을 억제하는 기본 체제다. 이 체제 하에 미국은 지상발사 미사일에 1,000개, 잠수함 발사 미사일에 2,000개 그리고 공중발사 미사일에 2,000여 개의 전략핵을 배치하고 있다. 전략핵 1개의 파괴력은 평균 150~500kt로 히로시마 원폭의 10~35배에 달한다. 미국은 1,000여 개의 전술 핵무기도 실전 배치하고 있는데, 절반은 미국 내에 그리고 나머지는 유럽에 있다. 미국 내 배치된 전술핵은 주로 토마호크(Tomahawk: '인디언의 손도끼'라는 뜻) 순항미사일에 장착되어 있다.

미국은 유럽에 480여 개의 전술 핵무기를 배치하고 있다. 미국은 냉전이 시작되던 1954년부터 영국에 핵무기를 배치하여 냉전이 최고조에 달했던 1971년에는 7,300개의 전술핵을 유럽에 배치했다. 이후 미국과 소련이 500~5,000㎞의 사정거리를 가진 모든 핵무기를 폐기하기로 합의한 1987년 중거리핵폐기조약(INFT), 1991년 아버지 부시-고르바초프 선언에 따른 전술핵 철수, 1991년 소련연방 붕괴로 인한 핵표적 축소 등의 여파로 유럽배치 전술핵은 감소하여 2000년 클린턴 대통령에 이르러 480개로 줄었다. 현재 독일에 있는 150개를 위시하여 영국, 이태리, 벨기에, 네덜란드, 터키 등 6개국에 배치되어 있다. 이들 핵무기는 미국이 소유권을 갖고 현지국이 투발수단(항공기)을 제공하는 방식으로 공동운영되고 있다.

소련연방 붕괴, 경제난, 미국과의 핵감축 조약 등으로 러시아의 핵무기 숫자도 꾸준하게 감소하고 있으나, 러시아는 아직도 1만 4천여 개의 핵탄두를 보유한 숫자상 최대의 핵보유국이다. 5천여 개는 실전 배치 중이며, 나머지는 비축상태에 있는 것으로 보면 된다. 실전 배치분 중 전략핵은 3천 개 정도이며 나머지가 전술핵이다. 러시아의 전략핵은 대륙간탄도미사일 발사용으로 1,600개, 잠수함 발사용으로 620개, 항공기 발사용으로 880개가 배치되어 있다. 2,000여 개의 전술핵무기 역시 지상, 해저, 공중발사 등으로 분산 배치되어 있다. 비축분 중 3,000개 정도가 전술핵으로 추정된다.

미러 양국은 1991년에 체결한 전략핵감축조약(START)에 의거하여 전략핵을 감축해오고 있었는데, 아들 부시 행정부 시절 동안 미국이 폴란드와 체코에 미사일방어 기지 건설을 추진하자, 러시아에서 강력한 핵억제력을 유지해야 한다는 논란

이 일어났다. 2009년 오바마 대통령이 기지 건설을 보류함에
따라 2010년 4월 8일 오바마 대통령과 메드베데프 대통령은
향후 7년 이내에 각 측의 전략핵탄두 숫자를 1,550기로 줄이
기로 한 후속조약에 서명했다. 러시아는 소련연방 붕괴 이후의
정치적 혼란과 경제력 하락으로 미국의 자금지원으로 화학무
기를 폐기하는 등 체면을 구기는 일들을 겪었으나, 핵무기에서
는 초강대국의 위상을 유지하고 있다. 2012년 3월 '강력한 러
시아'를 주장하는 푸틴이 다시 대통령에 당선됨에 따라 러시아
의 핵군사력은 다시 증강될 가능성이 있다. 푸틴 정부는 취임
직후인 5월 23일 사거리 10,500㎞의 신형 대륙간탄도탄을 실
험 발사했는데, 이는 미국이 구축하고 있는 미사일방어 시스
템(MD)을 무력화시키기 위한 시도로 보인다.

핵무기에 관한 한 냉전이 끝난 지금도 미국과 러시아는 대
부분의 핵무기를 보유한 양대 축이다. 이들은 스텔스 폭격기,
대륙간 탄도탄, 핵잠수함, 야포 등 모든 종류의 투발수단을 백
화점식으로 보유하고 있으며, 핵탄두의 종류나 위력도 다양하
다. 한 나라 전체를 쑥대밭으로 만들 수 있는 수십 메가톤짜리
전략핵에서부터 초소형 핵배낭에 이르기까지 없는 것이 없다.
지상발사와 수중발사 미사일의 상당수는 미사일 하나에 각각
정해진 목표물을 향해 날아가는 여러 개의 핵탄두를 탑재한 독
립비행식 다탄두 미사일(MIRV)이다. 다탄두 미사일은 단 한
기로 십 수개의 도시들을 작살낼 수 있는 가공할 핵무기이다.

영국과 프랑스

영국은 미국과 소련에 이어 1952년 세 번째로 핵실험에 성공했다. 영국이 공식적으로 내세운 핵개발 명분은 국가안보였지만, 필자가 보기에는 국위 선양 또는 국가 자존심 회복이 주된 동기였다. 제2차 세계대전 종전과 함께 미국과 소련이 초강대국으로 부상하고 한때 세계를 호령했던 유럽열강들이 쇠퇴하면서 가장 심하게 자존심을 손상당한 나라가 영국과 프랑스였기 때문이다. 하지만 국력의 한계는 어찌할 수 없었다.

영국도 한때는 공중발사, 지상발사, 그리고 수중발사 시스템을 갖춘 3축 체제를 가지고 있었지만 지금은 200여 개의 수중발사용 핵탄두만을 4척의 핵추진 잠수함에 배치한 초라한 형색의 핵보유국으로 전락했다. 미국과 영국은 1962 ~1991년 사이에 네바다주에서 24회의 공동 핵실험을 실시할 정도로 돈독한 핵협력 관계를 유지해왔다. 영국의 핵탄두들은 미국이 설계하고 영국이 생산한 단일 종류다. 영국의 핵잠수함 한 척에는 미국이 제조한 사정거리 7,300㎞의 트라이던트(Trident-II D5) 미사일 16기가 장착되고 한 기의 미사일에는 100kt 짜리 핵탄두 3개가 탑재되어, 잠수함 한 척이 총 48개의 핵탄두를 지니고 다닌다. 핵잠수함에 탑재되지 않은 핵무기는 비축상태로 보존되고 있다. 네 척의 잠수함 중 한 척은 핵무기를 탑재한 상태로 정찰임무를 수행한다.

하지만 경제력의 한계로 인해 핵군사력을 유지하는 문제가 뜨거운 감자가 되고 있다. 건조비만 20조원이 들어가는 핵잠수함을 4척씩이나 유지하는 것과 연간 2조원을 쓰면서 핵무기를 유지 관리하는 일이 갈수록 힘겹다. 그래서 핵군사력 유지에 대해 의문을 제기하는 정치지도자들이 많으며, "미국 기술로 만든 핵무기에 의존하는 영국보고 누가 핵강국이라 부르겠는가"라고 비꼬는 인사들도 있다. '스코틀랜드 문제(Scottish Question)'라는 것도 있다. 핵잠수함이 기항할 수 있는 최적의 조건을 갖춘 군항은 스코틀랜드의 Faslane인데, 스코틀랜드의 정치지도자들과 주민들은 영국의 핵잠수함이 왜 스코틀랜드에서 기항하느냐고 구박한다. 영국은 잉글랜드, 웨일즈, 스코틀랜드 등으로 구성되어 지역감정이 만만치 않은 나라다.

프랑스 역시 국위선양을 목적으로 핵개발 경쟁에 뛰어들었다. 1960년 프랑스 과학자들이 알제리 사막에서 핵실험에 성공했다는 보고를 받은 드골 대통령이 "만세, 이제 우리도 미소와 대등한 목소리를 갖게 되었다"면서 눈물을 흘렸다는 일화가 있다. 나치독일에 의해 나라가 점령당한 후 미군에 의해 해방되면서 한때 세계를 호령했던 식민대국 프랑스의 자존심은 바닥으로 떨어졌다. 프랑스가 핵개발 이후 1966년 북대서양조약기구(NATO)에서 탈퇴하고 독자 핵군사력을 운용하는 체제를 고집한 것에도 드골 대통령의 자존심이 중요한 요인으로 작용했다.

프랑스 역시 지상발사 핵무기를 포기한 상태에서 300여 개의 핵탄두를 수중발사와 공중발사 체제로 운용하고 있다. 60

개는 항공기에 그리고 240개는 4척의 핵추진 잠수함에 배치하고 있다. 항공기 탑재 핵무기 60개 중 10개는 지상에 배치된 항공기(Mirage-2000, Rafale F3 등)에 그리고 50개는 항공모함에 배치된 항공기(Super Etendard, Rafale MK3 등)에 탑재되어 있다. 프랑스에 있어서도 잠수함은 핵심적인 핵운용 체계이다. 프랑스는 1990년까지 6척의 핵잠수함을 운용했으나 현재는 4척뿐이다. 세 척은 작전에 투입하고 한 척은 비상 대기하거나 정비하는 방식이다. 핵잠수함 한 척에는 16개의 M-45 미사일(사정거리 4,000㎞)이 장착되어 있으며, 미사일 하나당 100kt짜리 핵탄두 4~6개가 탑재된다. 현재 프랑스는 사정거리가 6,000㎞로 늘어난 M51 미사일로 대체하고 핵탄두도 신형으로 바꾸는 계획을 진행 중이다.

프랑스에서도 핵군사력을 유지하는 것은 정치적으로 민감한 문제다. 프랑스는 2008년 6월 17일 사르코지(Nicolas Sarkozy) 대통령의 연설을 통해 프랑스군의 추가 감축, 군사기지 축소, 노후 군장비 교체, 북대서양조약기구(NATO)에의 복귀 등을 밝혔다. 프랑스 역시 경제력과 여론을 감안하여 군사력을 조정하고 있는 것이다. 2009년 2월 6일 대서양에서 프랑스의 핵잠수함 르트리옹팡호와 영국의 핵잠수함 HMS 뱅가드호가 충돌하는 사고가 발생했는데, 주된 원인은 프랑스가 잠수함 운행정보를 NATO와 공유하지 않았기 때문인 것으로 밝혀졌다. 하늘을 날으는 두 마리의 파리가 충돌한 것만큼이나 희귀한 이 사고를 계기로 프랑스는 NATO에 복귀했다.

중국

중국은 1964년 핵실험에 성공하여 핵클럽의 다섯 번째 멤버가 되었다. 중국의 경우 자료공개가 미미하여 정확한 추산은 어렵다. 대개 400개 내외의 핵탄두를 가진 것으로 판단되지만, 900개 이상으로 추정하는 전문가들도 있다. 중국은 독립비행식 다탄두 미사일(MIRV)을 개발하고 있지만, 아직은 단탄두 미사일만을 운용하는 것으로 보인다. 지상발사 미사일로는 DF-31(사정거리 7,200㎞), DF-31A(11,200㎞), DF-3A (3,100㎞), DF-4 (5,400㎞), DF-5A(13,000㎞) 등이 있고, 사정거리가 13,000㎞에 이르는 DF-41도 개발 중이다. 'DF'란 중국이 붙인 '둥펑(東風)'이라는 명칭을 영어식으로 표기한 것인데, '서방의 바람을 제압하는 동양의 바람'이라는 의미다. 이중 대륙간탄도탄급은 DF-31, DF-5A, DF-31A, 개발 중인 DF-41 등이다. DF-31A는 고체연료로 추진되는 이동식 3단계 미사일로 2009년 10월 중국 건국 60주년 기념식에서 첫 선을 보였다. 미국 전역을 타격 범위 내에 둘 수 있어 중국 핵군사력의 주력이라 할 수 있다.

중국이 아직 다탄두 미사일을 실전 배치하지 못한 것으로 가정한다면 120개의 핵무기를 지상발사용 단탄두 미사일에 탑재한 것으로 계산할 수 있다. 이와 함께 중국은 핵탑재용으로 사정거리 2,000㎞ 정도의 순항 미사일 DH-10을 개발 중이다. Hong-6, Qian-5 등 항공기에도 50개 내외의 핵무기가 탑재되어 있는 것으로 추정되며, 나머지는 비축상태에 있다고 볼 수 있다. 중국이 다탄두를 완성한다면 핵군사력의 비약적 증강을 의미하기 때문에 서방에게는 초미의 관심사다.

중국은 현재 소수의 시아(Xia)급 잠수함과 최신형 진(晋)급 핵잠수함을 보유하고 있으며, 수척의 핵잠수함을 추가로 건조하고 있다. 시아급은 최초의 핵잠수함으로 구형이나, 진급은 배수량 8,000t에 133m 길이를 가진 신형으로 2006년에 실전 배치되었다. 이 잠수함은 12개의 발사관에 사거리 8,000~12,000㎞의 쥐랑(巨浪)-2로 불리는 잠수함발사탄도미사일(SLBM) 12기를 장착할 수 있어 미 본토까지 사정권에 넣고 있다. 미국은 쥐랑 미사일이 3~8개의 핵탄두를 탑재하는 다탄두 미사일일 가능성에 긴장하고 있다. 베일에 가려져 있는 중국의 핵군사력을 정확하게 파악하는 것은 쉽지 않다. 중국은 강대국형 3축 체제를 구축하기 위해 노력 중이며, 이를 위해 잠수함에 핵무기를 배치하는 노력을 하고 있다. 미국의 미사일 방어망을 돌파하기 위해 다탄두 미사일을 완성하는 데에도 박차를 가하고 있다. 미국과 러시아가 핵군축 협상을 지속하고 있는 것과는 달리, 중국은 미·러와의 격차가 너무 커 핵군축에 동참할 이유가 없다는 주장을 앞세우고 핵무기 감축보다는 증강과 현대화에 정열을 쏟고 있다.

중국은 지금까지 미·러의 독무대였던 첨단무기 분야에도 얼굴을 들이밀고 있다. 2007년 1월 중국은 대위성무기(ASAT) 실험에 성공하여 세계를 놀라게 했다. 이 실험에서 중국은 사정거리 6,400㎞의 KT-2 탄도미사일을 쏘아 860㎞ 고도에 떠

있는 자국의 기상위성을 파괴했다. 음속 20배로 날아가는 위성을 음속 7배로 날아가는 미사일로 맞춘 것이다. 미국이 추진 중인 미사일 방어 시스템도 위성들이 제공하는 정보에 의존하는 것이기 때문에 중국의 위성파괴 능력이 커지면 난관에 부닥칠 수 있다. 중국은 2011년 1월 자체 기술로 비밀리에 개발한 차세대 스텔스 전투기 '젠-20(J-20)'의 시험비행에 성공하여 미국을 긴장시켰으며, 8월에는 첫 항공모함 바랴크호의 시험항해에 나서기도 했다. 중국이 핵군사력 증강과 함께 첨단 재래무기들을 확보해나가고 있는 현실은 세계와 동북아에 우환거리를 제공하고 있다. 중국을 이웃한 상태에서 중국의 군사동맹국인 북한을 상대해야 하는 우리의 머리는 점점 더 복잡해지고 있다.

이스라엘

이스라엘은 공식적으로 핵보유를 자인하지 않은 나라이지만 1970년을 전후하여 핵무기를 보유한 것이 확실하기 때문에 사실상 핵클럽의 여섯 번째 멤버다. 이스라엘은 독립과 함께 제1차 중동전쟁(1948)을 치렀고, 이후에도 이스라엘의 존재를 부인하는 주변 아랍국들과 세 차례의 전쟁을 더 치러야 했다. 국가생존이 절박했던 이스라엘에게 있어 핵무기는 생존을 담보하는 궁극무기였기에 핵개발 역사는 건국과 함께 시작되었다. 1945년 히로시마와 나가사키를 목도한 이스라엘 지도자들은 건국초기부터 핵개발 준비에 착수했고, 핵무기 보유를 결행한 것은 이스라엘의 여성 영웅인 골다 메이어 수상 시절(1969~ 1974), 다시 말해 제3차 중동전쟁과 제4차 중동전쟁 사이인 것으로 추정된다.

이스라엘은 1948년 건국과 함께 니게브 사막에서 우라늄을 함유한 인광을 채굴하기 시작했고, 1954년에 중수공장을 가동했으며, 1957년에 디모나(Dimona) 핵단지를 건설했다. 이스라엘은 미국이 제공한 IRR-1 연구로(1960), 프랑스가 제공한 IRR-2 연구로(1963) 등을 가동하면서 농축과 재처리 능력을 확보했고, 디모나 핵단지를 중심으로 핵무장을 향한 발걸음을 재촉하면서 재처리 공장, 농축공장 등 핵무기 기반시설들을 갖추어나갔다. 1970년 이후 세계 언론들은 이스라엘의 핵보유를 기정사실로 보도했다. 1979년 2월에는 미국의 인공위성이 남극지방에서 발생한 거대한 섬광을 포착했는데, 이를 두고 이스라엘이 남아공과 합작으로 핵실험을 한 것이라는 주장이 제기되었다. 이후 미 해군이 진상조사에 나섰지만 확실한 결론을 내리지 못했다.

이스라엘의 핵개발 의혹은 바누누 사건으로 유명세를 타기도 했다. 모데차이 바누누(Mordechai Vanunu)는 디모나 연구단지에서 근무했던 핵기술자로 1986년 영국으로 건너가 이스라엘의 핵보유를 폭로했고, London Times지는 바누누의 폭로를 바탕으로 이스라엘이 100~200개의 핵탄두를 보유하고 있다고 보도했다. 바누누는 이스라엘 정보기관 모사드에 납치되어 본국에 송환되었으며, 국가기밀 누설죄로 18년 동안 복역했다.

이상의 사실들과 이스라엘이 가진 강력한 생존동기를 종합할 때, 이스라엘이 수소폭탄을 포함한 수백 개의 핵폭탄을 보유한 것으로 보는 것은 타당하며, 이스라엘의 기술수준을 감안할 때 미국 못지않게 다양한 종류의 핵탄두를 개발한 것으로 판단된다. 이스라엘은 강력한 공군력과 사정거리가 1,000km를 넘는 미사일들을 보유하고 있어 상당한 수준의 투발능력을 가진 상태이다. 1988년에는 Ofek위성의 실험발사에 성공하여 대륙간탄도탄(ICBM) 능력도 과시했다. 통상 전문가들은 인공위성을 지구궤도에 올릴 수 있으면 대륙간탄도탄을 만들 능력을 가진 것으로 본다.

이스라엘의 핵전략과 관련하여 흥미로운 점은 지금까지 '불확실 전략(strategy of ambiguity)'으로 짭짤한 재미를 보고 있다는 사실이다. '불확실 전략'이란 핵보유를 암시하는 정황을 보여주면서도 공식적으로는 핵보유를 인정하지 않고 모호한 상태로 남겨두는 전략이다. 공식적으로 핵보유를 인정하지 않는 것은 핵보유에 따른 국제제재를 회피하기 위함이며, 그럼에도 핵보유 정황을 흘리는 것은 상대국들로 하여금 자신들을 건드리지 못하게 하는 억제력을 발휘하고자 함이다. 꿩도 먹고 알도 먹는 전략, 도랑도 치고 가재도 잡는 전략이다. 이스라엘 내부에서는 테러 등 국가생존을 위협하는 사태가 발생할 때마다 이제는 핵보유 사실을 공개함으로써 이스라엘을 위협하는 세력들에게 노골적인 경고를 보내야 한다는 주장이 제기되곤 했다. 어쨌든 지금까지는 불확실 전략이 견지되고 있다.

인도와 파키스탄

인도는 '노조위원장 출신 귀족'이다. 인도는 오랫동안 강대국의 핵보유 횡포에 항거하는 제3세계의 목소리를 대변해온 나라였다. 인도는 "강대국들이 핵독점을 포기하지 않는 한 우리도 핵보유권을 포기할 수 없다"는 제3세계 논리를 앞세우고 자신의 핵보유 권리를 수호한 끝에 핵보유국이 되었다. 노조위원장이 노조원의 이익을 위해 투쟁하는 과정에서 기득권자로 변신하는 경우와 흡사하다.

인도는 1974년에 첫 핵폭발 실험에 성공했지만, 평화적 용도를 위한 것일 뿐 핵무기 개발과는 무관하다는 입장을 밝히고 공개적인 핵무기 개발을 자제했다. 그랬던 인도가 24년의 침묵을 깨고 핵실험을 재개하여 일곱 번째로 핵보유국이 된 것은 1998년 5월 11일이었다. 오래 참았던 오줌보가 터지듯 한꺼번에 다섯 차례의 핵폭발을 강행했다. 그로부터 보름 후인 28일에는 파키스탄이 핵실험을 했다. 인도에 져서는 안 된다는 듯 한꺼번에 여섯 번의 핵실험을 강행하여 여덟 번째의 핵보유국이 되었다. 소문으로만 무성했던 '힌두핵'과 '이슬람핵'의 실체가 드러나는 순간이었다.

핵기술 개발에 있어서 인도는 중국보다 앞선 선진국이었다. 인도는 한국이 원자력에 눈도 뜨지 못했던 1956년에 이미 자력으로 첫 원자로를 가동했으며, 이후 플루토늄 분리공장, 실험용 고속증식로, 농축 공장 등을 갖추면서 핵무기는 가지지 않되 핵무기를 만들 수 있는 잠재력은 한 치의 착오도 없이 갖추어 나갔다. 1962년 중국과의 국경분쟁 후 그리고 1964년 중국의 핵실험 후 대응적 핵개발을 촉구하는 여론이 들끓었지만 인도정부는 "핵보유 계획 없음"을 선언했다. 중국과의 군사력 격차도 컸지만, 중국의 주요 도시들을 볼모로 삼을만한 사정거리를 가진 투발수단이 없었기 때문에 핵폭탄을 먼저 만들 필요성을 느끼지 않았다. 인도는 미사일 개발을 추진하면서 조용히 때를 기다렸다. 인도가 사정거리 2,400㎞의 애그니(Agini) 미사일의 실험발사에 성공하여 본격적인 투발수단을 갖게 된 것은 1989년의 일이었다. 인도는 파키스탄의 핵개발 의혹을 줄기차게 제기했지만, 인도의 진정한 핵개발 동기는 중국과의 경쟁심과 강대국으로 발돋움하려는 지도자들의 야심에서 찾는 것이 옳다. 어쨌든 인도는 국민의 빈곤문제를 우선시 하면서 충분히 기다렸다가 1998년에 가서야 핵클럽에 이름을 올렸고, 이후 서남아시아의 맹주로서 손색이 없는 군사력을 갖추어나가고 있다.

인도는 60여 개의 핵무기를 지상발사 및 공중발사용으로 보유하고 있는 것으로 추정된다. 공중발사 핵무기는 프랑스제 Mirage-2000H, 영국제 Jaguar IS, 러시아제 Mig-27, Su-30MKI 등 1,500㎞ 이상의 전투반경을 가진 항공기들에 실려 있다. 지상발사 미사일로는 Agni-2(700㎞), Agni-2(사정거리 2,000㎞) 등 Agni 시리즈를 개발 중인데, 최근에는 Agni-5(사정거리 5,000㎞)와 Agni-5 개량형(사정거리 6,000㎞)을 개발하여 2014년부터 인도군에 보급할 예정이다. 인도는 일찍부터 우주개발에 눈을 돌려 1969년 우주연구기구(ISRO)를 설립하여 로켓기술을 축적했다. 인도는 1980년부터 SLV 로켓을 발사했으며, 1994년 이후부터는 돈을 받고 PSLV 로켓을 쏘아주는 상업발사를 하고 있다. Agni 미사일은 SLV 로켓을 바탕으로 개발한 것이며, 개발 중인 대륙간탄도탄급 미사일은 PSLV 로켓을 바탕으로 한다.

함상발사용으로는 Dhanush(350㎞)와 Prithvi-III(300㎞ 이상) 미사일을 개발 중이다. 인도는 1985년부터 핵추진 잠수함 건조 계획에도 착수했다. 인도는 1988~91년 소련으로부터 핵잠수함을 임대하여 운용한 바 있으며, 1997년 자체 건조에 착수하여 인도산 핵잠수함의 등장은 시간문제이다. 인도가 공중발사 미사일에 더해 함상발사 및 잠수함 발사 미사일과 핵추진 잠수함 건조를 서두르는 것이나 2003년 핵병기를 총괄하는 전략군사령부를 창설한 것은 강대국형 3축 체제를 목표로 하고 있음을 의미한다. 인도는 핵강국을 향한 지도자들의 야망을 뒷받침할 충분한 인프라를 보유하고 있다. 인도는 현재 중수로, 경수로, 고속증식연구로, 토륨연구로 등 각종 타입의 원자로 24기를 보유한데 더하여 4기를 건설 또는 개발 중이며, 인도 전역에는 13개의 연구단지와 우라늄 광산, 정련시설, 중수공장 등이 산재한다. 그럼에도 원자력 발전은 전체 발전량의 3%만을 차지하는데, 이는 군사적 의도를 가지고 원자력에 착수하여 대용량 원자로들을 건설하지 않았기 때문이다.

파키스탄은 이웃 강대국인 인도가 독립초기부터 핵능력 배양에 착수한데 자극받아 일찍부터 핵개발에 눈을 떴으며, 특히 1971년 전쟁은 핵개발의 직접적인 도화선이었다. 파키스탄은 1948년, 1965년 그리고 1971년 세 차례에 걸친 인도와의 전쟁에서 수모를 당했다. 1971년 인도는 동서 파키스탄 간의 내란에 개입하여 동파키스탄이 방글라데시로 분리 독립하도록 지원했다. 파키스탄은 더 이상 인도와의 대결에서 양동작전을 펼칠 수 없게 되었으며, 이러한 안보불안이 1970년대를 통하여 파키스탄의 핵개발을 부추긴 주된 원인이었다.

파키스탄의 알리 부토 수상은 카후타에 우라늄 농축공장을 건설하는 소위 「706프로젝트」에 착수했고, 프랑스와의 계약으로 차스마에 재처리공장의 건설을 추진했다. 차스마의 재처리 공장은 미국의 압력으로 무산되었으나 파키스탄은 대신 라발핀디에 실험실 규모의 재처리공장을 자력으로 건설했다. 1976년 압둘 카디르 칸(Abdul Qadeer Khan) 박사에 의해 건설된 농축공장은 파키스탄 핵개발의 중추가 되었다. 칸 박사는 유럽의 다국적 원자력기업인 URENCO에서 금속학자로 근무하던 중에 농축 기술을 훔쳐 조국에 갖다 준 사람으로 '파키스탄핵의 아버지'로 불리는데, 최근에는 북한을 포함하여 많은 나라들에게 핵기술을 판매한 전력이 드러나 세계적인 물의를 빚었다. 파키스탄핵의 원조라 할 수 있는 알리 부토 수상은 쿠데타로 실권한 후 처형되었다. 그의 딸 베나지르 부토는 1988년 수상에 오르기도 했으나, 2007년 정치적 암투 속에 암살되었다.

인도와의 경쟁관계 속에서 1998년 핵실험을 통해 핵보유국 반열에 오른 파키스탄은 현재 50여 개의 핵탄두를 가진 것으로 추정된다. 인도와 마찬가지로 파키스탄도 핵무기를 주로 공중발사용으로 운용한다. 주요 항공기로는 미국이 제공한 F-16이 있으며, 프랑스제 Mirage-V, 중국제 A-5 등도 핵탑재가 가능하다. 파키스탄은 1983~7년 미국으로부터 단좌형 F-16A 28대와 복좌형 훈련기 F-16B 12대를 도입했고, 이후 60대의 F-16을 추가로 도입하려고 했으나, 핵보유국에 대한 군사원조를 금지한 미국 국내법에 의해 실행되지 못했다. 그러나 2001년 9·11 사태가 발생하자 부시 대통령은 테러와의 전쟁을 위해 파키스탄의 협력이 절실하다는 이유로 법의 시행을 유보했으며, 파키스탄은 2005년 추가 도입 분을 인수했다. 지상발사 수단으로는 Ghaznavi(Haft-3 사정거리 400㎞), Shaheen-1(Haft-4 450㎞), Shaheen-2(Haft-6 2,500㎞), Ghauri (Haft-5 1,200㎞) 등의 미사일이 있다. Ghauri 미사일은 북한의 로동 미사일과 유사한데, 이것은 북한이 칸 박사로부터 파키스탄의 농축기술을 가져오는 대가로 미사일 기술을 전수한 증거일 수 있다.

　미국에게 있어 파키스탄은 골칫거리다. 미국은 1970년대와 80년대에도 파키스탄의 핵무기 개발 시도를 무산시키기 위해 노력했었다. 하지만 파키스탄은 1979년 구소련이 아프간을 침공하자 소련군에 대항하는 아프간 반군을 지원하는 미국을 도왔고, 미국의 압력은 흐지부지되었다. 지금도 비슷한 형국이다. 파키스탄은 미국의 동맹국이자 중동정책의 근거지어서 미국이 파키스탄의 핵무기에 대해 이래라 저래라 할 입장이 되지 못한다. 특히 미국은 파키스탄 정국이 불안하여 미군 철수 후 파키스탄이 반미 이슬람국가로 변신할지 모른다는 걱정을 하고 있다. 파키스탄의 핵무기 관리능력에 대해서도 의문을 던지고 있으며, 파키스탄의 핵무기가 반미 테러분자들의 손에 넘어가는 '최악의 시나리오' 가능성 때문에 전전긍긍하고 있다.

북한

북한은 '기술적 핵보유국'이나 '정치적 핵보유국'은 아닌 어정쩡한 상태다. 핵보유국으로 가는 길에는 두 개의 문턱이 있다. 핵폭탄을 만들어 폭발력을 과시하면 '기술적 문턱(technical threshold)'을 넘는다고 하며, 국제사회가 핵보유를 인정하여 이로 인한 불이익을 주지 않게 되면 핵보유국으로 대접받게 되는 것인데, 이렇게 되면 '정치적 문턱(political threshold)'을 넘는 것이 된다. 북한은 2006년 10월 9일 및 2009년 5월 25일 핵실험을 통해 기술적으로는 아홉 번째로 핵클럽에 가입했지만, 국제사회로부터 핵포기 압력을 받고 있기 때문에 정치적 문턱을 넘지 못한 상태에 있다.

핵무기를 갈구해온 북한의 노력은 길고도 처절한 역사를 가지고 있다. 북한은 한반도의 공산통일을 위해 1950년 한국전쟁을 도발했으나, 미군의 참전으로 뜻을 이루지 못했다. 북한 지도부는 미군의 막강한 화력과 공군력 때문에 승리하지 못했다는 점을 뼈아프게 생각하여, 1954년 인민무력부 산하에 '핵무기 방위부'를 설치하고 일찌감치 연구에 착수했다. 외교비사에 의하면 1950년대 중반 소련에게 핵무기를 달라고 요구했다가 거절당하기도 했다. 대신 북한은 소련의 드브나연구소, 캐나다 등에 유학생을 보내고 김일성 종합대, 김책 공업대학, 평성 이과대학 등에서 핵과학자를 양성하기 시작했다. 모두가 1950년대의 일이었다. 1970년대에는 영변 원자력연구센터와 평성과학연구센터를 부분 가동하여 핵무기 원료의 생산과 핵무기 제조에 필요한 기초과학연구를 시작했다. 영변 연구단지 내에서 오늘날 문제가 되고 있는 5메가와트(MW) 연구로를 가동하여 플루토늄 생산에 착수한 것은 1986년의 일이었다. 이와 함께 노동당-중앙위원회-군수공업부-원자력 총국으로 이어지는 핵개발 지휘체계를 구축했다. 이때부터 북한의 핵문제가 세계 언론의 주목을 받았고, 이후의 과정은 세계 언론을 통해 자세히 소개되었다. 어쨌든 북한은 플루토늄을 이용한 핵폭발 장치를 만들었고 두 차례의 핵실험까지 강행했다.

하지만 그것이 전부가 아니었다. 우려되었던 대로 북한은 우라늄탄에도 관심을 가지기 시작했다. 파키스탄의 압둘 카디르 칸 박사는 2004년 4월 13일자 뉴욕타임즈에서 "5년 전에 북한에서 세 개의 핵폭발 장치를 목격했다"고 증언했는데, 2년 후에 북한이 첫 핵실험을 강행한 것을 보면 칸 박사의 증언은 허풍이 아니었다. 이와 함께 그는 "파키스탄-북한 간의 농축장비 판매와 관련한 거래는 1980년대 후반에 시작되어 1990년대 후반부터 본격적인 선적이 시작되었다"고 실토했으며, "원심분리기 설계도와 함께 소수의 완성된 원심분리기를 북한에 팔았고 수천 개 이상의 원심분리기를 갖춘 농축시설에 들어갈 장비목록(shopping list)도 제공했다"고 고백했다. 이 무렵 파키스탄 공군 수송기가 평양에 드나들고 북한 화물선이 원심분리기 제조에 쓰이는 알루미늄관을 수입하는 등 북한이 농축시설을 만들고 있다는 정황이 속속 드러났다. 이에 필자는 여러 경로를 통해 북한이 농축을 시도하고 있다고 주장했지만, 농축시설의 유무를 놓고 미국과 북한이 실랑이를 벌였던 2002년 이전까지 정부는 관심을 보이지 않았다. 이후 2010년 북한은 미국의 과학자를 초청하여 농축시설을 보여주었다. 이런 사실들을 종합할 때 북한이 가진 농축시설은 파키스탄이 개발한

P-1 또는 P-2 타입의 원심분리기인 것으로 추정된다.

　이렇듯 북한은 오랜 기간을 통해 핵무기 개발을 위한 기반을 착실하게 닦아 왔으며, 현재 핵무기 개발 및 운용을 위한 시설, 체제, 인력, 자원, 플루토늄 생산을 위한 핵연료주기(nuclear fuel cycle), 우라늄 농축시설 등을 모두 갖추고 있다. 북한의 핵개발 시도는 1970년 박정희 대통령의 핵개발 시도보다 훨씬 더 앞선 것이며, 일반인들이 알고 있는 것보다 훨씬 더 오랜 핵개발 역사를 가지고 있다.

　그렇다면 지금쯤 북한은 몇 개의 핵폭탄을 가지고 있을까. 지금까지 북한이 가동한 시설들은 주로 플루토늄 생산을 위한 것들이기 때문에, 플루토늄탄으로 핵무기 개발을 시작한 것이 분명하다. 1986년 원자로 가동이래 지금까지 생산한 플루토늄의 양에 대해서는 전문가들 사이에 이견이 있지만, 대개 50kg 내외라 할 수 있다. 이 추정치는 원자로의 출력, 가동연수, 연간 가동일, 가동률 등을 종합하고 여기에 강력한 동기를 감안한 것이다. 체제생존에 혈안인 북한은 그 어떤 나라보다 강력한 핵동기를 가지고 있으므로, 플루토늄 생산을 극대화하기 위해 모든 능력을 동원했을 것으로 가정한 것이다. 히로시마급 핵폭탄 하나를 만드는데 들어가는 플루토늄을 3~5kg으로 본다면 50kg의 플루토늄은 최소 8개에서 최대 15개의 핵폭탄을 만들 수 있는 분량이다. 북한이 전량을 핵무기 제조에 사용한 것으로 가정하고 두 차례 핵실험을 했다는 것을 감안한다면 10개 내외의 10~20kt짜리 플루토늄탄을 가진 것으로 추정할 수 있다.

하지만 지금까지의 핵개발은 예고편에 지나지 않는 것일지도 모른다. 2008년 북한이 미국과의 협상에 응해 영변 원자로의 냉각탑을 폭파했을 때 언론들은 북한의 핵포기를 기대하는 기사들을 쏟아냈지만, 필자는 이것이 우라늄탄으로의 선회를 의미할 수 있다고 예상했었다. 앞에서 설명한 바와 같이 플루토늄탄을 만드는 과정은 길고 복잡하지만 원자로 가동을 거쳐 만들어지기 때문에 '전력생산용'으로 위장할 수 있는 소지가 많다. 이에 비해 우라늄탄의 제조과정은 짧고 간단하다. 우라늄을 채광·정련하여 농축하면 곧바로 핵탄 원료가 생산된다. 내놓고 핵무기 개발을 하는 국가들에겐 훨씬 더 쉽고 간편한 길이다. 게다가 북한은 양질의 우라늄광을 가장 많이 보유한 나라다. 2010년 북한이 미국의 과학자를 영변에 초청하여 우라늄 농축시설을 보여주었지만, 필자는 그것이 북한이 가진 유일한 농축시설이라고 믿지 않는다. 어디에 얼마나 많은 농축시설을 숨기고 있는지 모르는 일이기 때문이다. 만약 북한이 제3차 또는 더 많은 핵실험을 통해 우라늄탄 보유를 증명한다면, 이는 우라늄 핵무기의 대량생산을 알리는 신호탄일 수 있다.

북한이 수소폭탄 프로그램도 만지작거리고 있을 가능성도 있다. 2010년 5월 12일자 노동신문이 "조선의 과학자들이 핵융합 반응을 성공시키는 자랑찬 성과를 이룩했다"며 큰 소리를 친 것을 상기할 필요가 있다. 핵융합 반응이란 1억도 이상

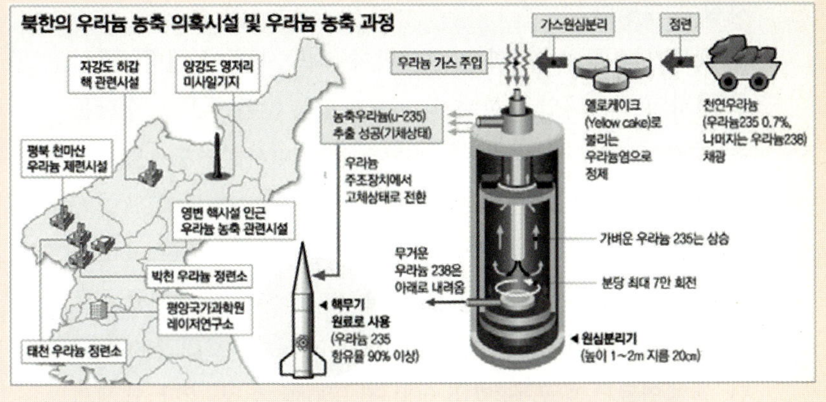

의 초고온의 플라즈마 상태에서 가벼운 원자핵들(중소수, 삼중수소)이 융합하여 무거운 원자핵(헬륨)으로 바뀌는 현상인데, 북한이 이 실험에 성공했다는 발표는 믿기 어렵다. 하지만, 수폭으로 가는 중간과정에 있는 핵융합강화탄을 개발 중일 개연성은 있다. 이것은 원폭에서 중성자발생원(neutron initiator)을 강화하고 블랭킷(blanket) 물질로 U-238이나 Pu-239를 사용하여 핵분열의 효율성을 높인 것으로 수폭으로 가는 입문 단계라 할 수 있으며, 통상의 플루토늄탄이나 우라늄탄 보다 몇 배 더 높은 폭발력을 발휘한다. 이런 의미에서, 북한이 "핵융합 실험에 성공했다", "발전된 방법으로 핵억지력을 강화할 것이다"라고 주장한 것이 예사롭지 않다. 미국이나 소련이 핵분열탄 개발 이후 5~6년 만에 그리고 중국이 3년 만에 수폭을 개발했던 사례를 감안할 때, 북한이 수폭을 원하는 것은 이상하지 않다. 한국의 입장에서 보면 끔찍한 일이지만 사실이 그렇다.

핵무기는 투발수단과 결합되어야 '핵군사력'이 된다. 확실한 미사일 강대국인 북한은 이미 넘치도록 많은 핵투발 수단들을 가진 셈이다. 사정거리 500㎞이상의 미사일만도 1,000기 이상을 배치하고 있는데, 대표적인 것으로는 스커드-C(500㎞, 1단 액체연료), SS-2(700㎞, 1단 액체연료), SS-N-6(2,500~4,000㎞, 1단 액체연료), 노동1호(1,300㎞, 1단 액체연료), 무수단(3,000~4,000㎞, 2단 액체연료), 대포동 1호(2,200㎞, 2단 액체연료), 대포동2호(5,000~6,000㎞ 추정, 2단 액체연료) 등이 있다. 북한이 핵탄두의 소형화에 성공했다면 그보다 짧은 사정거리를 가진 스커드-B(300㎞, 1단 액체연료), KN-02(100~120㎞, 1단 고체연료) 등도 핵투발에 사용할 수 있다. 북한 전역에는 20여 개의 미사일 기지가 있다. 항공기 역시 중요한 핵투발 수단인데, 북한 공군은 핵투발이 가능한 IL-28 폭격기(최대 3,000kg 폭탄적재 가능)를 보유하고 있으며, MIG-21, MIG 23, MIG-29 등의 전술기도 추가 무장장비를 설치한다면 핵폭탄 투하가 가능하다.

북한이 가진 핵폭탄이 사용가능한 수준의 핵무기인지 아니면 조잡한 수준의 핵폭발 장치인지에 대해서는 각국 전문가들 사이에 논란이 있지만, 이 부분에 관한 필자의 생각은 확고하다. 북한의 코앞에 위치한 우리가 북핵의 소형화나 첨단화 여부를 따지는 것은 사치스러운 행동이다. 소형화나 첨단화와 무관하게 북한이 가진 모든 핵폭발 장치들은 한국에게 중대한 위협이다. 또한, 북한의 강력한 핵보유 동기와 수십 년에 걸친 핵무기 개발 노력을 종합하면 북한의 핵무기 실력을 얕봐서는 안 된다. 미사일 탑재나 항공기 탑재를 용이하게 하기 위한 소형화도 상당부분 진척되었을 것이다. 실제사용이 더욱 용이한 초소형 핵무기를 만들기 위한 노력도 지속되고 있을 것으로 봐야 한다. 물론, 북한을 핵보유국으로 인정해야 한다는 뜻은 아니다. 핵을 가져서는 안 되는 국가가 정치적 문턱을 넘도록 내버려 둘 수는 없다.

남아프리카공화국

남아공은 일찍이 핵무기 개발에 성공했지만 이례적으로 고해성사(?)를 하고 비핵으로 되돌아간 케이스다. 남아공의 백인정부는 풍부한 우라늄 매장량을 자산삼아 1950년대부터 독자적으로 핵무기를 개발해왔다. 남아공은 NPT 가입을 거부한 채 핵무기 개발을 지속했는데, 그 과정에서 이스라엘과 협력했을 것이라는 것이 정설이다. 남아공은 1970년 우라늄 농축 기술을 완성했고 1974년부터 본격적으로 핵무기 제조에 착수했다. 인종차별 정책으로 악명이 높았던 백인정부는 핵보유를 통해 스스로를 지키고자 했다.

하지만 1980년대 중반부터 환경이 급격하게 변했다. 인종차별 정책에 대한 국제적 압력이 높아지는데다, 소수 백인이 지배하는 정부구조가 불가능하게 되었다. 앙골라에서 활동하던 쿠바군이 철수하는 등 주변의 안보환경도 개선되어 핵보유 구실도 줄어들었다. 드디어 1991년 6월 프리데릭 데클러크(Frederik de Klerk) 대통령은 NPT 가입 의사를 밝힘으로써 핵포기를 시사했고, 한 달 뒤 가입했다. 이어서 국제원자력기구(IAEA)와 안전조치협정을 체결해 핵관련 시설에 대한 국제사찰을 받았다. 마침내 1993년 3월 24일 데클러크 대통령은 6개의 핵무기를 해체했다고 공식 발표했다. 남아공 정부는 아프리카 제국 및 국제사회와의 관계개선, 앙골라 등 주변 안보 상황의 개선 등을 이유로 들었지만, 사실은 곧 등장할 만델라 흑인정부가 핵무기를 보유하는 것을 그대로 두고 볼 수 없었다는 것이 주된 이유였을 것이다.

한국, 대만, 이라크, 리비아, 그리고 시리아

이상에서 설명한 나라들 이외에도 과거에 핵무기를 개발하려 했던 전과(?)를 가지고 있거나, 현재 개발을 준비하는 나라들이 있다. 과거 사례로는 1970년대 한국과 대만이 대표적이다. 한국의 핵무기 개발을 주도한 사람은 박정희 대통령 자신이었다. 당시 미국에서는 닉슨 대통령이 당선되면서 '닉슨 독트린'

을 발표했다. 핵심은 아시아 동맹국들은 스스로의 힘으로 나라를 지켜야 한다는 것이었고, 이 독트린의 일환으로 주한미군 1개 사단을 철수했다. 1970년대 초중반까지만 해도 북한의 국력이 한국보다 강했고 북한군이 몰래 철책선을 넘어와 한국군을 죽이고 내빼던 시기였다. 박 대통령은 핵과 미사일을 만들어 나라를 지키기로 결심했다. 미국의 압력이 쏟아졌다. 프랑스로부터 재처리시설을 도입하기로 계약을 맺었지만 미국의 압력으로 취소되었고, 직후인 1979년 박 대통령이 김재규의 총탄에 의해 시해되면서 한국의 핵보유 시도는 역사의 강물 속으로 떠내려갔다. 미국은 한국의 미사일 개발에도 제동을 걸었다. 당시 박 대통령과 체결한 「한미 미사일각서」는 한국 탄도미사일의 사정거리를 180km 이내로 제한했는데, 이것이 후일 필자가 '미사일 주권'을 주창하게 된 불씨였다.

이스라엘이 그랬듯 거대한 중국과 대치하던 대만에 있어서도 핵무기는 탐낼만한 생존수단이었다. 하지만 대만 역시 미국의 견제에 밀려 중도에 포기해야 했으며, 1988년 미국 정보기관의 감독 하에 핵무기와 관련된 시설들을 해체해야 했다.

이라크와 리비아는 핵무기를 탐하여 이런 저런 시도를 하다가 기술적 한계에 부딪쳐 포기한 케이스이다. 이라크는 핵무기 개발을 염두에 두고 오시라크(Osirak)에 원자로를 건설하고 있었으나, 1981년 이스라엘이 공군기를 동원하여 완공직전의 원자로를 파괴함으로써 이라크의 핵 프로그램은 중대한 좌절을 겪었다. 이후 이라크는 쿠웨이트를 점령했다가 미국 등

33개국과 맞서 제1차 걸프전쟁(1991)을 치렀다. 1월 16일부터 2월 28일까지 44일 간의 전쟁에서 이라크는 미국의 과학병기에 앞에 철저히 패배했다. 하지만 이후에도 이라크의 사담 후세인 대통령은 핵개발 의혹을 뿌리면서 IAEA 사찰을 거부하는 등 오기부림을 지속했다. 2001년 9월 11일 미국에 대한 9.11 테러가 발생했다. 미국은 곧바로 테러세력을 비호하는 아프가니스탄의 탈레반 정권을 제거했고, 이어서 2003년에는 역시 빈 라덴과 이라크 간의 연계성을 의심하면서 이라크를 상대로 제2차 걸프전쟁을 개시했다. 부시 대통령이 내세운 명분 중의 하나는 이라크의 대량살상무기 프로그램을 중단시켜야 한다는 것이었지만, 승전 후 이라크에 파견된 사찰관들이 전역을 뒤졌지만 핵무기 제조 증거를 찾지 못했다. 어쨌든 1979년 대통령이 된 이래 2003년 미국에 의해 축출되기까지 24년 동안 이라크를 통치했던 후세인은 2006년 12월 처형되었다. 역사는 후세인을 어쭙잖게 핵개발을 시도하고 부질없는 공갈을 일삼다가 외세에 의해 생을 마감한 머저리 독재자로 기록할 것이다.

리비아는 범아랍주의의 기치아래 군림해온 지도자 카다피의 주도아래 대량살상무기 개발을 시도했으나 서방의 경제제재와 고립만 자초했을 뿐 유의미한 진척을 보이지 못했다. 결국, 2004년 영국의 중재로 성사된 미-리비아 협상에 따라 모든 대량살상무기 프로그램을 해체하는 것으로 결말냈다. 미국 과학자들이 중요한 시설들을 해체하고 시료들을 채취했다. 이후 리비아와 서방과의 관계는 개선되었으나, 2011년 북아프리카에 재스민 혁명이 일어나면서 카다피는 비참한 종말을 맞아야 했다. 시민들이 봉기하여 카다피의 퇴진을 요구했으나, 용병과 전투기까지 동원한 카다피의 보복으로 내전이 시작되었다. 유엔 안보리는 결의 1970호(2011. 2. 26)와 1973호(2011. 3. 17)를 통해 민간인 보호를 위한 나토(NATO)군의 개입을 허락했다. 나토 공군의 지원아래 시민군이 승리함에 따라 2011년 10월 20일 카다피는 무참하게 살해되었다. 카다피의 죽음과 함께 리비아의 대량살상무기 개발 스토리도 역사의 뒤안길로 사라졌다.

시리아도 대량살상무기를 욕심내고 있다는 정황증거는 있으나 실제로 무기생산 수준에는 이르지 못한 상태에 있는 것으로 보인다. 시리아 역시 핵무기를 염두에 두고 2001년 알키바에 원자로로 보이는 시설을 건설하기 시작했으나, 가동을 몇 개월 앞둔 2007년 9월 6일 이스라엘 공군기의 공습으로 완파되었다. 국가생존을 위협하는 것이라면 가차 없이 처단하는 이스라엘도 못 말리는 나라이지만, 이후의 시리아 정부의 행동도 의아스러웠다. 시리아 정부는 "이스라엘이 공격한 시설은 핵시설과 무관한 군사시설"이라고 주장하면서도 불도저들을 동원하여 현장을 말끔히 정리해버렸다. 이스라엘 공군기가 남의 나라에 날아와서 군사시설을 공격한 것이라면 심각한 침략행위로 지탄받아 마땅한데도, 시리아 스스로 증거물을 없애버린 것이다.

하지만 미국 CIA가 공개한 동영상이나 구글(Google) 사이트에 공개된 위성사진을 보면 파괴된 시설은 북한의 영변 원자로와 규모와 구조가 매우 흡사하며, 정황들을 종합할 때 북한의 협력 아래 건설해온 핵시설일 가능성이 높다. 북한의 핵 및 미사일 관련 관리들이 시리아를 방문하기 시작한 것은 1997년부터였으며, 미국의 정보기관들도 알키바 핵시설이 북한이 사용하는 가스냉각흑연 감속로로써 북한이 건설에 깊숙이 개입한 것으로 보았다. 시리아 역시 북한으로부터 스커드-C 미사일을 구입하고 북한과 공동으로 스커드-D급 미사일을 개발한 것으로 알려져 있다. 북한은 시리아로부터 소련제 SS-21 미사일을 확보하여 이것을 토대로 사정거리 120㎞의 KN-0-2 미사일을 개발한 것으로 추측된다. 스커드-D 미사일은 기존의 스커드 시리즈 미사일과는 차원이 다른 정확도를 가진 미사일이다. KN-0-2 미사일은 고체연료를 사용하는 지대지 미사일로서 연료주입 과정이 필요하지 않아 기습공격용으로 적합하며, 오산-평택으로 이전하는 주한미군과 수도권에 직접적인 위협을 가할 수 있다.

이란의 핵프로그램

이란은 1968에 핵무기비확산조약(NPT)에 가입했지만, 1970

년대 팔레비 정권시절 비밀리에 핵무기 프로그램을 추진하다
가 팔레비가 축출되자 핵프로그램을 중단했다. 이란은 1980년
대 이라크와 전쟁을 하면서 핵프로그램을 재가동했다. 이란의
핵문제가 본격적으로 부상한 것은 2002년 반정부 망명정부가
핵개발 사실을 폭로하면서부터였다. 이후에도 이란은 국제원
자력기구(IAEA)에 제대로 보고하지 않은 채 각종 핵시설들을
건설했다. 이란은 러시아의 기술로 건설 중인 원자로는 물론
자력으로 건설 중인 농축시설들은 모두 핵에너지 생산을 위한
평화용 시설이라고 주장하고 있다. 하지만 원유생산량 4위의
석유대국이 에너지가 부족해서 원자력을 추구한다는 주장을
그대로 믿을 수는 없다.

2002년 이후 유럽연합(EU)과 IAEA는 이란의 핵프로그램
을 포기시키기 위해 협상을 반복했지만, 이란은 물러서지 않
았다. 최근에는 국제사회가 이란이 필요로 하는 연료용 농축
우라늄을 공급하겠다고 제안했지만, 이란은 이를 거부하고 스
스로 농축을 하겠다고 나서고 있다. 서방형 경수로 원자로를
제공하겠다는 EU의 제안도 거부했다. 지금 이란은 부세르 원
전을 가동하고 각종 핵시설들의 건설을 지속하고 있다. 2011
년 12월 미국 정부가 대이란 제재 법안을 통과시키면서 긴장이
고조되고 있으나, 이란은 여차하면 세계 원유 물동량의 1/4이
지나는 호르무즈 해협을 봉쇄하겠다면서 맞서고 있다. 이런
와중에 2012년 2월 아마디네자드 대통령은 이란이 "서방의 제
재에도 불구하고 자력으로 제4세대 농축시설을 완공했다"고

선언했다. 미국 전문가들은 '허풍'이라고 반박했지만, 이란이 진짜로 제4세대 농축시설을 보유하고 있다면 예삿일이 아니다. 아마디네자드 대통령이 말한 문맥을 보면 파키스탄이 개발한 P 모델의 원심분리기보다 훨씬 더 발전된 P-4 타입을 만들었다는 얘기일 가능성이 있는데, 이 타입은 최초의 파키스탄 모델인 P-1에 비해 최대 100배 이상의 농축능력을 발휘할 수 있다.

이란의 핵행보는 중동의 최대 불안정 요인이다. 이란이 이미 상당한 군사력을 가진 역내 강국인데다 2010년 인공위성 운반용 로켓의 실험발사에도 성공했다. 핵무기를 생산한다면 곧바로 미사일에 탑재하여 운용할 수 있는 능력을 과시한 것이다. 이스라엘이 공군기를 동원하여 이란 핵시설을 폭격할 것이라는 소문이 무성하지만 쉽지는 않다. 이스라엘은 1981년에도 이라크의 오시라크 원자로를 폭격했고 2007년 시리아의 핵시설을 파괴했지만, 그때에는 가동되기 이전의 핵시설을 폭격한 것이었다. 이란의 경우는 다르다. 이란은 이미 가동 중인 부세르의 러시아형 경수로 이외에 도처에 농축시설을 가동 또는 건설 중이며, 핵무기급 플루토늄을 생산할 수 있는 중수로, 중수공장 등을 보유하고 있다. 목표가 다양하고 광활한 국토에 분산되어 있다. 거리 또한 이스라엘로부터 1,600㎞ 이상 떨어져 있어 이스라엘이 보유한 F-15나 F-16의 전투반경을 넘는다. 이란의 핵시설을 공격하기 위해서는 공중급유가 필요하며 요르단, 이라크, 사우디 등의 영공을 무단 통과해야 한다. 이란의 강력한 대공미사일과도 맞닥뜨려야 한다. 이란이 일본, 중국 등 세계 주요국에 원유를 제공하는 나라라는 점에서도 이란 핵시설에 대한 공격은 결코 쉬운 선택이 아니다.

"호미로 막을 것을 가래로도 막지 못하게 된다"는 말이 있다. 8천만 명의 인구에 160만 ㎢의 국토를 가진 중동 최대의 이슬람국가이자 자존심이 무척 강한 이란이 핵보유국이 되면 중동의 안보지도는 크게 바뀔 것이며, 세계 핵질서는 요동칠 수밖에 없다. 국제사회는 일이 더 커지기 전에 이란 핵문제를 진화하기 위해 고심 중이지만 아직 묘안이 없다. 그래서 국제사회는 이란과 북한을 '쌍둥이 핵문제'라고 부른다. 이란핵 문제는 호미로 막을 수 있는 단계를 지나가는 것 같다. 북핵에 이어 이란핵마저 '통제불능'이 된다면 세계 핵질서에는 최악의 불안정 요인이 될 것이다.

이란핵 문제는 한국에게도 결코 '강 건너 불'이 아니다. 이란은 한국의 주요 무역 상대국인데다 한국이 수입원유의 10%를 의존하는 나라이어서 국제사회의 대이란 제재에 동참하는 것 자체가 무척 괴로운 일인데다, 이란과 북한 간의 핵협력 가능성에도 신경을 곤두세워야 한다. 이란과 북한은 이미 미사일 분야에서 협력했던 전력을 가지고 있는데, 이란이 가진 Shahab-1, Shahab-2, Shahab-3 미사일 등은 모두 북한의 Scud-B, Scud-C, 로동 미사일 등을 토대로 생산된 것들이다.

만약 이란의 4세대 원심분리기 기술이 이미 북한에 들어간 상태라면, 북한의 고농축우라늄 생산능력이 획기적으로 늘어남을 의미한다. 북한이 보유한 것으로 추정되던 P-1이나 P-2 타입 원심분리기의 농축능력은 2~3SWU/yt 또는 5~6 SWU/yt 정도이다. SWU(separate work unit)란 일 년 동안 처리할 수 있는 기체 우라늄의 양을 톤으로 나타낸 것인데, 2~3SWU라 함은 일 년 동안 2~3톤의 기체 우라늄을 처리한다는 의미다. 기체 우라늄 내 U-235의 함량이 0.7%이므로 대개 14~21g의 고농축 우라늄을 생산한다고 볼 수 있다. 우라늄탄 하나를 만드는데 필요한 고농축 우라늄을 15kg 정도로 가정한다면 이런 원심분리기 2,000~3,000개 정도를 가진 농축시설이면 일 년에 우라늄탄 하나를 만들 수 있다는 계산이 가능하다. 수천 개의 원심분리기라고 해봐야 웬만한 홀 하나에 설치할 수 있어 방대한 공간이 필요하지 않다. P-4 원심분리기는 12~330 SWU로 농축량이 수십 배 이상이기 때문에 북한이 이런 기술을 확보했다면 매우 심각한 일이다.

　이런 맥락에서 이란핵 문제는 한국에게 험난한 외교과제를 던져주고 있다. 한국은 수입원유 확보 문제에도 신경을 써야 하지만, 어떻게든 이란과 북한 간의 핵협력 가능성을 원천적으로 차단해야 하는 입장에 있다. 미국이 대이란 제재에 동참하라고 압박한다고 해서 아무런 생각도 없이 덜렁 동참하는 것은 외교가 아니다.

강대국의 핵전략

핵무기는 단 하나만으로도 대도시를 초토화시키는 엄청난 군사수단이다. 그래서 사람들은 미소의 핵무기가 한때 6만개를 넘은 적이 있었다는 말에 눈을 동그랗게 뜬다. 지금도 미국과 러시아가 가진 핵무기가 2만 개가 넘는다는 사실에 놀란다. 왜 그렇게 많은 핵무기가 필요할까? 그 이유를 알기 위해서는 미국과 소련이 펼쳤던 핵전략들을 살펴봐야 한다.

1950년대 핵경쟁이 본격화되면서 미소가 공히 채택한 핵전략은 '상호확실파괴(MAD: Mutually Assured Destruction) 전략'이라는 것이었다. 상대의 핵공격 가능성에 대해 대량 핵보복 능력을 갖추고 "네가 나를 죽이면 나도 너를 죽인다"는 태세를 과시함으로써 핵전쟁의 발생을 억제하는 전략이다. 한 마디로 '상호자살' 전략이며, 필자는 'NJNJ(너죽고 나죽자) 전략'이라는 애칭을 부여했다. 이 전략은 핵무기는 일단 사용되면 모든 인류를 죽이므로 '사용할 수 없는 무기(unuseable weapon)'라는 전제에서 출발한다. 이 전제의 연장선에서 핵전쟁을 모두가 죽는 '승자가 없는 전쟁(unwinnable war)'이자 '싸울 수 없는 전쟁(unfightable war)'으로 간주한다.

MAD 전략은 미소 간의 핵균형(nuclear parity)을 전제로 하는 전략이었다. 어느 일방이 핵우위를 점하는 것보다는 상호간 엇비슷한 핵군사력을 가지는 것이 좋다는 뜻이다. 상대도 나를 죽일 수 있고 나도 상대를 죽일 수 있는 상호취약성

(mutual vulnerability)의 상태, 다시 말해 미국과 소련이 서로를 마음 놓고 공격할 수 없는 존재로 인정할 때 핵전쟁이 효과적으로 억제된다는 논리였다. 1972년 미소가 요격미사일금지조약(ABMT)을 맺어 상호간 방어 미사일의 설치를 제한하는데 합의한 것은 바로 상호 취약성을 유지하기 위함이었다. 한쪽이 창(槍)만을 가지고 있는 상태에서 다른 쪽이 창과 방패를 모두 가지면 양쪽 모두를 가진 쪽이 공격의 유혹을 느낄 것이므로 아예 방패를 가지지 않기로 합의한 것이다.

"너죽고 나죽자는 태세가 확실할수록 핵전쟁은 더 잘 억제된다"라는 MAD 논리에 의거하여 미소 양국은 핵보복력을 보호하는데 진력했다. 즉, 핵을 분산 배치함으로써 상대방이 선제 핵공격 가능성에 대해 충분한 보복력을 생존시키기 위해 온갖 궁리를 해냈다. 핵무기들을 공중, 지상, 그리고 해저에 분산 배치하는 '3축 체제(triad)'가 핵심이었다. 이 체제 아래서 미국은 일정 숫자의 폭격기들이 핵무기를 탑재하고 북극권에 떠 있도록 했고, 지상에는 막강한 대륙간탄도탄(ICBM)들이 상대국을 겨냥하고 있었으며, 바다 속에는 대륙간탄도탄급 핵미사일을 장착한 핵잠수함들이 오대양을 떠돌았다. 핵탑재 폭격기들을 항시 띄워두는 체제는 1980년대에 폐지되었지만, 지금도 3축 체제는 유지되고 있다.

핵잠수함은 수뇌부 제거용 선제공격(decapitation attack)에 대한 취약성에 대응하는 우수한 무기로 간주된다. 소련이 단 몇 발의 핵공격으로 워싱턴을 공격하여 미국 대통령을 포함한 지도자들을 몰살시킨다고 가정해보자. 핵보복을 명령할 사람이 없어질 수 있다. 이런 위험을 예방하기 위해 3축 체제를 운용한다. 특히, 은밀하게 바다 속을 다니는 핵잠수함은 일정한 상황이 전개되면, 예를 들어 소련의 핵공격으로 워싱턴이 초토화된다면, 대통령의 명령이 없더라도 보복 핵미사일을 발사하는 '경보 즉시 발사(launch-on-warning) 체제'를 유지한다. 상대국의 핵공격으로 미국이 지도부가 소멸하더라도 반드시 핵보복을 가한다는 태세를 보여주는 데에는 핵잠수함이 으뜸이라는 뜻이다. 이런 점 때문에 필자는 제5장에서 한국군에 있어서도 잠수함 전력이 매우 중요하다는 점을 강조하고 있다.

하지만 MAD 전략은 완벽하지 않다. 이 전략이 가진 맹점들은 핵전략가들 사이에 큰 논쟁을 불러일으켰다. 핵무기가 더 많을수록 그리고 핵보복력이 가공할수록 핵전쟁이 더 확실하게 방지된다는 논리는 미소 양국 간 무제한적인 핵무기 경쟁을 초래했다. 또한 MAD 전략은 모든 당사자가 이성적 판단력을 가진 상태에서만 완벽한 억제효과를 기대할 수 있다. 예를 들어, 핵으로 공격하면 반드시 핵보복을 당한다는 사실을 이성적으로 인지하는 지도자라면 핵공격을 하지 않겠지만, 비이성적 요인들(irrational elements)이 개입하면 얘기가 달라진다. 상대국의 지도자가 세상종말을 꿈꾸는 과대망상증 환자라면 MAD 전략은 무용지물이다. 컴퓨터가 오작동으로 핵공격을 알리는 경우, 반란군이 핵무기를 탈취하여 발사하는 경우, 또는 두 강대국간 핵전쟁을 유발시키기 위해 제3자가 어느 한

쪽을 가장하고 핵공격을 가하는 경우 원하지 않는 핵전쟁이 발발할 수 있다.

이런 맹점들은 웃어야 할지 울어야 할지 모르는 현상들을 야기했다. 소련의 선제공격에 살아남는 핵보복력을 유지하기 위해 운용하는 핵잠수함은 독자적인 핵발사 능력을 가진 개별 부대가 되어야 한다. 하지만 각종 비이성적 요인들을 대입하면 복잡해진다. 함장이 세상의 종말을 원하는 정신병자라면 어떻게 되겠는가. 미국은 이런 위험성을 줄이기 위해 핵을 발사하기 위해 반드시 입력해야 하는 암호들을 함내 지휘관들이 나누어 가지는 체제(PAL)를 고안했다. 그러나 이것으로도 완벽하지 않다. 함장과 고위 지휘관들이 한꺼번에 과대망상증에 걸리지 말라는 법이 있는가. 수병들이 반란을 일으켜 잠수함과 핵무기를 장악한다면 어떻게 되겠는가. 그래서 핵잠수함에서 근무하는 장교들과 수병들은 정기적으로 엄격한 테스트를 통해 정신상태를 점검받지만, 이 또한 완벽하지 않다. 정신상태가 좋지 않거나 전과가 있는 수병들이 잠수함의 승무원이 된 경우가 적지 않았다.

MAD 전략의 맹점들은 제2세대 핵전략인 핵전투(Nuclear Warfighting) 전략을 탄생시킨 직접적인 빌미가 되었다. 비판자들은 핵억제가 실패하여 핵전쟁이 일어나면 인류 공멸 외에 대안이 없다는 이유로 MAD 전략을 맹비난했다. "핵공격을 받는다고 해서 왜 모두가 죽는 대량보복으로 대응해야 하는가" "핵전쟁도 물리칠 수 있어야 하지 않는가", "소규모 공격에는 소규모 핵대응을 하면 되지 않는가” 등의 반론을 제기했고, 이 반론들이 1960년대 후반 NATO가 ‘유연반응(flexible response) 전략’이 등장한 배경이었다. 이것이 후일 ‘핵전투 전략’이라는 이름으로 불리는 제2세대 핵전략이다. MAD 전략이 ‘너죽고 나죽자(NJNJ)’ 전략이라면 핵전투 전략은 ‘너죽고 나살자(NJNS)’ 전략인 셈이다.

핵전쟁을 아예 싸울 수 없는 전쟁으로 간주했던 MAD 전략과는 달리 핵전투 전략 하에서는 핵전쟁은 ‘존재할 수 있는 전쟁’이며 핵무기도 ‘사용할 수 있는 무기’다. 이 전략 하에서는 일단 핵전쟁이 시작되면 싸워서 이겨야 하며, 그러기 위해서는 실제 사용이 용이한 소형 전술핵무기들을 만들어야 했다. 핵전쟁에 이기기 위해서는 핵방어(nuclear defense)가 필수적이다. 엇비슷한 핵군사력이 바람직하다는 MAD 전략과는 달리 이 전략 하에서는 핵전쟁도 싸워서 이겨야 하는 전쟁이므로 핵우위(Nuclear Superiority)를 추구할 수밖에 없다. NJNJ 논리를 180도 뒤집은 것이다. 제2세대 핵전략의 등장과 함께 미소 양국은 많은 소형 전술핵무기들을 생산했고, 미국은 서유럽에 퍼싱(Pershing) 등 소형 핵미사일을 배치했다. 1991년 이전까지 한국에 배치되었던 미국의 전술핵도 같은 논리에 따른 것이었다.

핵방어에 대한 연구도 본격화되었다. 1980년대 레이건 대통령이 추진했던 전략핵방어 계획(SDI: strategic defense initiative)은 핵전투 전략의 진수였다. 소련이 언제 어떤 방법으로 핵공격을 해오더라도 우주와 공중 그리고 지상에 배치된 방어체계로 막아내겠다는 것이었다. 우주에는 레이저빔을 발사하는 소형 우주무기들(brilliant pebbles)을 밤하늘의 별처럼 빼곡히 띄우겠다는 것이었다. SDI가 '별들의 전쟁 프로그램(Star Wars Program)'이라는 애칭으로 불린 것은 이 때문이었다. SDI는 노골적으로 핵우위를 추구하는 전략이며, 이론적으로는 SDI가 완성된다면 미국은 마음 놓고 소련을 공격할 수 있게 되기 때문에 1972년 ABMT의 취지에 반하는 것이었다. 비판자들은 막대한 비용과 기술적 한계를 이유로 SDI에 반대했지만, 레이건 대통령은 고집스럽게 SDI를 밀고 나갔다. SDI 계획은 소련이 붕괴되어 필요성이 소멸되면서 폐기되었다. 이후, 미국이 유일 초강국으로 등장하면서 클린턴 및 부시 정부에 와서 SDI는 '미사일 방어 시스템(MD: missile defense)'라는 축소된 형태로 재탄생했다. 즉, 소련의 전면적인 핵공격 위험은 소멸되었지만, 북한, 이란 등 막가파 국가(rogue states)들에 의한 제한적 핵공격을 막아내야 한다는 논리로 MD를 추진했고, 이를 위해 부시 정부는 ABMT를 폐기했다. MD는 SDI의 사촌동생쯤 되는 것이다.

여기서 SDI가 가지는 두 개의 얼굴을 음미해보자. SDI는 우주와 공중과 지상에 배치된 각종 요격무기들로 소련의 대규모 핵공격을 막아낸다는 야심찬 계획이지만 처음부터 경제적·기술적 타당성 문제가 도마에 올랐다. 너무 미국 중심적이라는 비판도 있었다. SDI가 원안대로 완성되었다고 가정해보자.

소련이 대규모 핵공격을 시작했다고 가정해보자. 미국을 향해 날아오다가 도중에서 요격을 당한 소련의 핵미사일들은 길을 잃고 아무 곳에나 떨어질 것이다. 소련이 SDI를 돌파하기 위해 공격 핵무기에 발사 후 일정시간이 지나면 터지는 시한폭발장치를 부착한다고 가정해보자. 목표를 잃은 미사일들은 다른 나라로 날아가 터질 수 있다. 이렇듯 SDI 계획은 다른 나라들을 안중에 두지 않는 일방주의적 측면을 가지고 있었다. 전략 이론상으로는 더 큰 논란을 초래했다. SDI는 "서로가 서로에게 취약한 상태로 남아 있어야 아무도 핵전쟁 먼저 일으킬 수 없다"는 MAD 전략의 기본논리를 뒤엎는 것으로서, 이론상 어느 일방이 상대방의 핵공격을 막아낼 수 있게 되면 안심하고 상대방을 공격할 수 있게 되는 '절대적 기술우위(Malign Technological Breakthrough)' 상태를 가져올 수 있다. 이런 가능성을 의식하는 상대방은 죽기 살기 식으로 선제공격을 해야 하는 동기를 가지게 된다. 즉, 세계를 더 위험하게 만들 수 있다는 비난이 가능했다.

이렇듯 많은 논란을 불렀던 SDI이지만, 공산주의 체제를 무너뜨리는 데에는 일등공신이었다. 레이건 대통령은 소련을 '악의 제국(evil empire)'으로 명명하면서 SDI를 밀어붙였고, 소련은 미국의 '절대적 기술우위' 가능성을 우려하여 SDI를 돌파할 수 있는 핵무기 체제를 개발하는데 주력했다. 이것이 소련의 경제를 거덜 내는데 크게 기여했다. 뱁새가 황새를 따라하려다 가랑이가 찢어진 것이다. 소련연방은 해체되었고, 동구 공산권도 와해되었다. 오늘날 미국 국민이 레이건을 미국 역사상 가장 위대한 대통령 중 한사람으로 꼽는 것에는 이런 배경들이 있다.

핵무기의 도덕성 논쟁

학자들은 전쟁과 무기의 도덕성을 따진다. 적어도 학문세계에서는 그렇다. 무기의 도덕성을 따지는데 자주 등장하는 잣대가 '비례성 원칙'과 '차별성 원칙'이다. 비례성 원칙이란 목적에 비례하는 수단인가 하는 것을 따지는 것이다. 억울하게 붙들린 사람들을 해방시키기 위해 무기를 사용하는 경우 그들을 구출하는데 필요한 무기만 사용해야 한다는 식이다. 파리를 잡는데 파리채를 쓰지 않고 도끼를 사용한다면 부도덕한 일이 된다는 식이다. 중국고사로 말하면 "割鷄에 焉用牛刀리오 (닭을 잡는데 어찌 소 잡는 칼을 사용하리오)"가 되고, 영어식으로 하면 "Do not use cannon to kill mosquitos(모기를 잡는데 대포를 사용하지 말라)"가 된다. 차별성 원칙이란 살상을 행함에 있어 전투원과 민간인을 구분해야 한다는 것이며, 불필요하게 민간인을 살상하는 무기는 도덕적인 무기가 될 수 없다는 것이다. 이런 원칙들로 본다면, 핵무기만큼 부도덕한 무기는 없다. 무차별적인 파괴력과 피할 수 없는 부수적 피해

(collateral damage)를 감안한다면, 핵무기는 어떤 경우에도 비례성 원칙이나 차별성 원칙에 부합할 수 없다. 핵무기가 뜨거운 도덕성 논쟁의 대상이 되어 왔음은 당연한 일이다.

상호확실파괴 전략과 핵전투 전략이 혼재하면서 도덕성을 둘러싼 논쟁과 혼란은 가중되었다. 1970년대와 80년대를 동안 이 논쟁은 수많은 박사논문들을 탄생시키면서 미국 학계를 뜨겁게 달구었다. 필자가 박사학위 공부를 하던 1980년대가 절정이었다. MAD 전략을 옹호하는 전문가들은 이 전략이 인류전체의 멸망과 지구 종말의 가능성을 인질로 삼는 전략이지만 핵전쟁을 더 확실히 방지한다면 도덕적 명분이 있는 것이라고 주장했다. 핵전투 전략을 지지하는 전문가들은 "MAD 전략은 무고한 전 인류를 볼모로 삼는 것이니 아기를 자동차 범퍼 앞에 매달고 다니는 것과 같다"고 대응했다. "상대가 소규모로 공격해오면 우리도 거기에 맞는 규모로 대응함으로써 인류멸망을 피할 수 있고 부수적 피해도 줄일 수 있기 때문에 핵전투 전략이 더 도덕적이다"라는 논리를 개진했다.

이 도덕성 논쟁에서 핵전투 전략이 패배했다. 핵전투 전략이 실질적 핵사용 가능성을 현실화하여 핵전쟁의 가능성을 크게 높였을 뿐 아니라 확전에 대한 대책이 없다는 점이 핵심이었다. 즉, 핵전투 전략은 어느 한쪽이 작은 규모의 핵공격을 가해왔을 때 반대편은 "이 정도 대응이면 상대가 물러서겠지"라는 기대감을 가지고 적절한 수준의 핵대응을 하지만, 공격자 역시 같은 기대감을 가지고 한 단계 더 높은 수준의 재대응을 하게 된다는 것이다. 이것이 '확전의 사닥다리(ladder of escalation)'이다. 소규모 핵전쟁은 사닥다리를 타고 대규모 핵전쟁으로 비화되기 쉬우며, 아무리 소규모 핵전쟁이라고 해도 핵무기의 특성상 부수적 피해가 막대하기 때문에 "핵전투 전략이 부수적 피해를 줄인다"는 주장도 궤변에 지나지 않는다는 것이다. 사용되어서는 안 될 궁극무기인 핵무기를 통상적인 무기로 생각하는 핵전투 전략이야말로 가장 부도덕한 핵전략이라는 것이다.

교황 요한 2세(Pope John Paul II)는 핵무기의 도덕성 논쟁에 뛰어들어 중요한 역할을 한 것으로도 유명하다. 요한 2세는 1978년부터 2005년 선종할 때까지 제56대 교황으로 재직했다. 바티칸은 교황의 지시에 따라 핵도덕성 논쟁에 대한 교황청의 입장을 정리하여 발표했는데, 그것이 1983년 유엔과 주요국의 대통령들에게 전달된 유명한 '성직자의 편지(pastoral letter)'였다. '평화에 대한 도전: 하느님의 약속과 우리의 대응(The Challenge of Peace: God's Promise and Our Response)'이라는 제하로 발표된 이 서한은 "모든 핵무기는 부도덕하며 궁극적으로 폐기되어야 한다"는 입장을 밝혔으며, 핵억제 전략에 대해서는 "보다 전향적인 핵군축을 향한 중간 단계로서만 수용한다"는 입장을 밝혔다. 그리고는 "특히 핵무기의 실제 사용을 전제하는 억제전략은 수용할 수 없다"고 선포했다. 상호확실파괴 전략도 부도덕하지만 핵전투 전략은 더 부도덕하다는 결론이었다. 교황청의 서한은 핵무기와 핵전략을 놓고 뜨거운 도덕논쟁을 벌이던 전문가들에게 적지 않은 영향을 주었고, 필자 역시 그중 한 사람이었다.

다시 현실세계로 돌아와 보자. 세계에는 지금도 2만개 이상의 핵무기가 있고, 전략핵무기와 전술핵무기가 그리고 상호확실파괴 전략과 핵전투 전략이 혼재하고 있다. 초강대국인 미국의 핵전략도 정부가 교체될 때마다 바뀌고 있다. 1970년대까지는 MAD 전략이 핵억제 전략의 주축이었으나, 1980년대 레이건 대통령이 등장하고 SDI를 추진하면서 급속도로 핵전투 전략으로 선회했다. 이후 소련이 와해되고 미국이 유일 초강대국으로 부상하면서 미국이 핵균형보다는 핵우위를 추구하는 경향은 정착되다시피 했고, 2002년 부시 대통령이 제2차 핵태세검토서(NPR)를 발표하면서 절정을 이루었다. 먼저 핵사용을 하지 않는다(NFU: no first use)는 정책을 폐기하고, 필요하면 선제적으로 핵을 사용할 수 있는 것으로 바뀐 것도 이 무렵이었다.

그러나 9·11 이후 미국에게 있어 러시아는 더 이상 제1의 공격대상이 아니었으며, 테러세력이나 막가파 국가들이 주 경계대상으로 부상했다. 부시 대통령이 북한과 이란을 '악의 축'으로 명명한 것도 이때였다. 2008년 집권한 오바마 대통령은 미국의 핵전략이 지나치게 공세적이라는 세계여론을 의식하여 NFU 정책으로 복귀했고, '핵없는 세계(NWFW: nuclear weapon-free world)'를 주창하면서 핵무기에 대한 의존도와 핵무기 숫자를 획기적으로 줄이겠다며 나서고 있다. 핵테러를 방지하기

위해 핵물질의 확산을 막아야 한다는 목적으로 2010년 4월에
는 사상 처음으로 핵안보정상회의를 개최했다. 핵무기 숫자와
핵무기 의존을 줄이겠다는 오바마에게 노벨평화상이라는 커
다란 상도 주어졌다.

　이렇듯 미국의 핵전략의 기류가 정부에 따라 변하고 있지
만, '위험한 동거'라는 기본 문제는 그대로이다. 아무리 작은
핵무기도 좁은 공간에서는 삶의 기반을 황폐화시키는 전략무
기나 다름없는 현실에서, 어떤 핵무기가 대량보복용 전략핵이
며 어떤 핵무기가 군사목표용 전술핵무기인가. 어떤 핵무기가
MAD 전략을 위한 무기이며, 어떤 핵무기가 핵전투용 무기인
가. 결국은 같은 핵무기를 놓고 '사용되어서는 안 되는 무기'라
고도 했다가 '핵전쟁에서 실제로 사용할 수 있는 무기'로 보기
도 하는 것이 아닌가. 같은 핵전쟁을 놓고 '승자가 없는 모두가
패배하는 전쟁'으로 보기도 하고 '싸워 이길 수 있는 전쟁'으로
보기도 하는 것이 아닌가. 서로 상치되는 논리를 가진 두 개의
전략이 공존할 수 있는가. 핵세계를 파고들수록 의문이 꼬리
를 문다. 하지만 이런 질문들에 답을 할 것인가 말 것인가, 또
는 한다면 어떻게 할 것인가 하는 것은 여전히 강대국들의 특
권에 속하는 문제다.

강대국들의 핵군축

미소 두 강대국 간의 핵군축 역사는 길다. 양국은 세계에 존재하는 핵무기의 대부분을 생산하고 보유해왔지만, 이들의 핵군축 노력 또한 지속적으로 이어졌다. 1958년 3년간 핵실험 중지를 합의한 것을 필두로 지금까지 수십 건의 핵군축 조약이 체결되었다. 1959년에는 남극에서의 군사적 활동을 금지한 남극조약(Antarctic Treaty)이 그리고 1967년에는 우주공간에서의 무기배치 및 사용을 금지하는 외계조약(Outer-Space Treaty)이 체결되었다. 많은 경우 핵군축 조약은 미국과 소련이 주도하고 다른 핵보유국들이 동참하는 형태를 취했다.

미국과 소련은 1963년에 양국 간 직통 통화선을 설치하는 핫라인협정 (Hot Line Agreement)을 맺었고, 1970년에는 역사적인 핵무기비확산조약(NPT)을 발효시켰으며, 1971년에는 핵사고 또는 우발적 핵발사시 상호 통보하기로 합의한 핵사고협정(Accidents Measures Agreement)을 체결했다. 같은 해에 바다 밑 해상(海床)에서의 핵무기 배치를 금지한 해상조약(Sea-bed Arms Control Treaty)도 체결했다. 대기권 및 해저에서의 핵실험을 금지하여 지하핵실험만 할 수 있도록 한 1963년의 부분핵실험금지조약(PTBT)이나 지하핵실험의 규모가 150kt(킬로톤)을 넘지 못하게 제한한 1974년의 핵실험규모제한조약(TTBT)도 핵군축 역사에서 중요한 의미를 가진다. 1972년과 1979년에는 전략핵무기의 보유 상한선을 정한 전략무기제한협정(SALTⅠ, SALTⅡ)이 체결되었다. 이 협정은 사상 최초로 전략핵무기의 확산을 규제한 핵군축 업적이었다. 1972년 SALTⅠ과 함께 요격미사일금지조약(ABMT)이 성사되었으며, 1987년에는 중거리핵폐기조약(INFT)도 탄생했다.

전략핵무기를 감축하려는 미소의 노력은 이후에도 지속되어, 1991년에는 미국과 소련의 전략핵탄두 숫자를 각각 6,000개로 줄이고 지상발사 ICBM, 잠수함발사 장거리 미사일, 폭격기 등 운반수단을 각각 1,600기로 줄이기로 한 전략핵감축조약(START)이 체결되어 1994년부터 시행되었다. 1991에는 부시-고르바초프의 전술핵 철수 선언에 따라 한반도를 포함한 세계전역의 지상발사 전술핵이 철수되었고, 해상발사 및 해저발사 전술핵도 본국으로 회수되었다.

전략핵무기를 감축하기 위한 노력은 오바마 대통령 이후에도 지속되었다. START가 2009년 12월 5일부로 시효를 다함에 따라 미국과 러시아는 후속조약의 필요성에 공감했고, 특히 오바마 대통령이 '핵무기 없는 세계'라는 구호를 내걸고 취임하면서 추가적 전략핵무기 감축을 위한 협상은 급물살을 탔다. 오바마와 메드베데프는 후속조약을 위한 협상을 개시했고, 2009년 7월 6일에는 'START 후속조약을 위한 양해각서(Joint understanding for a follow-on agreement to START-1)'에 서명했다. 핵심내용은 향후 7년 이내에 각 측의 전략핵탄두와 투발수단의 숫자를 1,500~1,675개와 500~1,100기로 줄이는 것이었다. 이후 2010년 4월 8일 양국 대통령은 이 내용을 반영한 '새로운 전략핵감축조약(New START 또는 Measures to Further Reduction and Limitation of Strategic Offensive Arms)'에 서명했다. 또 한 번 핵군축 쾌거가 이루어진 순간이었다. 러시아는 부시 행정부가 MD 구축을 위해 폴란드에 요격미사일 부대를 주둔시키고 체코 공화국에 추적레이다 기지를 설치하는 계획을 수립한데 대해 매우 불쾌하게 생각했지만, 오바마 대통령이 이 계획을 수정하겠다고 약속함에 따라 New START가 탄생할 수 있었다. 이 조약은 미소 양국의 비준을 거쳐 2011년 1월 26일 효력을 발생했다. 하지만 이제 '강력한 러시아'를 주장하는 푸틴이 재집권에 성공한 이상, 러시아가 군축 노력을 지속할 것인가 하는 것은 두고 봐야 할 문제가 되었다.

지금까지 핵군축 역사를 간단히 훑어보았지만, 강대국들의 핵군축 성과에 대한 평가는 엇갈린다. 우선, 비핵국들의 입장에서 보면 강대국들이 지나치게 자국의 이익만을 추구했다는 비판이 가능하다. 예를 들어, 나라도 국경도 없는 남극이나 우주에서의 군사적 활동을 금하는 남극조약이나 외계조약은 애초부터 문제될 것이 없었고, 특히 외계조약은 우주에서의 핵무기 배치 및 사용을 금지할 뿐 우주무기의 연구와 생산을 금지하는 조약이 아니다. 그래서 레이건 대통령은 이 조약들을 그대로 둔 채 SDI 연구를 강행할 수 있었다. 1963년의 핫라인 협정은 쿠바 미사일위기를 통해 공멸 위험을 실감한 미소가 필요성을 공감했기 때문에 성사되었다. 해상조약의 경우에도 해상에서의 핵사고가 나는 경우 공동피해가 발생한다는 점 에서 미소가 공동이익을 추구한 조약이었으며, 특히 해상조약이 해저에서의 핵무기의 이동을 금지하지 않음으로써 핵잠수함의 자유로운 통행을 보장했는데, 이를 두고 '눈감고 아웅'이라는 비판이 재기되었다.

1963년의 부분핵실험금지조약(PTBT)이나 1974년의 핵실험규모제한조약(TTBT)에 대해서도 부정적 평가가 없지 않다. 대기권 및 해저에서의 핵실험을 금지하여 지하핵실험만 할 수 있도록 한 것은 미국과 소련의 기술이 지하핵실험만으로도 핵개발에 문제가 없는 시점에 왔기 때문인 것으로 볼 수 있으며, 지하핵실험의 규모를 150 킬로톤으로 제한한 핵실험규모제한조약도 비슷한 맥락에서 해석할 수 있다. 이들 조약들이 후발 핵보유국들의 반발을 초래하여 핵보유국들 간에 갈등을 불러일으킨 것은 예상된 결과였다. PTBT가 어느 한쪽을 금지하면 다른 쪽이 부풀어나는 '풍선효과(balloon effect)'를 유발했다는 비난도 있다. 즉, PTBT 이후 미소는 자유롭게 지하핵실험을 실시할 수 있었고 핵실험 횟수도 오히려 증가했다.

SALT 협정은 진실로 많은 논란거리를 제공했다. 이 협정은 기존 핵무기를 철폐하거나 감축한 것이 아니라 양적 상한선만을 정한 것이어서, 오히려 그 상한선까지 전략핵무기가 증강되는 결과를 가져왔다. 그 상한선 이내에서 마음대로 핵무기를 개발할 수 있게 함으로써 성능향상 및 새로운 종류의 핵무기 개발을 의미하는 질적 핵경쟁(Technological Nuclear Arms Race)을 부추겼다는 평가도 불가피했다. 예를 들어, SALT-I이 전략

핵미사일을 탑재하는 미사일의 총수를 제한하자, 미소는 하나의 미사일이 여러 개의 핵탄두를 탑재하는 독립비행 다탄두 체제(MIRV)의 개발에 나섰다. MIRV는 하나의 미사일로 십 수 개의 목표를 동시에 요절내는 가공할 공격무기이다. 러시아의 SS-18 미사일은 히로시마 원폭의 40배에 달하는 550kt짜리 핵탄두 10개를 탑재했고, 미국의 MX/Peacekeeper 미사일은 300kt짜리 핵탄두 10개를 장착했다. 이들 MIRV 미사일은 가장 가공할 공격무기이어서 상대국의 선제공격의 대상이 되며, 지상에 고정 배치되기 때문에 표적이 되기 쉽다. 이 때문에 지상발사 MIRV 미사일은 '핵전쟁을 유발하기 쉬운 가장 불안정한 무기(destabilizing weapon)'로 악명이 높다. 이에 비해 잠수함발사 핵무기는 이동성이 높아 선제공격의 표적이 되기 어려우며 상대의 선제공격에도 살아남을 수 있는 생존력이 높아 핵전쟁을 유발하기 보다는 억제하는 효과가 큰 안정적인 무기로 인정받았다. 요컨대, SALT는 'MIRV의 탄생을 부추긴 원흉'이었다.

1991년 9~10월 부시-고르바쵸프의 선언에 따른 전술핵 철수는 전 세계 차원에서 미소 양국이 성사시킨 핵군축 성과이기도 하지만 한반도와 관련해서는 또 다른 의미가 있다. 이 선언에 따라 한국에 배치되었던 미국의 전술핵은 모두 철수되었다. 1991년 당시는 북한의 플루토늄 생산 의혹이 세계적인 이슈로 부상하여 미북 간 협상이 진행되던 시기였고, 북한은 한국에 배치된 미군 전술핵을 문제삼고 있었다. 미국은 전술핵 철수 선언으로 북한의 핵개발을 포기시킬 수 있을 것으로 기대했지만 그러한 기대는 실현되지 않았다. 한반도에 있어서는 실패한 카드였다.

높은 점수를 받아 마땅한 핵군축 업적들도 많다. 우선, 1972년의 요격미사일금지조약(ABMT)과 1987년의 중거리핵폐기조약(INFT)은 특정 종류의 핵병기를 폐기함으로써 질적 핵경쟁을 완화시켰다는 점에서 높은 점수를 받았다. 앞에서 설명한 바와 같이, AMBT는 '취약성의 공유'를 보장하기 위한 조약이었다. 즉, 미국과 소련 중 어느 한쪽이 상대편의 핵공격을 요격·방어하는 요격미사일을 완성하고 나면 상대편을 공격할 동기를 가지게 된다는 MAD 전략의 취지에 따라 체결한 조약이었다. 미국의 유일초강국 부상과 함께 이 조약은 폐기되었지만, 어쨌든 당시로서는 요격미사일 체제라는 새로운 분야의 핵병기 기술이 탄생하지 않도록 견제하는 역할을 했다. 1987년 미소 간 INFT는 사정거리 500~5,500㎞의 모든 중거리 핵무기들을 폐기한 조약이었다. 2,000여 개에 달했던 미소의 중거리 핵무기는 폐기되었고, 서독에 주둔하고 있던 미국의 퍼싱 미사일도 철폐되었다. 폐기된 핵무기는 핵탄두는 숫자상 전체 핵무기의 5%미만이었고 파괴력은 1%에도 미치지 못했지만, INFT 역시 특정 종류의 핵무기들을 폐기시킨 최초의 핵군축 조약이었다.

전략핵무기의 획기적인 감축을 가져온 START는 핵군축의 쾌거라 할만하다. 1994년부터 2009년까지 발효된 이 조약은 지구상에 존재하던 전략핵무기의 80%를 폐기하는 성과를 거두었다. 이로서 한때 6만 개에 달했던 미소의 핵탄두 숫자를 급격하게 줄이는데 결정적으로 기여했을 뿐 아니라, 지상발사 MIRV 미사일 숫자를 크게 줄임으로써 안정적인 잠수함 발사 핵무기에 대한 의존도를 높여 그만큼 핵안정성을 높이는데 기여했다. 이렇듯 강대국들의 핵군축 노력은 평가받아 마땅한 부분과 비판받을 부분들이 뒤섞여 있다. 우리는 두 개의 안경을 가지고 양쪽 모두를 봐야 한다.

오바마 핵이니셔티브의 두 얼굴

북핵이라는 문제를 놓고 씨름하는 우리는 당연히 강대국들의 핵군축을 다양한 관점에서 바라볼 수 있어야 한다. 이런 점에서 오바마 대통령이 취하고 있는 각종 핵평화 이니셔티브는 많은 것을 생각하게 만든다. 오바마는 후보시절부터 부시 대통령의 일방주의적 대외정책을 비판했었다. 2008년 1월 15일자 월스트리트저널(Wall Street Journal)에는 헨리 키신저 및 조지 슐츠 전 국무장관과 윌리엄 페리 전 국방장관 등이 공동 명의로 기고한 "핵무기 없는 세계(World Free of Nuclear Weapons)"라는 글이 실렸다. 오바마는 크게 공감했고, 2009년 4월 5일 유명한 프라하 연설을 통해 "핵무기의 역할과 숫자를 줄이겠다"고 선언했다. 2009년 7월 G-8 회담에서도 같은 선언을 반복했고, 노벨평화상까지 수상했다. 오바마 대통령은 2010년 4월 6일 발표한 새로운 핵태세검토서(NPR)를 통해 대폭적인 핵감축을 약속했다. 2010년 4월에는 러시아를 설득하여 New START를 체결했고, 이어서 4월 12~13일 워싱턴에서 한국의 이명박 대통령을 포함한 47개국 정상들과 유엔, 국제원자력기구(IAEA), 유럽연합(EU) 등 국제기구의 대표들을 초청하여 제1차 핵안보정상회의를 개최했다. 의제는 '핵물질 방호 및 핵테러 예방'이었다. '핵없는 세계'를 구현하기 위한 오바마 대통령이 택한 첫 주제였다. 제1차 핵안보정상회의는 "4년 이내 취약상태에 있는 모든 핵물질을 안전통제 하에 둔다"는 공동의 목표를 설정하고, '플루토늄 사용 각별주의, 고농축 우라늄 사용 최소화, IAEA 역할 재확인' 등을 촉구하는 정상성명을 채택하고 폐막되었다.

당연히 오바마 대통령이 펼치는 핵평화 이니셔티브의 명분은 그 누구도 반대할 수 없는 것이며, 그 동안 강대국들의 핵독점과 횡포를 비난해왔던 비핵국들의 입장에서도 환영해야할 대상이다. 특히. 한국이 2012년 제2차 핵안보정상회의의 주최국으로 선정된 것은 국위선양에도 큰 도움이 되었다. 하지만 문제가 없는 것은 아니다. 핵없는 세계란 모든 나라들이 비핵을 준수할 때 모두에게 이득이 되지만, 북한과 같은 위반국들이 존재하는 상황에서는 준수하는 나라들이 더 큰 손해를 본다. 또한 핵없는 세상의 실현이라는 것이 국가 간 수직적 서열의 소멸을

의미할 수 있어 무질서하고 혼란스러운 국제질서를 맞이하게
될 것이라는 우려도 있다. 적지 않은 핵이론가들은 "과연 핵이
없는 무질서한 세계가 핵이 있지만 질서도 있는 세계 보다 더 안
전한가"라는 의문을 던지고 있다.

약소국 핵전문가의 비애

1980년대 후반 박사논문을 쓰고 있던 필자는 핵전략이나 핵무
기의 도덕성을 논하는 글들을 접하면서 자주 상념에 잠기곤 했
었다. 이상과 현실 간의 괴리를 놓고 괴로워해야 했고, 한국이
핵세계에서 존재하지 않는 나라라는 사실에 절망했다. 전쟁이
란 어차피 이기는 자만이 득세하는 수단이며, 이기는데 필요
한 무기라면 무엇이든지 동원되는 것이 현실세계이다. 무기의
도덕성을 따져봤자 강대국들의 행동에서 달라질 것이 없고,
도덕성 논쟁이라는 것도 결국 하고 싶은 것을 다하는 강대국들
의 말장난일 뿐이다.
　더 중요한 것은 지구촌 차원에서 벌어지는 도덕논쟁에서 나
온 결론이 지역차원에서 우리의 안보나 국익에 반드시 부합하
는 것이 아니라는 점이다. 온 인류가 핵없는 세상으로 가기 위
해서는 누구보다도 핵강대국들이 핵에 대한 집착을 버리고 과
감한 핵군축을 실현하는 것이 필요하지만, 북한이 핵무장을

고집하는 상황에서 미국의 핵전략이 약화되고 핵우산이 희석
된다면 결코 한국의 당면한 안보에 유리하지 않다. 때문에 핵
문제를 제대로 바라보기 위해서는 지구촌 차원의 명분과 지역
차원의 논의를 구분해야 하고, 도덕논쟁과 현실세계를 나누어
볼 수 있어야 한다. 국제정치에서 핵무기가 가지는 여러 개의
얼굴들을 직시하면서 냉정하게 국익계산을 해야 한다.

이러한 의미에서 오바마 대통령의 핵평화 이니셔티브를 우
리 국익에 비추어 음미해볼 필요가 있다. 핵태세검토서(NPR)
란 초강대국 미국의 핵전략 방향과 철학을 밝히는 기본서로서
세계 안보전문가들에게 엄청난 의미를 가지는 존재이다. 오바
마 행정부의 핵태세검토서는 핵확산 및 핵테러 예방, 핵무기
역할 축소, 핵무기 숫자 감축, 동맹국 및 파트너 보호, 핵무기
의 안전관리 등 5대 목표를 제시하고 있으며, 오바마의 '핵무
기 없는 세상' 발상을 반영하여 '핵무기 역할 및 숫자의 감축'
과 '핵테러 방지'를 강조하고 있다. 전체적인 기조도 미국의 일
방적 핵우위 전략을 표방했던 부시 대통령의 NPR보다 상당히
부드러워졌으며, 러시아나 중국의 핵무기보다 핵테러를 더 큰
위협으로 보고 있다.

그 연장선에서 동맹국에 대한 핵보호 전략, 즉 핵우산이 약
화된 측면이 없지 않다. '핵무기 역할 축소'를 강조하고 있다는
사실 자체로 "동맹국이 핵공격을 받으면 핵으로 보복한다"라
는 핵우산의 기본 개념이 약화되었다고 볼 수 있는데다, 구체
적인 표현에 있어서도 차이가 있다. 부시 대통령의 NPR이 위

험한 국가들에 대해서는 선제 핵공격도 불사한다는 공세적 핵
전략을 표방한데 비해, 오바마의 NPR은 비핵국가들에 대해서
는 먼저 핵을 사용하지 않는다는 정책(NFU Policy)을 강조한
다. 또한 지난번 NPR에서는 동맹국에 대한 핵무기 뿐 아니라
화생무기 공격 시에도 미국이 핵보복을 강구한다는 의지가 표
방되어 있었지만, 오바마 NPR에서는 '핵보복' 표현 자체가 삭
제되고 대신 쌍무 동맹관계, 미군의 전진배치, 미국의 안보 공
약, 미사일 방어 등이 주된 억제수단으로 강조되고 있다.

　이런 맥락에서, 2009년 6월 16일 이명박 대통령과 오바마
대통령 간의 정상회담에서 서명된 「공동비전(Joint Vision
for the Alliance of South Korea and the U.S.)」과 관련해
서 특별히 기억되는 것이 있다. 필자는 오마바 대통령의 성향
을 감안할 때 향후 미국의 대한(對韓) 핵우산 공약이 약화될 수
있다는 우려를 가졌다. 핵우산에 대한 정의가 불분명해질 수
있는 우려도 가지고 있었다. 통상 '억제(deterrence)'란 피침시
반드시 보복하겠다는 의지와 능력을 과시함으로써 상대의 위
험한 행동을 미연에 방지하는 것이며, '확대억제(extended
deterrence)'란 동일한 논리를 동맹국에 확대 적용함으로써
제3국의 공격으로부터 동맹국을 보호한다는 개념이다. 즉, 핵
문제 있어서는 '확대억제'와 '핵우산'은 동일한 의미로 사용되
는 용어이다. 또한, 한국 정부와 전문가들은 북한이 핵이 아닌
화학무기나 생물무기 공격을 가해오더라도 동일한 확대억제
가 발동되는 것으로 믿고 있었고, 실제로도 부시 대통령의

NPR은 화생무기 공격 시에도 동맹국을 보호한다는 표현을 사용하고 있었다.

이 상황에서 필자가 우려한 것은 '핵우산'이라는 표현만으로는 화생무기 공격에 대한 억제가 빠질 수 있다는 가능성이었다. 화학무기나 생물무기는 북핵 문제에 가려져 언론의 관심을 받지는 못하지만, 핵무기 못지않은 위협이기 때문이다. 이런 걱정을 하던 2009년 5월 북한은 제2차 핵실험을 강행했다. 한국으로서는 더욱 다급해진 상황이었다. 2009년 한미 정상회담은 이런 상황에서 추진되고 있었는데, 필자를 포함한 수명의 전문가들은 청와대의 주선으로 워싱턴에서 정상회담에 앞선 사전조율 회의를 가졌다. 이 자리에서 필자는 공동비전의 초안에 '핵우산'이나 '확대억제'라는 표현이 포함되어 있지 않음을 발견하고 문제를 제기했다. 필자는 '핵우산'은 물론 '화학무기와 생물무기에 대한 확대억제'라는 표현도 별도로 포함되어야 한다는 점을 제기했다. 그게 아니라면 핵억제와 화학무기 억제 모두를 포함하는 포괄적 개념으로서 '확대억제'라는 표현만을 사용해야 함을 강조했다. 김태효 당시 대외전략비서관이 즉각 수용하여 미국 측에 요구했고, 최종 공동비전에는 "핵우산을 포함한 확대억제(extended deterrence including nuclear umbrella)를 지속적으로 제공한다"는 취지의 표현이 포함되었다.

2010년 새로운 NPR이 발표된 직후 필자는 대통령 외교안보자문교수 회의에서 이 문제에 대해 발언할 기회를 가졌다.

"적어도 표현상으로는 핵우산이 약화된 측면이 있음"을 상기시키자, 이명박 대통령은 "김 박사, 걱정하지 마시오. 오바마 대통령으로부터 직접 전화를 받았소"라고 대답했다. 오바마가 NPR 발표 직전에 이명박 대통령에게 전화를 걸어 북한은 No First Use Policy의 대상에서 제외된다는 사실을 통보해준 것이었다. 북한이 화학무기나 생물무기 등으로 남한을 공격하는 경우에도 미국이 핵보복을 할 수 있는 여지를 열어두었다는 뜻이었다. 그렇다. 동맹관계를 보더라도 한국에 대한 핵보호는 미국이 포기할 수 없는 상위 공약임에 틀림이 없다. 이러한 배경에서 필자는 "핵우산의 약화는 없다"라는 한국 정부의 공식 해석에 이의를 제기하지 않았다. 그러나 마음까지 개운한 것은 아니었다. 외교적으로는 '핵우산 불변'이 재확인되었다 하더라도, NPR과 같은 중요한 문건에서 관련 표현들이 약화·축소되었음은 사실이며, 전문가의 입장에서 이를 지적하지 않고 넘어갈 수는 없었다.

필자 개인에게 있어 이런 사례들은 국가안보에 기여한 보람 있는 기억이지만, 약소국 전문가로서 느꼈던 비애도 적지 않다. 답답한 자가 우물을 파듯, 핵지렛대를 가지지 못한 채 북핵과 맞서야 하는 상태에서 세계 핵질서를 준수해야 한다는 것이 참으로 힘들다는 생각이 들었다. 핵질서를 준수하기 위해 핵을 포기하고 미국의 확대억제에 매달려야 하는 우리의 신세가 애처롭게 느껴졌다. 미국에 관련된 것이라면 전술핵이든 핵우산이든 가리지 않고 무조건 반대부터 하고 보는 한국의 젊은이들을 떠올리면서, 철없이 떼를 쓰는 자녀들을 내려다보는 부모의 심정을 느껴보았다. 약소국 핵전문가가 느낀 비애였다.

요컨대, 오바마 대통령이 추구하는 '핵없는 세계'는 당장의 실현성보다는 시간을 두고 꾸준히 추구해야할 이상주의적 목표일뿐이며, 북핵 위협으로부터 국가와 국민을 보호해야 하는 한국이 그 과정 중에서 발생할 수 있는 각종 위험요소에 대응해야 하는 것은 별개의 과제이다. 이런 과제들이 오바마 대통령의 핵이니셔티브에 휩쓸려 함몰되어서는 안 될 것이다. 남이 장에 간다고 거름을 지고 따라갈 수는 없다.

제2장

핵무기는
강대국들의
전유물인가.

세상에는 핵무기를 가진 나라가 있고 가지지 않은 나라가 있다. 누구는 되고 누구는 안 되는 것이 핵세계인가. 그렇다면 핵질서는 약육강식의 질서인가? 조폭의 질서인가? 그렇다. 핵질서에는 다양한 성격이 있지만, 두드러지는 것이 조폭의 질서다.

전문가들은 핵무기, 화학무기 생물학무기, 그리고 이들을 투발하는 수단인 미사일을 '대량살상무기(WMD: weapons of mass destruction)'로 부르며, 세계에는 이런 무기들이 확산되는 것을 방지하기 위한 '비확산체제(nonproliferation regime)'라는 질서가 있다. 비확산체제를 구성하는 장치들은 다양하고 복잡하다. 핵무기의 확산을 억제하기 위해 체결된 핵무기비확산조약(NPT), 생물학무기의 사용을 금지한 생물학무기금지조약(BWC), 화학무기의 폐기를 규정한 화학무기폐기조약(CWC), 미사일 수출을 규제하는 미사일기술수출통제기구(MTCR) 등이 있다. 특정지역내의 국가들이 합의하여 일정지역 내에서 핵무기가 존재하지 못하게 하는 비핵지대(NWFZ;

nuclear weapon-free zone)도 꽤 강력한 비확산 장치이다. 현재 세계에는 중남미 비핵지대, 남태평야 비핵지대, 동남아 비핵지대, 아프리카 비핵지대 등이 결성되어 있다. 비핵지대 내에서는 회원국들이 상호간 핵무기를 포기하고 외부 핵무기의 반입이나 주둔을 금지한다.

대표적인 대량살상무기인 핵무기의 확산을 규제하기 위한 장치들은 더욱 세분화되어 있다. 국제원자력기구(IAEA)가 시행하는 사찰제도, 전략적으로 전용(轉用)될 수 있는 이중품목의 거래를 규제하는 바세나르협정(WA), 핵무기 제조에 쓰일 수 있는 이중용도 품목들이 불량국가로 흘러가는 것을 막기 위해 결성된 핵공급국그룹(NSG), 쟁거위원회(ZC), 호주그룹(AG) 등도 핵질서를 유지하는 장치들이다. 핵보유국들이 체결한 핵군축 조약, 대기권 핵실험을 금지하는 부분핵실험 금지조약(PTBT), 모든 핵실험을 금지한 포괄적핵실험금지조약(CTBT) 등도 핵질서의 일부이며, 테러집단이나 불량국가로 향하는 대량살상무기나 부품들을 해상이나 공중에서 차단하는 확산방지구상(PSI)도 마찬가지이다. 핵테러를 방지하기 위해 핵물질의 이전을 규제하는 각종 장치들도 핵질서를 구성하는 요소들이다.

핵질서의 헌법: NPT

핵질서를 구성하는 요소 중에 가장 대표적인 것은 '핵질서의 헌법'으로 불리는 핵무기비확산조약(NPT: Nuclear Nonproliferation Treaty)이다. 일반인의 입장에서는 이것만 알아도 핵질서의 특징을 이해하는데 부족함이 없다. NPT를 둘러싸고 벌어지는 갈등과 마찰을 알면 대량살상무기를 놓고 벌어지는 국가 간 이해다툼을 이해하는데 부족함이 없다.

1945년 8월 미국이 히로시마와 나가사키에 핵무기를 투하한 이래 핵무기를 보유하는 나라는 지속적으로 생겨났다. 1949년에는 소련이 핵실험에 성공하여 핵보유국이 되었고, 영국, 프랑스, 중국 등이 뒤를 이었다. NPT란 그 과정에서 탄생한 국제조약이다. 미국, 소련, 영국 세 나라는 핵무기가 이런 식으로 확산되면 전 세계가 핵무기로 넘쳐나게 될 것이라는 우려에 공감하여 유엔 군축회의에서 국제조약을 협상했다. 그 결과 1968년에 62개국이 서명하여 1970년에 발효한 것이 NPT이다. 2011년 현재 회원국은 189개국이며, 한국은 1975년에 가입했다. 북한은 1985년에 가입했으나 무수한 평지풍파를 일으킨 후 2003년에 탈퇴했다. NPT는 총 11개의 조항으로 구성되며, 내용은 다음과 같다.

제1조 핵보유국은 비핵국에 핵폭발 장치를 제공하지 아니하며, 비핵국의 핵무기 생산이나 보유에 협력하지 않는다.

제 2 조 비핵국은 핵무기의 제조나 보유를 포기한다.

제 3 조 비핵국은 자국의 모든 핵시설이나 핵물질에 대하여 국제원
자력기구(IAEA)의 핵안전협정(nuclear safeguards
agreement)을 체결하여 IAEA의 핵사찰을 수용한다.

제 4 조 핵에너지 생산에 관련된 물질은 금지대상에서 제외한다.

제 5 조 평화용 핵폭발은 허용한다.

제 6 조 핵국들은 핵군축에 성의를 갖고 임하며, 핵군비 경쟁의
종식 및 완전한 비핵화를 위해 노력한다.

제 7 조 지역별로 해당 국가들이 비핵지대를 선포할 수 있다.

제 8 조 본 조약을 개정하기 위해서는 회원국 과반수의 찬성으
로 하되 모든 핵보유국이 과반수에 포함되어야 한다.
본 조약의 성과를 평가하고 목적달성 여부를 확인하기
위하여 5년마다 평가회의를 개최한다.

제 9 조 본 조약은 각국이 비준함으로서 효력을 발생한다.

제10조 조약의 유효기간은 25년이며 본 조약으로 인해 막중한
국익이 침해될 시 3개월 전 통고로 탈퇴할 수 있다.

제11조 영어, 러시아어, 불어, 스페인어, 중국어로 원본을 작성
한다.

11개의 조항이 담아내고 있는 NPT의 목적은 핵무기의 수평
적 확산 방지(1, 2, 3, 7조), 원자력의 평화적 이용 장려(4, 5조),
수직적 핵확산 규제 또는 핵군축(6조) 등 세 가지로 압축된다.
첫째 목적인 핵무기의 수평적 확산 방지를 위해 비핵국들은 핵
보유를 포기하고 이를 검증하기 위해 사찰을 받아야 한다는 내
용을 명문화하고 있다. '수평적 핵확산'이란 핵무기가 없던 나

라가 새로이 핵을 보유하여 핵보유국의 숫자가 늘어나는 것을 말하며, '수직적 핵확산'이란 이미 핵을 가진 나라가 핵무기의 숫자를 늘리거나 성능을 개선하는 것을 의미한다.

NPT의 사찰규정을 보강하는 장치로 추가의정서(additional protocol)라는 것도 있다. NPT가 제3조에서 핵사찰을 규정하고 사찰권을 IAEA에 위임하고 있지만, 핵사찰이란 비핵 회원국이 자발적으로 신고한 시설(declared facilities)에 대해서 정해진 방식대로 진행하는 조사과정이다. 이를 위해 사찰대상과 방법을 정하는 것이 IAEA와 비핵국 사이에 체결되는 핵안전협정이며, IAEA 사찰관들은 이 협정에 의거하여 시료채취, 모니터링, 환경시료 조사 등을 통해 핵무기를 만들려 한 흔적이 있는지를 조사한다. 북한은 1985년에 NPT에 가입했으면서도 1992년까지 핵안전협정을 체결하지 않았고, 협정체결 이후에도 사찰을 제대로 수용하지 않았다. 미심쩍은 핵시설을 신고목록에서 빼거나 사찰관의 자유로운 사찰활동을 허용하지 않는 방식으로 사찰을 방해했다. 이런 말썽국가들 때문에 IAEA는 신고하지 않은 시설에 대해서도 수시로 조사할 수 있도록 사찰제도를 강화했고, 그것이 2002년 발효된 추가의정서이다.

둘째 목적인 원자력의 평화적 이용을 위해서는 비핵국도 핵무기가 아닌 평화적 핵이용 활동은 금지당하지 않는다는 것을 명시하고 있다. 엄격한 안전기준 하에서 평화적 핵이용은 장려한다는 내용이다. 인도의 경우 1974년에 최초의 핵폭발 실험을 했지만 인도는 토목공사 등 평화적 핵이용을 연구하기 위한 실험이라고 주장했었다. 한국의 경우, NPT 회원국으로서 핵무기를 추구해서는 안 되지만 전력생산을 위해 21개의 원자력발전소를 가동한다. IAEA의 사찰관들은 핵시설을 방문하여 핵무기 제조 등 군사적 핵활동을 하지 않았는가를 확인한다. 이런 조사에 철저히 응하는 것을 "투명성을 보장한다"라고 표현한다. 한국은 100% 핵투명성을 보장하는 나라다. 한국은 2004년에 추가의정서에도 가입했다.

셋째 목적인 핵무기의 수직적 확산을 규제하기 위한 조항은 제6조 뿐이다. 제6조는 핵국들에게 "핵군축과 완전한 비핵화를 위해 성의를 갖고 협상할 것(pursue negotiations in good faith)"을 촉구하는 수준에 그치고 있어 강제성이 없다. 결과적으로, NPT는 비핵국들에게는 엄격하게 핵보유를 금지하면서도 기존의 핵보유국에게는 계속해서 핵을 보유할 수 있는 특권을 부여한 셈이다. NPT의 이러한 특성은 핵강국들이 많은 핵군축조약을 체결하면서도 여전히 수만 개의 핵무기를 보유하는 사실에서 잘 드러난다.

NPT는 제10조에 의거하여 1995년에 이르러 시효가 만료되게 되어 있었으나, 회원국들이 조약을 무기한으로 연장하는데 합의하여 무기한으로 연장되었다. 회원국들은 제8조의 규정에 따라 매5년마다 'NPT 평가회의'를 열어 조약의 이행 정도, 문제점, 차기 회의의 의제 등에 대해 논의하는데, 지금까지 총 8회에 걸쳐 개최되었다.

동서(東西) 대결

제2차 세계대전이 끝나면서 국제정치는 '동서정치'와 '남북정치'라고 하는 2대 흐름을 보이면서 전개되었다. 미국과 소련이 초강대국으로 부상하자 세계는 친미적인 민주주의 서방과 친소적인 사회주의 동방으로 갈라졌는데, 동서 간에는 냉전과 함께 주도권을 위한 치열한 경쟁이 전개되었다. 이를 두고 '동서정치'라 일컫는다.

 냉전의 시작과 함께 미국과 서방 선진국들은 '브레튼우즈(Bretton Woods) 체제'로 대변되는 자유경쟁 시장경제 체제를 만들어냈다. GATT 체제가 등장하여 무역자유화를 시행했고, 세계은행(World Bank)과 국제통화기금(IMF)이 국제금융을 주도했다. 하지만 1950~60년대를 거치면서 '빈익빈 부익부' 현상은 또 하나의 국제정치 흐름을 탄생시켰다. 자본과 기술을 가진 북반구의 선진국들이 경쟁력을 앞세워 부(富)를 독점한 반면, 남반구의 후진국들은 저개발에 머물면서 적자와 부채에 시달렸다. 이런 현상에는 해당국가 스스로가 책임져야 할 부분도 많지만, 중남미를 중심으로 하는 저개발국들은 브레튼우즈 체제를 비난했다. 선진국이 후진국의 자원과 인력을 착취하고 환경을 오염시키면서 무역불균형을 방치하고 핵심기술은 이전해주지 않아 후진국은 서방 선진국에 종속될 뿐이라는 불평이었다. 이 불평을 이론화한 것이 '종속이론(dependency theory)'이며, 이와 함께 제3세계의 결속이 가시화되었다. 이렇듯 북쪽의 '가진 나라들(haves)'과 남쪽의 '못 가진 나라들 (have-nots)' 사이에 발생한 다툼과 마찰을 '남북정치'라고 부른다.

NPT를 둘러싼 핵정치에도 '동서대결' 구도와 '남북갈등' 구도가 있다. 미소가 자국 영향권 하에 있는 국가들의 지지를 받으면서 냉전기간 동안 벌인 핵경쟁은 '동서 대결'이다. 미국이 1945년 핵무기를 선보이자 소련은 사력을 다해 4년 만에 따라잡았고, 1957년 소련이 인류 최초의 인공위성 스푸트니크호를 쏘아 올리자 미국은 미사일 파워의 열세를 직감하고 미사일 개발에 열을 올렸다. 제2차 세계대전 종전과 함께 미국과 소련이 경쟁적으로 다수의 핵과학자들과 로켓 과학자들을 독일에서 데려왔다는 사실을 놓고 보면 아이러니컬하게도 패망한 나치가 미소 간 대량살상무기 경쟁에 큰 몫을 한 셈이다. 어쨌든 냉전기간 양대 초강국은 핵무기의 숫자와 성능을 놓고 피나는 경쟁을 벌여왔고, 두 나라가 실시한 핵실험은 1,800회에 달한다.

미국이 유럽에 핵무기를 주둔시키고 한국이나 일본에게 핵우산을 제공하는 것도 '동서대결'의 연장선에서 발생한 현상이다. 1990년대를 전후한 시점에 와서 소련연방의 와해와 동구 공산권의 몰락으로 냉전무드는 상당히 퇴조했지만, 동북아시아에 있어서는 냉전체제가 잔존하는 것이 사실이며, 최근 중국의 부상과 함께 한·미·일 삼국과 북·중·러 삼국이 대치하는 신냉전 조짐마저 보이고 있다. 미국이 한국과 일본에게 핵우산을 제공하는 이유 중의 하나는 동서대결 구도에서의 동맹국이기 때문이다.

북북(北北) 경쟁

핵경쟁은 핵보유국가들 사이에서도 치열하게 전개되었다. 이 것이 '북북경쟁'이다. 북북경쟁 구도는 NPT가 탄생하기 이전 인 1963년 부분핵실험금지조약(PTBT) 체결 당시부터 가시화 되기 시작했다. 그 이전까지 미국과 소련은 대기권 핵실험을 실시하고 있었는데, 그로 인한 환경파괴는 지구촌 전체의 원 성을 사고 있었다. 미국은 자국의 네바다사막에서 핵실험을 하다가 나중에는 마샬군도, 에네타크 등 태평양의 섬들에서 핵실험을 수행했는데, 해양 생태계는 무참히 파괴되었다. 국 토가 협소한 영국은 남부 호주의 사막과 태평양에서 핵실험을 실시했고, 미국과 합작으로 네바다 사막에서도 실시했다. 국 제적인 원성이 높아지고 자국의 어민들에까지 피해가 미치자 미국, 소련, 영국 등 세 나라는 마침내 대기권 핵실험을 금지 하는 PTBT를 체결한다.

프랑스와 중국은 PTBT를 거부했다. 미국과 소련은 핵무기 최선진국으로 지하 핵실험만으로도 핵무기의 개발과 보존에 문제가 없지만, 후발 핵무기국인 자신들은 대기권 핵실험이 필요하다는 것이었다. 당시 중국의 주은래 수상은 "세계평화를 위해 핵무기는 남김없이 폐기되어야 하고 모든 핵실험은 중지되어야 한다”는 성명을 발표하는 등 평화적 수사를 쏟아냈지만, 뒤로는 자신들의 핵실험 준비에 여념이 없었다. 이듬해인 1964년 중국은 핵실험을 실시하여 핵국으로 변신했다. 앞에서 하는 말과 뒤에서 하는 일이 다른 이런 행태는 새로울 것도 놀랄 것도 아니다. 냉혹한 국제정치에서 국가들은 통상 그렇게 한다.

프랑스 역시 초기에는 식민지인 알제리에서 핵실험을 실시했으나, 1962년 알제리의 독립으로 핵실험장을 상실하자 핵실험 무대를 남태평양의 프랑스령 폴리네시아로 옮겼다. 빗발치는 세계여론과 그린피스의 항의를 무시하고 남태평양의 모루로아(Moruroa)와 팡가타우파(Fangataufa)에서 44회의 대기권 핵실험을 포함한 160여 회의 핵실험을 강행하여 진주처럼 아름답던 섬들을 유령의 땅으로 만들었다. 대기권 핵실험은 호주와 뉴질랜드가 프랑스를 국제사법재판소에 제소한 1973년까지 지속되었다.

프랑스와 중국은 NPT도 거부했다. 주된 이유는 미국, 소련 등 앞선 핵강국들과의 격차 때문이었다. 미국은 프랑스의 핵보유를 막기 위해 압박과 회유를 구사했다. 미국은 프랑스가 끝내 독자 핵무장을 결행한다면 영국과 함께 방위산업 협력을 차단하겠다고 으름장을 놓았고, 순순히 말을 들어준다면 미국의 미사일을 프랑스에 배치하여 소련의 위협을 막아주겠다고 약속했다. 하지만 자존심이 강한 드골 대통령은 끝내 독자 핵무장을 결행했다. 그런 프랑스이기에 미소와의 격차를 줄이기 위해서 보다 자유롭게 핵무기 개발을 추진하고 싶었고, 핵기술과 시설을 자유롭게 수출하고 싶어 했다.

중국도 마찬가지였다. 1960년대 소련의 기술협력아래 원자력에 착수했지만 1970년 중소 이념분쟁이 시작하면서 소련은 기술지원을 차단했다. 중국 지도부는 국가 자존심을 걸고 독자 핵개발에 나서 성공했고, 프랑스와 마찬가지로 미소에 비해서 걸음마 단계에 불과하다는 이유에서 아무런 제약도 받지 않는 상태에서 핵무기를 개발하기를 원했다. 중국과 프랑스는 1992년에 가서야 NPT에 가입했다.

이렇듯 핵무기를 가진 나라들 사이에도 치열한 경쟁과 신경전이 전개되었으며, 핵실험 역사는 핵의 북북경쟁을 적나라하게 드러낸다. 2012년 8월 현재까지 지구상에서 행해진 핵실험은 총 2,083회이며, 1,054회와 715회의 핵실험을 실시한 미국과 소련이 선두다. 대기권 핵실험은 미국이 331회 그리고 소련이 221회였다. 이들 초강대국들은 핵무기의 성능개선, 안정성 확인, 새로운 핵무기 개발 등을 명분으로 생태계를 파괴하면서 원자폭탄, 수소폭탄, 중성자탄 등 각가지 핵무기들을 터뜨려왔다. 여타 핵국들도 핵실험의 원죄(原罪)로부터 자유롭지 않다. 프랑스와 영국도 각각 210회와 45회의 핵실험을 실시했고, 프랑스가 실시한 대기권 핵실험만 50회에 달한다. 중국 역시 23회의 대기권 핵실험을 포함하여 45회의 핵실험을 강행했다. 미국, 소련, 그리고 영국이 1963년 PTBT를 체결하여 대기권 핵실험을 중단한 것과는 달리 중국의 대기권 핵실험은 1980년까지 지속되었다. 필자가 중고등학교에 다니던 1960년대 중국이 핵실험을 한 직후에 비가 오면 반드시 우산을 쓰고 다녀야 했다.

남북(南北) 갈등

미국은 왜 동맹국인 한국이나 일본이 핵무기를 개발하는 것은 도와주지 않는가. 북한이 핵무기로 한국을 위협하는 중에도 왜 한국의 핵무기 보유에 반대하는가. 핵질서의 남북구도를 알면 이런 어리석은 질문은 하지 않는다. 핵문제에 있어 남북 갈등이란 핵무기를 가진 나라들(nuclear haves)과 가지지 못한 나라들(nuclear have-nots) 사이에 벌어지는 논쟁과 마찰을 의미한다. 논쟁의 핵심은 불평등성이다. 비핵국들은 제2조에 따라 핵무기 보유를 금지당하고 제3조에 따라 까다로운 사찰까지 받아야 하지만, 핵보유국들은 핵무기를 보유·운용하면서 핵사찰도 받지 않는다.

NPT에서 '핵국(NWS: nuclear weapon state)'이라 함은 1967년 1월 1일 이전에 핵무기를 보유한 나라를 지칭하는데, 이에 따라 NPT가 인정하는 핵국은 미국, 소련, 영국, 프랑스, 중국 등 5개국에 국한된다. 제1조는 핵국들에게 비핵국의 핵보유 시도를 도와주지 말 것을 규정하고 있으며, 제2조는 비핵국은 핵보유를 시도해서는 안 된다는 점을 명확히 하고 있다. 물론, 제6조가 핵국들에게 핵군축 노력을 주문하고 있으나, 강제성이 없는 표현에 그치고 있다. 그 결과, 미소의 핵무기는 수만 개로 늘어났고, 성능개선도 거듭되었다. 이제 질세라, 영국, 프랑스, 중국 등도 핵무기 개발을 지속했다. 미소의 핵군축 노력도 병행되었으나, 비핵국들에게는 실망적인 것이었다. 핵보유국들이 경쟁적으로 실시하는 핵실험은 지구환경을 파괴했고, 세계의 원성이 하늘을 찔렀다. 핵군축에 대한 비핵국들의 불만도 이어졌다. "대기권 핵실험을 금지한 후 더 많은 지하핵실험을 하지 않았는가", "SALT 협정 이후 핵세계는 오히려 더 위험해지지 않았는가" 등의 불만이 제기되었다.

핵국들의 특권을 더욱 노골화한 제8조도 비핵국들의 분통을 터뜨리는 대상이었다. 제8조는 조약의 개정을 위해서는 회원국 과반수의 찬성이 필요하지만 그 과반수에 모든 핵국이 포함되어야 한다고 규정하고 있다. 유엔안보리 상임이사국의 거부권과 같은 권리를 핵국들에게 부여한 것이어서, 핵국 중에 한 나라가 반대하면 아무리 많은 비핵국이 원해도 조약을 개정할 수 없다. 이런 불평등성으로 인해 NPT는 처음부터 '문제가 있는' 조약으로 출발했다. 서독, 일본, 한국, 대만 등 핵무기를 만들 수 있는 능력을 가진 나라들이 핵보유를 포기하고 가입한 것은 성과였지만, 인도, 파키스탄, 이스라엘, 남아연방, 아르헨티나, 브라질 등 핵무기를 탐할 것으로 의심받던 요주의 국가들이 가입을 거부함으로써 처음부터 구멍 뚫린 조약으로 출발했다.

그 동안 열린 NPT 평가회의 역시 소란스러웠다. 평가회의는 여러 의제들을 다루는 회의이지만 가장 많은 불만이 표출된 것은 단연 '남북갈등'이었다. 핵강국들이 NPT 제6조의 정신을 실천하여 핵무기를 줄이고 핵실험을 중단해야 한다는 비핵국들의 아우성이 넘쳐났고, 핵국들은 핵사찰을 강화해야 한다는 주장으로 맞섰다. 제3세계 국가들은 강대국들의 핵독점을 '핵제국주의(nuclear imperialism)'로 비난했고, 그 과정에서 인도는 남다른 기민성을 발휘했다. 제3세계의 리더 격인 인도는 핵강국들이 수직적 핵확산을 비난하면서 NPT 가입을 거부한 채 뒤로는 핵능력을 꾸준히 개발했다. 그렇게 기회를 엿보다가 1998년 핵보유국으로 등극했다. 인도는 현재도 NPT를 준수하겠다고 약속하면서도 가입은 하지 않는 약삭빠른 행동을 지속하고 있다.

1996년에 탄생한 포괄적핵실험금지조약(CTBT: Comprehensive Test Ban Treaty)도 핵의 남북정치가 탄생시킨 조약이었다. 앞서 설명한 바와 같이 NPT는 제8조에서 핵보유국들의 비토권을 인정하고 있으며, 제10조에 의해 1995년 시효가 만료되게 되어 있었다. 비핵국들의 입장에서 보면, 조약의 개정을 통해 불평등성을 개선할 방법이 봉쇄되어 있어 1995년에 조약을 종료하고 새로운 조약을 만드는 것만이 유일한 출구였다. 반면, 핵강국들의 입장에서 보면 NPT는 핵독점이라는 절체절명의 국익을 보장해주는 장치로서 어떻게든 연장해야 하는 것이었다. 이들에게는 "핵무기의 무분별한 수평적 확산을 막기 위해 NPT가 존속되어야 한다"는 강력한 명분도 있었다.

1995년이 다가오면서 미국을 위시한 핵보유국들은 NPT의 무기연기를 위한 핵외교에 착수했다. 이를 위해서는 수직적 핵확산과 핵실험으로 인한 환경파괴에 대한 비핵국들의 항의를 무마해야 했다. 1980년 이후 대기권 핵실험은 사라졌지만 지하 핵실험도 만만치 않는 환경파괴를 가져온다. 이에 비핵국들은 모든 핵실험을 중단시켜야 한다는 주장을 제기해오던 터였다. CTBT는 핵국들과 비핵국들 간의 입장을 절충한 결과였다. 이 조약으로 미국, 소련, 영국 등은 지하 핵실험을 포함한 모든 핵실험을 중단하는데 합의했고, 비핵국들은 NPT 무기한 연장에 합의해주었다. 현재 포괄적핵실험금지조약기구(CTBTO)는 전 세계에 321개의 관측소와 16개의 실험실을 거느리고 지진파·수중음파·초저주파 탐지, 핵물질 분석 등의 방법으로 핵실험을 감시하고 있다. 2009년 북한이 핵실험을 했을 때에도 CTBTO는 즉각 이를 탐지하여 회원국들에게 통보했다.

핵문제의 모든 사안이 그렇듯, CTBT에 '남북갈등' 구도만 반영되어 있는 것은 아니다. 이 조약의 결성은 남북협상의 결과였지만, CTBT 체결 이후 각국의 비준과정에는 '북북경쟁'도 드러나고 있다. CTBT는 핵시설을 보유한 44개국이 가입과 비준을 완료해야 발효하도록 되어 있는데, 44개국에는 핵보유국들은 물론 원자로를 가진 모든 나라들이 포함되어 있다. 북한, 이란 등 핵문제를 일으키고 있는 나라들도 당연히 포함되어 있지만, 북한, 파키스탄, 인도 같은 나라는 가입하지 않았다. 미국과 중국은 가입은 했으나 비준을 보류하고 있다. 미국이 비준하지 않는 표면적 이유는 핵무기의 안전관리를 위해 핵실험이 필요할 수 있다는 것이지만, 내면에는 핵실험 재개 가능성을 열어두어야 한다는 핵정치가 작용하고 있다고 보는 것이 옳다.

중국은 미국 및 러시아와의 핵격차를 의식하여 아직은 핵실험을 포기할 수 없다는 자세를 견지하고 있다. 즉, 미국이나 러시아는 핵무기 선진국으로 컴퓨터 시뮬레이션만으로도 핵무기를 만들고 관리할 수 있지만, 자신들은 그렇지 않다는 것이다. 이스라엘과 이란이 비준하지 않고 있는 것도 당연하다. 핵보유가 공공연한 비밀로 되어 있는 이스라엘의 경우 국가생존을 위해 핵실험의 가능성을 열어두고 있는 것이며, 핵개발 의혹을 받고 있는 이란 역시 후일을 염두에 두고 있다. 2012년 5월 현재 CTBT는 183개국이 가입하고 157개국이 비준한 거대한 국제조약이며, 가입한 나라들은 비준 여부와 관계없이 일단 국제사회의 눈치를 보면서 핵실험을 자제하고 있다. 즉, CTBT가 아직 법적으로는 발효되지 않은 미완성 조약이지만 핵실험을 중단시키는 데에는 일단 성공한 것으로 봐야 한다. 한국은 1996년에 가입하여 1999년에 비준을 완료했다.

핵우산이 생겨난 배경에도 핵의 남북갈등 요인이 내포되어 있다. NPT는 비핵국들로 하여금 핵무장을 포기하게 하는 장치이지만, 주변국으로부터 안보위협을 느끼는 비핵국의 입장에서는 "그러면 어떻게 하라는 것이냐"라고 반문하지 않을 수 없다. 일본이 NPT에 가입하고 비준하는데 각각 7년과 8년이 걸린 이유나, 한국의 박정희 대통령이 망설임 끝에 1975년에 가서야 NPT에 가입한 이유도 이런 것이다. 이 간극을 메워주는 것이 핵우산이다. 핵우산에 담긴 메시지는 "너희들은 핵을 가져서는 안 되는 나라들이니 핵보유를 꿈꾸지 말라. 핵위협은 내가 막아 줄 것이니 염려하지 말라"는 것이며, 여기에 동서대결 구도에서의 동맹관계까지 더해지면 핵우산은 더욱 강력해진다. 미국이 한국이나 일본에게 제공하고 있는 핵우산이 바로 이런 경우이다. 요컨대, 한국에게 제공되고 있는 미국의 핵우산에는 핵의 북북경쟁과 남북갈등이 모두 투영되어 있다. 핵우산에는 한국이 고맙게 생각해야 할 부분도 있지만, 미국이 당연히 제공해야 하는 반대급부의 측면도 있다는 뜻이다.

핵질서는 조폭의 질서

적어도 핵의 남북갈등 구도에서 보면 핵무기는 강대국들의 전유물임에 틀림이 없다. 핵질서를 거부하는 간이 큰 나라들도 있기 때문에 100% 일사불란한 질서라고 할 수는 없지만, 그래도 약육강식의 조폭세계의 질서와 유사하다고 볼 수 있다. 이런 이치를 알면 "미국은 동맹국이니까 한국의 핵보유를 반대하지 않을 것"이라는 착각을 하지는 않는다. 기본적으로 핵무기는 '힘의 상징'이며, 핵무기를 가진 나라들은 아무도 함부로 할 수 없는 대상이 된다. 강대국들은 이 보물을 독점하기를 원하며, 그래서 자신들끼리 경쟁하다가도 핵무기의 수평적 확산을 막는 일에는 한통속이 된다.

핵질서의 이런 측면을 좀 더 실감나게 알고 싶은 사람에게는 '두사부일체'라는 영화를 관람해볼 것을 권한다. 조폭세계에서 두목들은 승용차를 타고 다니며 왕두목은 리무진을 탄다. 똘마니들은 걸어 다녀야 하고, 두목들이 차에서 내리면 도열해서 인사한다. 두목들은 폼 나게 앉아서 커피를 마시지만, 똘마니들은 자판기에서 종이컵으로 받아 선채로 마신다. 건방진 똘마니가 두목급 행세를 하겠다면서 승용차를 구입한다면 불려가서 된통 혼이 날 것이다. 어떤 간 큰 똘마니가 두목들이 앉아있는 테이블에 끼어 앉아 커피를 마시겠다고 하면 어떻게 될까. "어딜 감히"라는 고함소리와 함께 박살이 난다. 영화 '두사부 일체'에서도 두목 계두식은 똘마니가 술자리에서 오버하자 원산폭격을 시켜놓고 혁대를 풀어 갈겼다. 핵질서도 이런 것이다.

핵질서에서 미국은 왕두목이고 러시아, 영국, 프랑스, 중국 등 4개국은 두목들이다. 이런 무서운 질서 하에서도 이스라엘, 인도, 파키스탄, 북한 등 4개국은 핵무기 개발을 강행했다. 필자는 이런 나라들을 'BJR states'라고 부른다. '배째라 국가'라는 뜻이다. 이들이 핵보유를 강행할 수 있었던 데에는 나름대로 노하우가 있었다.

　인도는 원래 똘만이급이었지만 두목급을 능가하는 덩치를 키운 상황이라 두목들도 인도가 승용차를 타고 다니는 것을 말릴 수 없게 된 케이스다. 이스라엘은 똘마니 처지이지만 왕두목의 비호 하에 승용차를 탄다. 조폭의 세계에서도 왕두목이 어떤 똘마니의 누나를 마음에 품고 있다면 그에게는 특혜(?)가 주어진다. 파키스탄은 왕두목이 가려워하는 부분을 긁어주는 대가로 승용차를 타고 다닌다. 파키스탄이 아니면 미국은 현재 중동에서 벌이는 테러와의 전쟁을 제대로 수행할 수 없다. 북한은 이것도 저것도 아닌 경우다. 인도와 같은 잠재적 강대국도 아니고 이스라엘처럼 미국이 중시하는 가치를 가진 것도 아니다. 파키스탄처럼 왕두목이 갈급해 하는 그 무엇을 해결해주는 것도 아니다. 하지만 북한은 다른 똘마니들이 못 가진 '깡'을 가지고 있다. 물불을 가리지 않는 강력한 깡다구 앞에 왕두목과 두목들도 입맛만 다신다. 남아공은 두목급이 되어보겠다며 승용차를 구입했지만 빚쟁이들에게 뺏길 것을 두려워하여 스스로 폐차시켰다. 리비아와 시리아는 두목 흉내를 내보겠노라고 설치다가 혼만 났다. 이란의 행보는 인도와 흡사하다. 지금은 핵무기를 가진 상태가 아니지만, 이란이 끝내 핵무기 보유를 강행한다면 과연 누가 말릴 수 있을까.

BJR 국가들의 핵보유 모델

이제 BJR 국가들의 핵보유 모델들을 좀 더 점잖은 표현으로 재정리해보자. 이스라엘의 핵보유 모델은 '물물교환형'이다. 나치의 유태인 학살(holocaust)을 겪으면서 건국한 이스라엘은 처음부터 국가생존에 집착했다. 이스라엘 지도자들은 독립 직후부터 우라늄을 추출하기 위해 니게브 사막에서 인광석을 찾았고, 핵문제의 북북경쟁, 즉 미국과 프랑스의 원전수출 경쟁을 이용하여 이들로부터 핵시설을 공급받아 핵무기 개발에 착수했다. 이 과정에서 미국은 사실상 이스라엘의 핵보유 행보를 묵인했다. 1968년 NPT가 서명되고 1970년에 발효되었지만 이스라엘은 가입하지 않았다. 미국이 이스라엘의 핵보유를 방조한 배경에는 이스라엘의 역량, 재미(在美) 유태인의 로비, 미국의 중동정책 등 다양한 변수들이 있었다. 이스라엘이 네 차례의 중동전쟁을 승리로 이끌면서 중동의 강자로 부상하는 동안 미국 내 유태인들의 영향력도 급성장했으며, 미국 또한 자유민주주의 체제의 이스라엘이 중동에서 생존하는 것이 중동정책에 결정적으로 유리하다고 판단했다. 미국에게 있어 이스라엘은 미국적 가치를 전파하는 창구다. 결국, 이스라엘의 핵보유 기정사실화는 미국이 원하는 전략적 가치와 미국적 가치를 제공하는 대신 미국으로부터 핵보유를 묵인 받는 '물물교환형 모델'을 통해 이루어졌다고 할 수 있다.

인도의 핵보유는 '정면돌파형 모델'이라 할 수 있다. 필자는 이를 '제대한 아들 담배피우기 모델'로 부른다. 중고생 시절에는 담배를 피우다가 아버지에게 들키면 혼이 나지만 군대를 다녀와 성인이 된 아들의 흡연에 대해서는 아버지도 어찌할 수 없다. 통상 제대를 하고나면 아들 녀석들은 담배를 피우다가 아버지와 마주쳐도 담배를 끼워든 손을 어정쩡하게 뒤로 감출 뿐 담뱃불을 끄지도 않는다. 필자의 아들도 그랬다. 인도도 그랬다. 1998년 인도가 NPT를 거부한 채 핵실험을 강행하자 국제사회는 인도의 핵보유를 인정하지 않고 인도와의 원자력 협력을 거부했다. 그러나 인도는 개인소득은 낮지만 구매력 기준으로는 이미 미국, 일본, 중국에 이은 4위의 경제대국이며, 국토, 자원, 인구 등에서 강대국 반열이다. 인도는 더 이상 비확산 체제라는 채찍만으로 다스릴 수 있는 나라가 아니다. 미국으로서는 중국과 러시아가 상하이협력기구(SCO) 등을 통해 자신을 견제하는 상황에서 인도를 자국 영향권으로 포용하는 일이 세계전략 차원에서 긴요했다. 2006년 3월 2일 부시 대통령이 인도를 방문하여 마모한 싱 총리와 함께 서명한 「미-인도 핵협력 합의」는 미국이 인도를 자신의 영향권 내로 편입시키기 위해 인도의 핵보유를 인정한 역사적 사건이다.

이 합의에 의해 인도는 핵보유를 인정받는 상태에서 미국은 물론 국제원자력기구(IAEA), 핵공급국그룹(NSG) 등과의 평화적 원자력 협력을 할 수 있게 되었다. 사실상의(*de facto*) 핵보유국에서 합법적인(*de jure*) 핵보유국으로 또는 서자(庶子) 핵보유국에서 적자(嫡子) 핵보유국으로 승격된 것이다. NPT를 거부하고 독자적으로 핵무장을 결행한 인도를 핵보유국으로 대접하기로 한 미국의 조치에 대해 "이런 식이라면 앞으로 어느 나라가 NPT에 얌전히 머물면서 비핵을 준수하겠느냐"는 비난이 쏟아진 것은 당연했다. 즉, 'NPT 질서 존중'을 강조해온 미국이 스스로 원칙을 포기한 것이어서 '세계전략상의 국익을 위해 비확산 원칙을 희생시킨 사례'로 기록되었다. 북한이나 이란 같은 나라들이 '이중기준' 문제를 제기할 수 있는 빌미가 되었다. 지금도 북한은 "인도의 핵보유를 인정하면서 왜 우리의 핵보유를 인정하지 않느냐"라고 항변하고 있다. 어쨌든 미국으로서는 중국의 부상으로 세계 판도가 미중 양극시대로 바뀌는 상황에서 잠재 강대국인 인도를 자신의 품으로 끌어넣는 것이 시급했다.

파키스탄의 핵보유는 '묻어가기형 모델'이다. 인도와의 전쟁에서 패배했던 파키스탄은 일찍부터 인도와 핵개발 경쟁을 벌여왔다. 1970년대 미국은 농축이나 재처리를 시도하는 나라에게는 원조를 제공할 수 없도록 규정한 대외원조법(Symington and Glenn Amendment)에 따라 파키스탄에 대한 경제원조와 군사원조를 중단했으나, 1979년 소련의 아프가니스탄 침공 이후 미국 정부는 단서조항을 이용하여 원조를 재개했다. 소련군에 저항하는 아프간 반군을 지원했던 미국에게 있어 반군기지를 제공한 파키스탄의 역할은 절대적이었다. 1984년 파키스탄인의 핵물질 밀수 사건을 계기로 미국 의회가 1985년 강화된 대외원조법(Solarz Amendment)을 채택하고 핵물질 밀수국에 대한 원조를 금지했지만, 파키스탄에 대한 원조는 계속되었다.

1990년 소련군이 아프가니스탄에서 철수한 이후 파키스탄에 대한 제재가 재개되었지만, 파키스탄은 이미 '돌아올 수 없는 다리'를 건너고 있었다. 파키스탄은 인도와 국제사회의 눈치를 보면서 핵실험을 준비해오다가 1998년 인도가 핵실험을 하자 때를 놓치지 않고 핵실험을 실시했다. 이후 2001년 9.11 사태가 발생하고 미국이 이라크와 아프가니스탄에서 '테러와의 전쟁'을 시작하자 미국은 또 다시 파키스탄의 협력이 절실했다. 파키스탄은 기지제공, 정보제공 등을 통해 협력했고, 파키스탄의 핵보유는 유야무야 기정사실화되었다. 요컨대, 파키스탄은 인도와 같은 강대국도 아니고 이스라엘과 같이 미국이 필요로 하는 가치를 가진 나라도 아니지만, 절묘하게 동서대결 정치의 흐름 속에 묻어가면서 핵보유를 기정사실로 만들어 나갔다.

북한의 경우는 꽤나 특이하다. 이스라엘, 인도, 파키스탄 중 어느 모델에도 해당되지 않는다. 북한의 체제와 행동 양태는 미국적 가치에 정면으로 배치되는 것으로서 '물물교환'이 불가능하며, '정면돌파'를 택할 만큼의 파워를 가진 것도 아니다. 미국이 원하는 협력카드를 이용했던 파키스탄의 경우와도 다르다. 북한에게는 그런 자산이 없다. 이런 점들을 종합하면 북한의 경우는 '막가파형' 모델이라 할만하다. 북한에게 있어 핵무기는 체제생존을 보장하는 최후의 수단이며, 북핵에는 체제수호를 향한 '불굴의 의지'가 담겨져 있다.

만원버스 이론

지금까지의 설명에서 보듯 핵세계는 각종 이해다툼과 갈등이 복잡하게 교차하는 경쟁의 무대이다. 핵을 가진 나라들과 가지지 못한 나라들 간의 '남북갈등'이 심하게 표출되는 가운데, 핵을 가진 나라들 간의 신경전과 경쟁을 의미하는 '북북경쟁'도 첨예하게 진행되었다. 냉전구도를 반영한 '동서대결'의 성격도 곳곳에 투영되고 있다. 물론, '남남불신'이라는 것도 있다. 이는 핵을 가지지 못한 나라들이 상대국이 먼저 핵무기를 개발하지 않을까 전전긍긍하면서 핵개발 경쟁을 벌이는 단계를 의미한다. 실제로 1970년대를 통해 브라질과 아르헨티나는 심한 '남남불신'을 겪었지만, 이후 양국이 상호 핵무기 경쟁을 포기하고 NPT 가입하는 윈윈(win-win)을 택했다. '남남불신'이 진행되다가도 어느 한쪽에 핵무기 개발에 성공하면 '남북관계'로 변모하는데, 한반도가 그런 꼴이다. 남북한의 핵관계가 '남북관계'로 바뀌면서 한국은 '가진 자'의 위세에 눌려 살아야 하는 '못 가진 자'의 신세로 전락했다. 이렇듯 복잡한 핵세계의 다이나믹스들은 만원버스에 비유해보면 단번에 이해할 수 있다.

만원버스 한 대가 정류장에 도착했다. 정류장에는 버스를 타려는 승객들이 붐빈다. 버스를 놓칠까 또는 행여나 누가 새치기를 할까 노심초사 중이다. 이들이 바로 핵무장의 기회를 엿보고 있는 비핵국들이며, 이들 간의 신경전이 남남(南南)불신이다. 버스에 타고 있는 승객들은 기득권을 가진 사람들인데, 이들 사이에도 경쟁이 치열하다. 자리를 크게 차지하기 위해 다리를 벌리고 앉은 쩍벌남도 있고, 공연히 가방이나 잡지를 앞자리에 두어 다른 사람이 앉지 못하게 하는 얌체족도 있다. 무시무시한 문신에다가 야구방망이까지 들고 여러 개의 자리를 독점하는 깍두기파도 있다. 서로 공간을 많이 차지하기 위한 밀고 당기기도 진행 중이다. 이것이 핵보유국들 간에 벌어지는 북북(北北)경쟁이다.

그러나 버스 안에 있는 사람들도 버스 밖에 있는 사람들에 대한 생각은 통일되어 있다. 어떻게든 새로운 승객이 타지 못하게 함께 막아내고 싶다. 일부는 막대기를 들고 입구를 막고 서있고, 앉아있는 승객들은 이들을 성원한다. 미국과 소련은 피나는 핵무기 경쟁을 벌였지만, 새로운 핵보유국이 생기는 것을 막는데 있어서는 항상 협력했다. 1975년 한국의 NPT 가입을 권유한 것은 미국이었고, 1985년 북한이 NPT에 가입할 수밖에 없었던 것은 소련의 압력과 회유였다. 당시 소련은 4기의 소련식 경수로 원자로를 지어주겠다고 약속했고 함경남도 신포에 부지까지 정했다. 하지만 정류장에서 기다리는 사람들은 버스에 오르기 위해 악을 쓰면서 버스 안의 승객들을 향해 "너희는 인삼 뿌리 먹고 우리는 무 뿌리 먹느냐"고 고함을 친다. 이 북새통이 남북(南北)갈등이다.

이 북새통을 거쳐 무사히 버스에 오른 사람은 핵클럽의 멤버가 된다. 부모는 딸이 마음에 들지 않는 남자를 데려오면 "두 눈에 흙이 들어가기 전에는 안 된다"며 버티지만 그 남자가 사위가 되면 가족으로 받아들일 수밖에 없다. 핵국들도 새로운 핵보유국이 생기는 것에 반대하지만, 일단 새로운 핵보유국으로 자리매김하고 나면 한 통속이 된다. 영국은 제2차 세계대전동안 맨하탄 프로젝트를 통해 미국과 협조하면서 인류 최초의 핵무기를 만드는데 기여했지만, 나치가 패망하고 난 이후 미국은 영국에 대한 일체의 핵협력을 차단했다. 하지만 영국이 1952년 핵실험을 통해 핵무기 보유에 성공하자 미국과 영국은 함께 핵세계를 꾸려가는 단짝이 되었고, 영국은 미국의 주도권을 뒷받침하는 '보좌관'을 자임했다. 프랑스 역시 미국의 핵보유 반대를 무릅쓰고 핵보유국이 되었다. PTBT와 NPT를 거부할 만큼 기존의 핵강국들과 '북북경쟁'을 의식하는 프랑스이지만, 핵무기의 수평적 확산을 방지하는 데에는 미국은 물론 러시아와도 협력한다.

물론 새로운 승객을 태울 때에는 엄격한 선별과정이 수반되며, 앞자리에 있는 왕두목의 생각이 결정적으로 중요하다. 이스라엘, 인도, 파키스탄 등은 이런 저런 이유로 왕두목의 환심을 사 버스에 오르는데 성공했다. 이스라엘은 일찌감치 버스에 올라타고는 구석진 곳에 조용히 앉아 있다. 왕두목의 총애를 받는 터라 "어찌 네가 감히 여기에 앉아 있느냐"고 꾸지람을 하는 사람도 없다. 인도는 당당하게 문을 밀치고 들어갔지만 아무도 말리지 못했다. 왕두목은 인도에게 핵클럽 회원권을 발급해주었고, 나중에는 협조하자며 악수까지 청했다. 파키스탄은 왕두목에게 전해줄 것이 있다고 핑계를 대면서 올라

탔다. 남아공은 소문도 없이 버스에 탔었지만 왕따를 당해 스스로 하차했다. 리비아는 버스에 오르려고 했지만 힘이 달려 포기했고, 이란은 호시탐탐 버스에 오를 기회를 노리고 있다. 시리아, 미얀마 등은 자신들도 언젠가는 버스에 오를 수 있다는 흑심(?)을 품고 있다. 과거에 버스에 오르려다 발목을 삔 적이 있는 한국은 "앞으론 다시 버스에 탈 생각조차 하지 않겠다"는 서약서에 서명한 상태이며, 모든 비확산 장치에 가입하여 착실하게(?) 살고 있다.

북한은 버스의 출입구에 매달린 채 손바닥으로 출입문을 탕탕 치면서 문을 열어달라고 외치고 있다. 포기하고 내려오라는 주변의 애원 따위는 듣지도 않고, 왕두목을 향해 "인도나 파키스탄처럼 대접해 달라"고 절규하고 있다. 북한은 NPT, CWC, CTBT, NSG, MTCR, PSI 등 모든 비확산 조약들에 가입하지 않고 있으며, 북한이 유일하게 가입한 BWC는 생물무기의 배치와 사용을 금지할 뿐 연구와 생산을 금지하지 않는 절름발이 조약이다. 북한주민은 식량난에 허덕이고 있지만 북한은 자칭 세계 아홉 번째의 핵보유국이자 세계 제3위의 화학무기 및 생물학무기 보유국이며 동시에 세계 6위권의 미사일 강대국이다. 이무기가 대량살상무기를 여의주(如意珠)삼아 용(龍)이 되겠다고 몸부림치는 격이다.

제**3**장

북핵의 예쁜 얼굴과 미운 얼굴

북핵의 향방을 결정하는 3대 변수

지금까지 기술된 내용들은 북핵을 고찰하기 위한 배경이다. 북핵 문제도 결국 세계 핵문제 중의 하나이어서 핵질서의 진실을 모르는 상태에서 북핵 문제를 바라보게 되면 편견이나 오류에 빠지기 쉽기 때문이다. 이제부터는 배경지식을 머릿속에 담은 채 북핵과 관련한 근본적인 질문부터 다루어보자. 북한이 가진 핵무기도 어차피 한민족의 기개를 나타내는 것이니 반대할 필요가 없는 예쁜 존재인가, 아니면 우리를 위협하는 대량살상무기이므로 제거해야 하는 미운 존재인가? 이 근본적인 질문에 대한 정답을 찾을 수 있다면, 북한과 관련한 많은 다른 질문들에 대한 혼란을 줄이는데 큰 도움을 받을 수 있을 것이다.

정답을 찾기 위해 먼저 북핵 문제의 향방에 가장 큰 영향력을 미치는 세 가지 변수를 찾아보자. 첫 번째 변수는 당연히 북한 자신이다. 북한이 핵무기를 고수하고 개발을 지속한다면 북핵 문제는 악화될 것이며, 북한이 어떤 동기에서든 핵을 포기하고 나오면 북핵 문제는 금방 해결될 수 있다. 북핵의 향방에 가장 큰 영향을 미치는 변수는 북한 스스로인 것이다.

두 번째 변수는 미국이다. 미국은 세계 핵질서를 좌지우지하는 왕두목이자 북한이 가장 의식하는 상대이다. 현재로서는 북핵을 강제로 제거할 수 있는 물리력을 가진 나라는 미국뿐이고, 북한이 원하는 안전보장을 제공할 수 있는 나라도 미국뿐이다. 북핵 문제가 잘 풀려서 국제사회가 북한에게 지원을 베풀 때에도 북한이 원하는 만큼의 지원을 제공할 능력을 가진 나라도 미국이다. 북한이 핵문제는 미국과 대화하겠다고 하면서 한국을 핵대화에서 배제하는 통미봉남(通美封南) 정책을 구사해온 주된 이유도 이 때문이다. 북한 다음으로 북핵 문제에 큰 영향력을 미치는 것은 미국이며, 여기에 이설을 제기할 사람은 없다.

세 번째 변수는 NPT로 대변되는 핵질서이다. 중년 이상의 독자라면 1990년대 초반 북한이 IAEA의 핵사찰을 받다가 마찰이 빚어지고 북한이 사찰관들을 추방하면서 핵문제가 국제문제로 비화되었던 역사를 기억할 것이다. 사찰관들이 북한에 들어가서 조사할 수 있었던 것은 북한이 NPT 회원국으로서 사찰을 받을 의무를 가지고 있었기 때문이다. 앞으로도 그렇다. 2003년 북한의 NPT 탈퇴로 지금은 핵사찰 의무가 없는 상태이지만 북한이 NPT 체제로 복귀해야 한다는 것이 국제사회가 말하는 북핵 해결의 출발점이며, 설령 북한이 핵포기를 결심한다고 하더라도 그것을 검증하기 위해서는 국제사회의 사찰이 반드시 필요하다.

좀 더 크게 보면, 대량살상무기 비확산 체제 전부가 북핵 문제의 향방에 엄청난 영향력을 가지고 있다. 북한이 가입한 국제장치가 IAEA와 생물학무기금지조약(BWC) 뿐이지만, 그래도 비확산 장치들은 북한의 핵프로그램에 지대한 영향력을 발휘한다. 예를 들어, 바세나르 협정은 전략적 용도로 전용될 수 있는 품목들이 북한으로 유입되는 것을 차단하며, 대량살상무기확산방지구상(PSI)은 북한의 대량살상무기 수출을 차단함으로써 북한의 외화수입원을 봉쇄하고 핵프로그램의 숨통을 압박한다. 핵공급국그룹(NSG)은 핵무기 제조에 전용될 수 있는 품목들이 북한에 흘러들어가는 것을 억제하며, 미사일기술수출통제기구(MTCR) 역시 미사일 기술이 북한에 들어가는 것을 견제한다. 이런 맥락에서 핵질서 그 자체가 북핵의 향방에 세 번째로 큰 영향을 미치는 변수라는 사실에 이의를 제기할 사람은 없다. 북한, 미국, 비확산 체제 등 세 변수를 제외하고 나면, 그 다음으로 북핵에 영향을 미치는 변수는 중국, 한국, 일본, 러시아 등의 순서가 될 것이다. 이제부터 세 개의 변수들을 하나씩 분석해보자.

북한은 동족이자 안보위협

북한은 분명히 '동족'과 '안보위협'이라는 두 개의 상충된 얼굴을 가진 존재이다. 북한 내부로 들어가서 살펴보면 북한에서 결정권을 행사하지 못하고 정부의 지시에 따라 행동하는 일반 주민은 우리가 품어야 할 '동족'이지만, 반대로 기득권을 누리면서 결정권을 행사하거나 우리를 위협하는 수단을 운용하는 사람들은 경계해야 할 안보위협이다. 물론, 이러한 구분은 확연하지도 않고 영구적이지도 않다. 우리는 북한의 굶주린 어린이들을 품어야 할 동족으로 보고 의약품과 식량을 보내곤 하지만, 그 어린이들이 자라면 대남 공작원도 될 수도 있고, 출세하여 수령독재 체제를 수호하는 게이트키퍼(gate keeper)가 될 수도 있다. 히틀러도 한 때는 목사가 되기를 꿈꾸었던 효성스러운 소년이었다. 동족인 북한주민이 대남 군사기지를 건설하는 인력으로 동원되면 주적을 돕는 역할을 하는 것이 된다. 북한의 아이들은 동족이지만 성장하여 인민군에 입대하여 우리에게 총부리를 겨누면 주적이 된다. 그 주적이 제대하면 다시 동족이 되는 것이며, 남한으로 귀순하면 국민이 된다. 이렇듯 같은 사람이 동족도 되고 주적도 되는 것이어서 구분 자체가 모호할 수 있지만, 전체적으로 북한은 언제나 동족과 안보위협이라는 두 개의 얼굴을 가질 수밖에 없다.

먼저, 이상주의적 시각으로 볼 수 있는 동족이라는 측면을

이 할아버지들과 할머니들은 동족인가 주적인가

살펴보자. 북한 사람들은 우리와 피를 나눈 동족임에 틀림이 없고, 협력의 대상이자 통일의 파트너임이 분명하다. 1945년 한반도를 강점했던 일제가 패망하면서 남북으로 갈렸지만, 그 이전까지 남북은 하나였다. 나라도 민족도 국민도 하나였다. 지금도 남한사회에는 2만4천 명의 북한출신 주민들이 당당한 대한민국의 국민으로 살고 있다. 한국이 탈북자들을 받아들인 것도 우리와 같은 말을 쓰고 같은 음식을 먹으며 동일한 문화적 전통을 이어받은 동족이기 때문이다. 올림픽 경기에서 한국 축구팀이 경기를 하지 않을 때에 북한팀을 응원하는 것은 북한이 동족이자 통일파트너이기 때문이다. 우리가 말하는 통일은 중국과의 통일도 아니고 일본과의 통일도 아니다.

그러나 휴전선이나 동서해의 북방한계선(NLL)에 가보면 현실주의적 시각으로 볼 수 있는 안보위협의 얼굴을 발견하는 데 어려움이 없다. 총부리를 맞댄 상대는 일본도 아니고 중국이나 러시아도 아니다. 1950년 한국전쟁을 도발하여 강토를 붉게 물들인 것도 북한이고, 숱한 군사도발로 인명을 살상하고 한반도를 긴장시킨 것도 북한이다. 1968년 박정희 대통령을 시해하기 위해 청와대 뒷산까지 특공대를 보낸 것도 북한이었고, 이듬해에 울진삼척에 120명의 무장공비를 보내 무차별적으로 양민을 학살한 것도 북한이었으며, 1987년 대한항공 민항기(KAL 858)를 공중 폭파하여 115명의 영혼들을 앗아간 것도 북한이었다. 1999년과 2002년 서해교전에서 우리 장병들을 죽인 것도 북한이다. 2010년 3월 우리의 바다에서 정상적으로 초계활동을 하던 천안함을 어뢰로 공격한 것도 북한이었고, 같은 해 11월 연평도에 무차별 포격을 가한 것도 북한이었다.

미국은 패권국이자 동맹국

북핵 문제에 가장 큰 영향력을 가진 미국도 극명하게 대치되는 두 개의 얼굴을 가지고 있다. 국제정치 이론으로 보면 미국은 전형적인 패권국이다. 미국은 대내적으로는 민주주의와 시장경제의 꽃을 피운 나라이지만 대외적으로는 완력과 영향력을 즐겨 사용하는 권력정치(power politics)를 구사해왔다. 19세기에서 20세기 초엽에 이르는 시기동안 식민지 개척에 뛰어들어 하와이와 필리핀을 접수하고 1905년에는 일본과 '카쓰라-데프트 밀약'이라는 것을 맺기도 했다. 이것이 조약 차원의 정식 합의였는지는 확실하지 않으나, 내용은 일본이 필리핀에 대한 미국의 식민지 통치를 인정하는 대신 미국은 한국에 대한 일본의 식민통치를 인정하는 것이었다.

미국의 팽창주의는 제26대 시어도어 루즈벨트 대통령(1901년~1909년) 시절에 절정을 이루었는데, 이 시절 미국은 걸핏하면 해병대를 앞세워 중남미의 소국들을 침공했다. 루주벨트 대통령은 해군함대의 이동을 위해 콜롬비아와 파나마 운하의 건설을 협상하다가 여의치 않자 파나마 지역의 독립을 부추겼고, 1903년 파나마를 독립시킨 후 운하건설에 착수했다. 운하는 1914년에 완공되어 1999년 파나마에 반환되기까지 미국이 소유했다. 1989년에는 파나마의 독재자 노리에가(Manuel Noriega) 대통령이 마약 밀수에 개입하자 해병대를 보내 체포하기도 했다. 정치학자들은 인접한 중남미 국가들에 대한 미국의 대외정책을 'NIMBY(not in my back yard)'로 표현하곤 한다. 이는 원래 쓰레기 처리장이나 화장장 같은 혐오시설이 근처에 들어서는 것을 반대하는 지역이기주의 현상을 빗댄 표현이지만, "내 뒷마당에서는 허튼 짓을 하지 말라"는 의미로도 사용된다.

미국은 제2차 세계대전 종전과 함께 양극체제의 한 극으로 등장했고, 세계 GDP의 1/3을 점하는 초강대국이 되었다. 미국이 주도하는 시대, 즉 팍스 아메리카나(Pax Americana)를 연 것이다. 미국은 1991년 제1차 걸프전 승리와 소련연방의 와해로 경쟁국이 없는 유일초강국 시대를 열었는데, 레이건 대통령은 유일초강국 시대의 초석을 닦은 대통령으로 미국인들의 추앙을 받는다. 레이건 대통령은 1980년대 소련의 모든 핵무기들을 무용지물로 만들 수 있는 전략핵방어계획(SDI)을 밀고 나갔고, 소련은 SDI를 돌파하는 무기를 개발하기 위해 많은 재원을 투입했는데, 과도한 핵경쟁은 소련경제의 파탄을 가져오는데 결정적 역할을 하게 된다.

이때부터 20년간, 즉 41대 대통령인 아버지 부시(George Herbert Bush; 1989~1993)에서 42대 클린턴(William Jefferson Clinton; 1993~2000)을 거쳐 43대 아들 부시(George Walker Bush; 2001~2009)까지가 팍스 아메리카나의 절정기였다. 아들 부시 대통령기간 동안 등장한 네오콘은 팍스 아메리카나의 절정기를 대변하는 세력으로서 군사력, 경제력, 정보력 등으로 대변되는 압도적인 하드파워를 앞세운 정책을 펼쳤다. 하지만 중국의 급부상, 대미 테러의 확산, 미국 금융가의 붕괴, 미국 경제력의 상대적 쇠퇴 등으로 미국의 영향력은 쇠락의 길을 걷기 시작했다. 44대 오바마(Barack Hussein Obama) 대통령은 일방주의를 포기하고 외교, 협력, 대화와 설득 등으로 대변되는 소프트파워를 앞세운 다자주의적 정책으로 전환하고 있다.

하지만 미국은 지금도 전 세계 GDP의 1/4과 석유소비의 1/4을 점하는 경제·군사 초강대국이다. 미국의 국방비는 세계 국방비의 40%를 차지하며, 전 세계를 겨냥하는 전투사령부 편제를 가지고 있다. 쿠바, 아이슬란드, 포르투갈 등을 관할하는 북부사령부(콜로라도), 동아시아와 태평양을 관할하는 태평양사령부(하와이), 유럽을 커버하는 유럽사령부(독일 슈투트가르트), 중남미를 관할하는 남부사령부(플로리다 마이애미), 중동을 관할하는 중부사령부(플로리다 탬파) 등의 편제를 두고 군사력을 운용한다. 각각의 지역사령부들은 육·해·공군·해병대와 특수부대를 보유하고 있어 독자적으로 전쟁을 치를 수 있다. 미국은 한국을 포함한 30개국 750여개의 기지에 25만 명의 미군을 주둔시키고 있다. 해군도 비슷하다. 대서양을 관할하는 제2함대, 동태평양을 관할하는 제3함대, 걸프만과 인도양을 관할하는 제5함대, 지중해를 커버하는 제6함대, 서태평양을 관할하는 제7함대 등 다섯 개의 함대를 거느리고 있으며, 세계 20척의 항공모함중 11척을 보유한 미 해군이 사실상 5대양을 지배한다. 미국은 이렇듯 막강한 군사력을 앞세우고 말을 듣지 않는 나라는 회유하기도 하고 두들겨 패주기도 한다. 1991년과 2001년 두 차례에 걸쳐 이라크를 침공하여 독재자 후세인 대통령을 처형했고, 지금도 이라크와 파키스탄에서 전쟁을 수행하고 있다.

미국은 최강의 핵보유국이자 불평등한 NPT 핵질서를 유지

관리하는 우두머리 나라이다. 양육강식의 핵질서에서 미국은 약소국들에게 핵보유를 꿈꾸지 말라며 압박을 가하면서 강대국의 핵독점을 수호하는데 앞장선 '왕두목'이며, 압력을 앞세워 1970년대 한국과 1980년대 대만의 핵개발 시도를 무산시키기도 했다. 1970년대 박정희 대통령이 서종철 국방장관을 대동하고 미국을 방문했을 때 당시 최연소 국방장관이었던 럼스펠드는 "한국이 핵무기 개발을 고집하면 경제, 정치, 문화 등 모든 관계는 단절될 것"이라며 강경한 언사로 협박했다. 미국은 북한의 핵개발을 구박하고 있으며, 이란, 리비아, 시리아, 미얀마 등 의심국가들에게 현미경을 들이댄다. 그러면서도 더 큰 국익을 위해 봐주어야 할 나라들은 묵인하거나 방조한다. 그렇게 해서 이스라엘, 인도, 파키스탄 등은 무탈하게 핵보유국의 반열에 머물고 있다. 이를 두고 핵패권주의적 행태라고 해도 틀리지 않다.

그러나 미국은 모든 나라들에게 오만방자한 언행을 내보인 것이 아니며, 식민제국주의에 가담했던 시기도 길지 않다. 미국은 한 편으로는 무력을 앞세우고 영향력을 행사했지만, 다른 한 편으로는 인권, 민주주의, 그리고 시장경제라는 가치관을 확산시키는 역할을 자임해왔다. 또한 국제질서의 관리자로서 세계경찰의 역할을 통해 분쟁해결이나 인류의 안전에 기여한 측면도 막대하다. 특히 한국에게 있어 미국은 엄청난 희생을 감수하면서 생존과 번영을 도와준 동맹국이다. 미국은 공산세력의 확산을 막기 위해 한국전쟁에 참전하여 4만여 명의 전사자를 냈다. 그 덕에 한국은 자유민주주의를 꽃피우고 경제적으로 성장했다. 한국전쟁 후에도 한국은 북한의 끊임없는 도발에 시달려야 했고, 1970년대 초반까지만 해도 경제력, 외교력, 군사력 등 모든 면에서 북한보다 열세였기 때문에 살얼음판을 걸으면서 생존해야 했다. 한국은 박정희 대통령의 야심찬 현대화 계획 하에 연 10%라는 놀라운 경제성장을 지속했다. 그 결과 면적 10만㎢로 국토크기에 있어 세계 109위에 지나지 않는 한국은 세계 15위권의 경제대국으로 성장했다. 한미동맹이라는 안보방패가 없었다면 이런 경제기적은 불가능했다.

1960~70년대를 회상해보자. 당시 국민은 자고나면 가슴을 쓸어내려야 하는 소식을 접하면서 살았다. 휴전선에서는 북한군이 넘어와 우리 장병들이 자는 생활관에 침입하여 수류탄을 터뜨리고 귀를 베어가는 만행을 반복했고, 남한은 간첩들의 천국이었다. 고출력의 평양방송은 암호를 통해 남한 내 간첩들에게 지시를 내렸다. "여기는 평양입니다. 지금부터 번호를 부르겠습니다. 삼십 오번, 팔십 이번, 구십 삼번 …" 무서운 목소리를 가진 여자 아나운서가 불러대는 심야의 암호방송은 등골을 오싹하게 만들었다. 1968년 북한군 124군 게릴라 부대가 청와대 뒷산까지 내려와 우리 군경과 총격전을 벌였을 때 서울시민은 이불을 뒤집어쓰고 떨어야 했고, 울진-삼척에 무장공비들이 침투하여 양민을 학살하고 다닐 때 전국이 공포에 떨었다.

그런 중에도 북한은 남침을 감행하지는 못했다. 한미동맹과 주한미군 때문이었다. 한미동맹이 없었다면 한국이 마음 놓고 경제성장에 주력할 수 없었을 것이며, 다른 나라들은 전쟁이 일어날지도 모르는 나라에 투자하거나 무역을 하지도 않았을 것이다. 미국이라는 거대한 수출시장이 없었다면 무역대국으로의 발돋움도 불가능했을 것이다. 물론, 오늘날에는 한국의 정치적·경제적 성장과 함께 한미동맹의 성격도 변모되고 있고, 한국의 역할이 커지고 있다. 하지만 번영된 한국에 사는 젊은이들이 그 번영을 위한 담장이 되어주었던 한미동맹을 망각한다면 이는 역사에 대한 예의가 아니다.

현재와 미래에 있어서도 한미동맹의 역할은 막중하다. 북한의 핵위협은 물론 잠수함 침투사건, 서해교전, 천안함 공격, 연평도 포격 등 지속되는 북한의 군사도발에도 불구하고 한국 국민이 크게 동요하지 않는 데에는 한미동맹의 역할을 빼놓을 수 없다. 2010년 천안함 폭침사태가 발생했을때 주식시장은 크게 출렁거렸지만 만 하루가 지나면서 정상을 되찾았다. 한미동맹이 없었다면 불가능한 일이다. 북한이 핵무기의 실제사용을 위협한다면, 당장 대처할 수 있는 억제수단은 미국의 핵우산뿐이다. 경제도 그렇다. 매일 수입해서 사용하는 석유를 생각해보자. 한국은 하루 220만 배럴의 석유를 수입해야 하며, 지금 이 시각에도 원유를 실은 거대한 유조선들이 중동에서 석유를 실고 걸프만과 인도양 그리고 남중국해와 동중국해를 거쳐 인천, 목포, 부산 등지로 들어오고 있다. 사람의 뇌가 산소를 흡입하지 못하면 수분 만에 기능을 상실하듯 유조선의 행렬이 멈추면 한국경제의 숨결도 곧바로 멈출 것이다. 지금까지 이 유조선의 행렬을 안전하게 지켜준 것은 미 해군의 제5함대와 제7함대였다. 미국이 유지하는 해상질서 속에서 우리 유조선들이 무탈하게 항해해온 것이다. 지금은 한국도 청해부대를 실은 대형함정을 소말리아 해역에 보내 해적소탕을 위한 국제협력에 동참하고 있지만, 이는 2009년부터의 일이다.

통일과 관련한 한미동맹의 역할도 막중하다. 어떤 연유에서든 갑자기 통일의 기회가 다가왔다고 가정해보자. 한국이 국제사회의 지지를 업고 통일을 주도한다고 가정해보자. 중국이 적대적으로 개입한다면 통일은 도로아미타불이 된다. 현재로서 한국을 위해 주변국의 적대적 개입을 견제해줄 힘과 가능성을 가진 나라는 미국뿐이다. 한미동맹은 싫고 좋고의 차원을 넘어 반드시 지켜내야 하는 소중한 자산이다.

늑대의 얼굴과 천사의 얼굴을 가진 NPT

북핵 문제에 세 번째로 큰 영향력을 가지는 핵질서라는 변수도 상반되는 두 개의 얼굴을 가진다. 우선, 앞에서 말했듯 NPT는 불평등한 조약체제로서 약육강식의 조폭의 질서와 유사하다. 핵세계를 핵을 보유할 권한을 가진 나라들과 핵을 탐해서는 안

되는 나라들로 양분하기 때문이다. 인삼 뿌리를 먹을 권한을 가진 '두목'들과 무 뿌리만 먹어야 하는 '똘마니'들로 구분하고 있다. 이 측면에서 보면, 비핵국의 전문가들이 NPT를 '핵제국주의의 산물'이라고 비아냥거리는 것이 가히 틀리지 않는다. 한국과 같은 비핵국이 NPT를 준수한다는 것은 결국 "형님들은 계속해서 인삼 뿌리를 잡수세요, 우리는 무 뿌리만 먹겠습니다"라고 서약하는 것과 같다. 그게 기특한 똘마니가 되는 길이다. 이 맥락에서 보면 NPT는 핵강대국들의 욕망을 대변하는 '늑대의 얼굴'을 가진 국제장치라 할 수 있다.

약육강식이라는 측면은 NPT뿐 아니라 거기에서 파생된 여타 국제장치들에게서도 발견할 수 있다. 예를 들어, 비핵지대(NWFZ)이라는 것은 특정 지역의 국가들이 자발적으로 합의하여 핵무기 보유와 외부 핵무기의 반입을 금지한 국제적 장치이지만, 핵보유국의 입장에서 보면 자신들의 핵독점을 공고하게 만들어주는 기특한 장치이다. 그래서 유엔무대에서 강대국들은 '핵평화'라는 명분으로 여러 지역을 대상으로 비핵지대를 설립할 것을 권고하고 있지만, 내심으로는 비핵지대가 많아질수록 자신들의 핵독점이 확실해진다는 사실을 의식하고 있다.

그러나 NPT에는 '천사의 얼굴'도 있다. NPT 같은 장치가 탄생하지 않았다면 세상은 어떻게 되었을까. 1945년 7월 16일 뉴멕시코주 사막에서 사상 최초의 핵실험이 성공하는 것을 보고 맨하탄 프로젝트의 책임자 오펜하이머 박사는 기쁨 못지않게 근심을 표시했다. 그는 엄청난 폭발력을 목도하고 "우리가 만든 것은 일순간 세상을 바꾸어버릴 악마일지도 모른다. 과학이 인류에게 유익한 것인지를 다시 생각해봐야 한다"고 말했다. 히로시마에서 엄청난 인명이 살상되는 것을 목도한 뒤 트루만 대통령을 만나서는 슬픔에 잠긴 채 "각하, 제 손에 피를 묻혔습니다"라고 말했다. 국가적 프로젝트를 성공시키고도 슬픔에 잠겼던 오펜하이머 박사의 심경을 이해한다면, NPT가 수행해온 긍정적 역할도 주목해야 한다. 핵무기가 무분별하게 확산되도록 내버려두었다면, 지금쯤 적어도 50~60개 나라가 핵을 보유하고 있을 것이다. 핵전쟁의 가능성도 훨씬 더 높을 것이며, 지역분쟁들이 핵전쟁으로 비화될 가능성도 더욱 높을 것이다. 이미 핵전쟁이 일어났을 수도 있다. 핵무기란 워낙 광범위한 지역을 파괴하기 때문에 피해는 분쟁 당사국들에게 국한되지 않는다.

핵무기를 안전하게 관리하는 것도 만만치 않은 문제다. 미국과 같은 강대국은 첨단과학에 기초한 핵무기 관리 프로그램(Science-Based Stockpile Stewardship Program)을 작동시키고 있다. 이 프로그램을 통해 정기적으로 점검하고 문제가 있는 핵무기는 폐기하고 저장할 것은 저장한다. 힘에 부치게 핵무기를 보유한 작은 나라들이 무작정 핵무기를 늘린다면 언제 무슨 사고가 날지 모른다. 핵강대국들도 그 동안 핵무기 분실, 핵공격 경보체제의 오작동 등 크고 작은 사고들을 냈지만, 핵무기가 중소국으로 광범위하게 확산된다면 이런 사고는 더욱 빈발할 것이다. 정치적 불안도 걱정거리다. 내전이나 급변사태

로 핵무기에 대한 통제가 느슨해지거나 핵무기의 주인이 정부
군에서 반군으로 바뀌어 함부로 발사될 수도 있다. 이런 것을
'우발적 발사(unauthorized launch)'라고 부른다. 지금 미국
이 파키스탄에서 발을 완전히 빼지 못하고 전전긍긍하는 이유
중의 하나도 바로 이런 것이다. 이런 점들을 감안한다면, NPT
질서는 핵무기의 무분별한 확산을 억제하여 인류의 안전을 지
켜준 소중한 공동자산일 수밖에 없다. NPT가 가진 '천사의 얼
굴'이다.

두 개의 안경을 쓰자

이상에서 북한, 미국, NPT라는 3대 변수들이 가지는 이중성
에 대해 살펴보았다. 이제 이 이중성들을 차례대로 북핵에 대
입해보자. 우선, 북한의 이중성을 보자. '북한=동족'이라는 안
경을 통해 북핵을 보면 '예쁜 얼굴'로 보일 수밖에 없다. "북핵
도 통일되면 민족자산이다", "북핵은 동족에게 사용되지 않을
것이므로 해롭지 않다", "북핵도 우리민족이 이룬 과학적 업적
이다" 등의 주장이 설득력을 가진다. 반면, '북한=안보위협'이
라는 안경으로 보면 북핵은 주적의 손에 들려 있는 위험천만한
무기로 하루 속히 제거해야 할 대상이다. 이렇듯 북한의 두 얼
굴 중 어떤 쪽을 대입하느냐에 따라 북핵은 완연히 다른 두 개

의 모습으로 보인다. 여기서 내릴 수 있는 잠정결론은 일단 북한의 두 얼굴 모두를 사실로 인정하고 북핵의 예쁜 얼굴과 미운 얼굴 모두를 직시해야 한다는 것이다. 북한이 도발을 일삼는다고 해서 '동족이자 통일의 동반자'라는 사실이 없어지지 않으며, 북한이 피를 나눈 동족이라는 이유로 '안보위협이자 주적'이라는 냉엄한 현실이 사라지는 것이 아니다. 양쪽 모두가 진실이다. 그래서 두 개의 안경이 필요하다.

미국이라는 변수도 마찬가지이다. 핵폐기 여부를 놓고 미국과 북한이 대치하고 있는 상황에서 '미국=오만한 핵패권국'이라는 측면만 바라보면, 우리는 결코 미국을 편들 수 없다. 이 측면에서 보면 미국은 힘을 앞세우고 권력정치를 펼치는 오만방자한 핵독점 국가이자 약소국들의 핵보유 권리를 탄압하는 폭군이다. 반면, 북한은 힘도 없으면서 강대한 미국에 맞서 약소국의 권리를 주장하고 있으니, '백마를 타고 나타난 흑기사'이거나 '흑마를 타고 나타난 백기사' 쯤으로 보일 수 있다. 왠지 대견스럽게 보이고 성원하고 싶은 충동을 느낄 수 있다. 북한이 우리의 동족이라는 사실 때문에 야릇한 대리만족도 느낄 수도 있다. 그래서 북핵을 두둔하면서 미국을 비난하는 쪽을 택하기 쉽고, 북한 편에 서서 "작은 나라의 핵보유를 탄압하기에 앞서 당신들의 핵무기부터 버려라"라고 외치고 싶다.

하지만 한반도에서의 미국의 역할이나 한미동맹이라는 측면에서 보면 정반대의 논리가 성립한다. '미국=동맹국'이라는 안경으로 본 북핵은 한미 양국이 협력하여 제거해야 할 혐오스러운 존재다. 어떤 시각으로 보든 지금의 한반도는 남북이 손잡고 미국의 위협에 대처해야 하는 구도가 아니라, 한미 양국이 협력하여 북한의 핵위협에 대처하는 구도이다. 우리는 미국과의 협력을 딛고 경제대국으로 성장했으며, 지금도 미국이 중심인 서방의 일원으로서 번영을 구가하고 있다. 그래서 미국이라는 변수에 비추어 북핵을 바라볼 때에도 반드시 두 개의 안경이 필요하다.

마지막으로, NPT의 이중성을 북핵에 대입해보자. NPT가 '두목'과 '똘마니' 간의 수직적 서열을 강요하는 불평등 체제라는 점에서 보면, 북핵은 불평등을 돌파하는 정당한 수단이다. 좀 심하게 말한다면, 조그마한 북한이 거대한 핵제국주의 장치에 용감하게 맞서고 있는 것이 되고, 우리 역시 똘마니 국가로서 기분학상으로는 북한을 성원해야 마땅하다. 즉, 'NPT=늑대'라는 측면에서 보면 북핵은 정당하고 기분 좋은 존재로 보인다. 바로 이런 시각에서 좌파성향의 인사들이 "북한이 핵무기를 만드는 것에 일리가 있다"라고 말하곤 한다. 그러나 'NPT=천사'라는 측면에서 보면 정반대의 논리가 성립한다. 수직적 핵질서에 대한 거부감에도 불구하고 인류의 핵안보를 위해서는 모든 나라가 NPT를 준수하는 것이 맞고, 이 질서를 거부하는 북한은 위험한 이단자일 수밖에 없다. 북핵은 다른 나라들의 핵확산을 부추기고 NPT 질서를 위협하는 위험요인이다. 그래서 북핵을 바라보는 안경은 두 개이어야 한다.

북핵을 바라보는 한국인들에게 있어 예쁜 얼굴과 미운 얼굴을 모두 볼 수 있도록 두 개의 안경을 쓰는 것은 북핵을 바로 이해하기 위한 첫걸음이자 건전한 대화를 가능하게 하는 출발점이다. 북한을 동족으로, 미국을 오만한 패권국으로 그리고 NPT를 불평등한 제국주의적 장치로 보는 시각을 가진 사람들을 두고 A안경을 끼고 있다고 해보자. 반대로 북한을 주적으로, 미국을 소중한 동맹국으로 그리고 NPT를 준수해야 할 국제장치로 보는 시각을 가진 사람들을 B안경을 낀 사람들이라고 가정해보자. 한국사회에서 A 안경만을 낀 사람들을 '좌파' 또는 '진보'라고 부른다. 사실 좌파와 진보는 서로 다른 존재이지만, 한국에서는 좌파도 '진보'라는 명함을 가지고 다니기 때문에 그렇게 되어버렸다. 마찬가지로 '우파=보수'라는 등식도 정착되어버렸다. 엄청 도수가 높은 A안경만 낀 젊은이들이 '운동권'이다. 엄청 도수가 높은 B안경만을 쓰고 있는 사람이 '골통보수'다.

핵문제의 진실은 A안경으로도 볼 수 있고 B안경으로도 볼 수 있기 때문에, 진보든 보수든 어느 한쪽이 완전히 맞고 다른 쪽이 완전히 틀리지 않는다. 중요한 변수들 모두가 상반되는 두 측면을 동시에 가지고 있기 때문이다. 북핵 문제를 바라봄에 있어 운동권 학생들의 주된 문제점은 그들이 바라보는 시각이 모조리 틀린 것이 아니라 B안경을 통해 볼 수 있는 또 다른 진실을 무시하기 때문이다. 골통보수들의 문제점은 그들이 핵문제를 바라보는 시각 자체가 틀려서가 아니라 A안경을 통해서 볼 수 있는 또 다른 진실을 외면한다는 데 있다.

A안경만 낀 사람과 B안경만 낀 사람이 북핵 문제를 놓고 토론을 벌이면 5분도 가지 않아 파국을 맞이한다. 운동권으로 활동하는 대학생 손자와 한국전쟁 참전용사 출신인 할아버지가 아침밥을 먹다가 북핵을 놓고 토론을 시작한다고 가정해보자. 5분도 안 가서 '호로자식'이라는 욕설이 튀어나오고 밥상이 엎어질 것이다. 고함소리가 울려 퍼질 것이다. "네놈은 한국 전쟁 때 산화한 장병들의 영혼 앞에 부끄럽지도 않느냐." "네가 보릿고개를 아느냐 새마을 운동을 아느냐, 오늘의 대한민국이 어떻게 만들어졌는지 알기나 하느냐." "네 놈이 어찌하여 46명의 천안함 승무원들을 죽인 무도한 저들을 두둔한단 말이냐." 할아버지의 역정에 손자는 무어라 답하겠는가. "할아버지는 민족도 모르고 통일도 모르신다"고 대들 것이다. "할아버지는 동족인 북한을 박대하면서 부도덕한 미국을 두둔하신다"고 반박할 것이다. "천안함 사건은 한국정부의 조작"이라고 염장을 지를지도 모른다. 그리고는 숟가락을 놓고 문을 박차고 나가버릴 것이다. "할아버지는 맛이 갔다. 늙으면 죽어야 한다"라고 중얼거릴 것이다. 하지만 할아버지와 손자가 공히 두 개의 안경을 번갈아 쓰면서 대화를 한다면 토론은 몇 시간이고 도란도란 이어질 수 있다. 북핵을 바라봄에 있어 두 개의 안경을 쓰는 것은 분단국을 사는 한국 국민에게 있어 '균형 잡힌 안목'을 가지기 위한 첫걸음이다.

무게중심을 찾자

하지만 두 개의 안경을 쓰는 것만으로는 충분하지 않다. 강의실에서는 그것으로 충분할 수 있지만 국가정책에서는 그렇지 않다. 강의실에서는 두 개의 안경을 쓰는 것 자체로 진지한 토론이 가능하고, 논문 작성에도 문제가 없다. 진보나 보수 중 어느 한쪽에 치우친 논문을 작성하더라도 양쪽의 진실을 인정하면서 질서정연한 논리를 개진했다면 A+감이다. 필자의 경우 실제로 대학이나 군인들에게 강의를 하면서 그렇게 학점을 주었다. 하지만 국가정책은 다르다. 주어진 여건에서 국익을 최대화할 수 있는 무게중심, 즉 정책좌표를 찾아 정책기조로 삼아야 하기 때문이다. 이런 의미에서 이제부터는 과연 북한과 북핵을 상대하는 우리의 정책좌표가 어디에 있어야 하는지를 따져보기로 하자.

하나의 스펙트럼을 가정해보자. 가장 도수가 높은 A안경으로 보는 시각, 즉 북한을 동족으로만, 미국을 부도덕한 강대국으로만 그리고 NPT를 불평등한 제국주의적 장치로만 보고 북핵의 예쁜 얼굴만을 인정하는 왼쪽 시각을 왼쪽의 출발점(0)으로 보자. 그리고 가장 도수가 높은 B안경으로 보는 북핵, 즉 북한을 주적으로만, 미국을 협력해야 할 동맹국으로만 그리고 NPT를 준수해야 할 국제장치로만 보고 북핵의 미운 얼굴만을 인정하는 시각을 오른편의 끝(100)이라고 치자. 그렇게 하면 이상주의적 좌파 시각에서 현실주의적 우파 시각까지를 커버하는 스펙트럼이 만들어질 것이다. 어느 한쪽의 의견이 완전히 맞고 다른 쪽 의견이 완전히 틀리는 것이 아니라면, 한국이 취해야 할 대북정책의 무게중심은 어차피 스펙트럼 선상 어딘가에 있다. 예를 들어, 진보적 시각으로 보는 진실과 보수적 시각으로 보는 진실이 꼭 같은 비중을 가진다면 정책좌표는 50에 있어야 한다. 진보적 시각으로 보는 진실이 더 중요하다면 정책좌표는 50 이하에 있어야 하고, 보수적 시각으로 보는 진실이 비중이 높다면 50 이상에 있어야 한다.

뜨거운 가슴이 먼저인가, 냉철한 머리가 먼저인가

이제 독자에게 각자가 생각하는 정책좌표를 생각하는데 도움을 주기 위해 얼마 전에 있었던 학생들과의 특별한 만남을 소개하고자 한다. 필자는 평소에 대학생들과의 대화를 중시하여 빈번하게 강연활동을 펼쳐왔지만, 그날의 청중은 예외적으로 소수의 운동권 학생들이었다. 학생들은 필자가 호소력이 강한 강의를 한다는 소문을 들었는지 한번 들어보자는 취지에서 초청을 했고, 필자는 기꺼이 응했다. 모 대학교 강의실을 빌어 개최된 이날의 대화를 위해 필자가 강의실로 들어가는 순간, 살벌한 기운이 넘쳤다. 학생들의 적대적인 눈초리는 "당신 같은 골통보수가 과연 우리를 설득할 수 있는지 두고 봅시다"라고 말하고 있었다. 국방 전문가라는 사실 만으로 골통보수로 내몰린 적이 한 두 번이 아니었기에, 그런 느낌을 받았는지도 모른다. 강의 제목은 '북핵의 두 얼굴'이었다.

열강을 시작했다. "여러분은 북핵을 예쁜 존재로 생각하는가, 미운 존재 로 생각하는가"라는 질문을 던졌다. 북한, 미국, NPT 체제의 이중성을 차례대로 설명했다. 그리고는 두 개의 안경이 필요하다는 논리를 펼쳐나갔다. 학생들의 눈길은 많이 부드러워졌다. "보수 전문가라고 해서 일방적으로 미국 편만 들고 북한을 때려잡자고 할 줄 알았는데 그게 아니네요"라고 말하는 것 같았다. A시각으로 보는 진실, 즉 북한이 가진 동족의 얼굴, 미국이 보여주는 패권적 행태, NPT의 불평등성 등을 설명할 때에는 응원하는 시선을 보내주기도 했다. 양 시각을 모두 설명한 후 두 개의 안경을 써야 한다고 목소리를 높였을 때, 꽤 수긍하는 분위기였다. 그러나 이어서 두 개의 안경만으로는 국가정책을 논하기에 부족하다며 무게중심을 찾아 정책 기조를 삼아야 한다고 하자 학생들의 표정은 다시 굳어졌다. 학생 한 명이 손을 번쩍 들었다. "김 박사님의 좌표는 어디에 있습니까. 결론부터 말씀하시고 나머지 강의를 하시죠." 정체성부터 먼저 밝히라는 요구였다. 필자는 그렇게 하겠다고 했고, 망설임 없이 바로 말을 이어갔다.

"이 결론은 지난 20여 년 동안 일천 여 편의 글을 생산하면서 고심을 거듭한 끝에 최종적으로 정리한 것임을 미리 밝힌

다. 하루아침에 뚝딱 내린 결론이 아니라는 뜻이다. 나의 가슴
이 지향하는 정책좌표는 스펙트럼 선상의 30~40에 있다. 이
게 무슨 뜻인가. 나 역시 여러분들 못지않게 뜨거운 가슴을 가
진 한국 사람이라는 뜻이다. 나 역시 민족이 통일을 이루지 못
하고 대치하는 분단현실에 눈물을 흘리며, 미국에서 핵전략을
공부하던 시절 약소국의 서러움에 젖어 밤잠을 설쳤던 사람이
라는 뜻이다. 여러분이 약소국의 서러움을 알면 얼마나 아느
냐. 여러분 중에 나처럼 불평등한 NPT 체제에 속박당해야 하
는 한국의 처지를 생각하면서 통곡했던 사람이 있느냐. 여러
분만 민족을 사랑하고 통일을 열망하고, 여러분만 동족애를
가진 한민족의 후예인줄 아느냐. 나이가 든 사람들은 모두 수
구골통인 줄 아느냐. 안보국방을 전공하는 전문가들은 매일
밥 먹고 북한을 쳐 죽일 생각만 하는 줄 아느냐… (중략)”

　필자가 목소리를 높이자 분위기는 무거워졌다. “그러나 나
의 냉철한 머리가 가리키는 정책좌표는 60~70에 있다. 이것
은 무슨 뜻인가. 내가 대북정책을 결정하는 자리에 있다면 나
의 정책기조는 결코 좌편향이 되지 않는다는 의미다. 이유는
우리가 처한 현실에 있다. A안경으로 본 진실과 B안경으로 본
진실은 분명히 중요도나 시급성에서 있어 차이가 있다. 북한
을 동족으로 인정하고 포용하려고 노력하는 것은 통일의 그날
까지 지속되어야 할 민족적 과제이지만, 그러기 위해서는 먼
저 우리가 안전해야 하고 북한을 도울 수 있는 위치를 유지해
야 한다. 북한을 동족으로 인정하는 것보다는 북한의 위협으

로부터 내 국민 내 가족을 지키는 것이 우선인 것이다 …

미국을 바라보는 시각도 그렇다. A안경으로 본 미국, 즉 오만한 패권국으로서의 미국의 얼굴을 주제로 삼아 얼마든지 우수한 논문을 쓸 수가 있지만, 실제 정책에서는 B안경을 통해 보는 진실이 더 중요하다. 미국의 힘과 동맹관계를 우리의 생존과 번영에 도움이 되도록 활용해야 하는 것이 우선이기 때문이다. 동맹을 통해 국방비를 아껴서 경제개발에 투자하는 것이 미국을 제국주의로 몰아붙이고 반미정책을 펴는 것보다는 국익에 이롭다는 뜻이다 …"

현재 우리나라 주식시장에서 외국자본이 차지하는 비율은 30%에 달한다. 한미동맹이 가져다주는 안정감이 없다면 외국인들이 우리 주식시장에 투자할 것 같은가. 미국의 국방비는 우리돈으로 약 720조원인데 한반도에서 전쟁이 일어나면 미국 군사력의 상당부분이 한국으로 오게 되어있다. 돈으로 치면 수백조원에 해당하는 가치일 것이다. 2012년 한국의 국방비는 33조원인데 복지예산의 ⅓에 지나지 않는다. 한미동맹이 없다면 이 정도 국방비로는 어림도 없을 것이다. 북한군의 복무기간은 최소 8년이지만 우리는 21개월이다. 한미동맹이 없다면 우리의 젊은이들은 훨씬 더 긴 세월동안 군복무를 해야 할 것이다.

"미국의 패권적 측면에 대한 평가도 세계역사 속에서 객관적으로 이루어져야 한다. 예로부터 힘을 가진 나라치고 패권을 행사하지 않은 경우는 없다. 고대 아테네가 그랬고, 나폴레

옹의 프랑스도 힘과 오만으로 세상을 호령했다. '해가 지지 않는 나라'를 건설했던 영국 전성시대(Pax Britanica) 동안 영국도 힘으로 세계를 지배하지 않았느냐. 근세 식민시대 동안 유럽의 강국들은 아프리카를 종단 또는 횡단하면서 대륙전체를 식민지로 만들고 단물을 빨아먹지 않았던가. 여기에 비하면 지금의 팍스 아메리카나 시대에서의 미국의 행동은 상대적으로 점잖은 것이다. 더욱이, 한국에게 있어 미국은 식민강국이나 패권국으로 다가온 것이 아니라 희생을 무릅쓰고 우리가 공산주의 치하에 들어가는 것을 막아주고 민주주의와 시장경제를 전파하는 역할을 담당하지 않았느냐 …"

"솔직히 말해, 어느 나라든 힘을 가지면 으쓱대기 마련이다. 우리도 다르지 않다. 내가 한국인이 아니면서 이런 소리를 하면 벼락이라도 맞겠지만, 내 스스로 신토불이 한국인이기에 당당하게 말하겠다. 한국이 왕두목인 팍스 코리아나(Pax Koreana) 시대가 온다면 우리는 어떻게 할 것 같은가. 과거 유럽열강이나 미국과 크게 다를 것 같은가. 일자리를 찾아 한국에 온 조선족이나 동남아 국민들을 멸시하는 우리가 아닌가. 국민성도 그렇다. 한국인은 명예욕, 금욕, 건강욕 등이 유별나다. 한국 사람들은 출세를 시켜준다면 돈 보따리를 들고 온다. 국회의원 선거에서 공천헌금 잡음이 끊이지 않는 이유가 무엇인가. 돈을 버는 일이라면 하지 않는 일이 없고 정력에 좋다면 못 먹는 것이 없다. 한국인 관광단이 방콕 공항에 도착하면 태국의 곰들은 발바닥을 감추어야 한다. 태초에 에덴동

산이 한국에 있었다면 인류는 원죄를 저지르지 않았을 것이다. 뱀은 아담과 하와에게 선악과를 따먹으로고 유혹할 겨를도 없이 잡혀 먹혔을 것이다. 우리가 최강국이 된다면 도덕군자와 같은 대외정책을 펼칠 것 같은가 …"

"NPT도 마찬가지이다. 학생들이 논문을 통해 NT의 불평등성을 조명하고 분석하는 것은 학술발전을 위해 필요하다. 하지만 자원도 땅도 없는 한국이 NPT를 제국주의적 장치로 몰아붙이는 정책을 펼쳐서 얻을 것이 무엇인가. NPT에 가입한 190개 나라들은 모두 바보천치들인가. 독일이나 일본이 돈이 없거나 자존심이 없어 NPT에 가입하여 비핵국으로 살고 있는가. 그들도 NPT의 차별성을 알지만, 다른 두 가지 요인을 고려하여 가입한 것이다. 첫째는 NPT가 가진 천사의 얼굴이다. 핵무기의 수평적 확산을 억제하는 것이 세계는 물론 자신들의 안전에도 유익하다고 판단하는 것이다. 둘째는 국제사회의 수직적 서열을 인정한 것이다. NPT는 조폭의 질서와도 같고 미국이 명실공히 왕두목이다. 미국을 왕두목으로 인정하지 않으면 뭘 어떻게 하겠다는 것인가. 한국이 독일이나 일본보다 자존심을 더 내세워야 하는가. 더욱이 그 왕두목은 우리와 70년 지기 동맹국이 아닌가 …"

"요컨대, 북핵에는 일정부분 '예쁜' 부분이 있지만 현실적으로는 '미운' 부분이 더 많다. 서로 상쇄하고 나면 북핵은 결국 제거해야 할 대상으로 남는다. 북핵에 대한 위험한 낭만주의는 우리 현실에 맞지 않다. 이 결론에는 전문가로 살아온 지난

20년의 세월이 고스란히 담겨져 있다. A와 B를 모두 진실로 받아들이지만 대북정책의 무게중심이 A쪽에 있을 수는 없다. 나는 이것이 온건보수 기조라고 생각한다. 이것이 오늘 여러분이 초청한 나 김태우 박사의 정체성이다. 정책 하나하나를 보면 진보적인 것도 있어야 하고 보수적인 것도 있어야 하지만, 평균적으로는 온건보수, 온건우파 기조가 옳다고 본다는 뜻이다. 나의 가슴은 뜨겁지만 머리는 냉철하다는 뜻이다 …(중략)"

강의는 마감되고 있었고, 필자가 강의를 마무리하려고 하던 순간이었다. 또 한 학생이 손을 들었다. 회심의 일타를 준비한 표정이었다. "김 박사님께서는 미국이 한국전쟁에 참전한 것을 고맙게 생각하시는 것 같은데요. 미국의 참전은 공산주의 세력의 남하를 봉쇄하기 위한 것인데, 즉 결국 자신들의 국가목표와 국익을 위해 참전한 것인데, 왜 고마워해야 합니까?"

학생들은 필자가 어떻게 대답을 할지 매우 궁금하다는 눈초리를 보였다. 필자는 망설임 없이 답변을 시작했다.

"내가 봉쇄정책을 왜 모르겠는가. 학생의 말대로 미국은 자신의 국익을 위해 참전했다. 미국은 제2차 세계대전이 끝난 후 서유럽에 대해서도 그랬다. 세계대전을 두 번씩이나 일으킨 독일의 산업시설들을 밀어내버리고 거대한 농업국가로 만들어버리겠다는 '모겐소 플랜(Morgenthaw Plan)'이라는 것을 수립했다. 그러나 소련이 세력을 확대하는 것을 보면서 마샬 플랜(Marshal Plan)으로 바꾸었다. 즉, 대대적인 경제지원을 통

해 서유럽을 부흥시킨 것이다. 학생의 논리대로라면 서유럽은
감사할 필요가 없다는 것인가 …”

"학생의 주장대로라면 제자가 스승에게 감사해야 할 이유
도 없다. 우리는 백발이 된 초등학교 동창생들이 어린 시절 가
르침을 주었던 스승의 생존사실을 알고 그 스승을 모시고 은사
의 밤을 개최하는 것을 흔히 본다. 학생의 논리대로라면 그들
은 부질없는 짓을 하는 것이다. 선생님은 미리 제자들이 누구
인지를 알고 학교에 부임한 것이 아니라, 월급을 받아 신혼살
림을 차리기 위해 발령받은 대로 부임한 것이다. 그럼에도 그
선생님의 가르침이 제자들의 성장에 밑거름이 되었다면 당연
히 감사해야 하는 것 아닌가. 그것이 세상의 이치가 아닌가.”

"학생의 논리대로라면 부모에게 효도할 이유도 없다. 나나
여러분 모두는 부모로부터 태어났지만 부모가 현재의 모습과
인격을 가진 자식을 미리 작정하고 낳은 것은 아니지 않는가.
아버지와 어머니는 자신들이 서로 좋아서 결혼하여 가정을 꾸
렸고 자식은 그 과정에서 탄생했다. 그럼에도 자식이 부모에
게 효도해야 하는 것은 왜 그런가. 부모는 자식이 태어나는 순
간부터 강력한 모성애와 부성애를 가지고 양육하며 자식이 잘
되기를 간절히 바란다. 자식을 통해 대리만족을 느낀다. 그래서
자식은 고마운 생각을 가지고 부모를 공경해야 하는 것이다.”

"학생의 말대로 미군은 대공산권 봉쇄정책을 위해 파병된
것이 맞다. 그럼에도 미국의 참전과 이후의 한미동맹이 한국
의 생존과 번영에 기여했다면 당연히 고맙게 생각해야 한다.

참전한 미군병사의 대부분이 한국에 어디에 있는 나라인지도 몰랐다. 하지만 한국전쟁에서 4만 명의 미군이 전사하면서 미국인들은 한국에 대한 애착을 키웠고, 동맹관계를 지속하면서 양국 간의 우정이 커진 것이 사실이지 않는가. 그래서 미국 사람들은 경제적으로 성공한 한국을 '쇼윈도'로 간주한다. 즉, 자신들의 개입정책이 낳은 성공모델로 간주한다. "보라, 우리가 도와준 한국이 오늘날 이렇게 성공하지 않았느냐"라고 자랑하고 싶어 한다. 그래서 수년전 반미시위가 벌어지고 학생들이 광화문 네거리에 성조기를 펴놓고 짓밟는 것을 보면서 백발의 한국전쟁 참전용사들이 배신감에 몸을 떨며 눈물을 흘렸다 … (중략)"

이후 더 이상의 질문은 없었다. 강의는 끝났고, 무거운 침묵 속에 학생들은 강의실을 떠나는 필자의 뒷모습을 지켜보았다.

집나간 동생이 먼저인가, 함께 사는 가족이 먼저인가

북한에게는 분명히 두 개의 얼굴이 있다. A안경으로 보이는 이상향의 북한이 있고, B안경으로 보이는 현실 속의 북한이 있다. 필자는 A시각과 B시각 사이에는 '3 대 7' 또는 '4 대 6'이라는 비중의 차이가 있는 것으로 판단한다. 그 이유를 재확인하기 위해, 촌수 따지기를 한번 해보자. 휴전선 넘어 북한이 집나간 동생과 같다면 국민은 함께 살고 있는 가족이다. 형제 지간은 2촌이지만, 부부는 무촌이고 부모자식은 1촌지간이다. 좋은 일이든 나쁜 일이든 누구와 먼저 나누어야 하는가. 당연히 무촌 간인 부부가 우선이며 그리고는 부모와 자식이다. 집 나간 형제는 그 다음이다.

집나간 형제가 일탈된 행동을 계속한다. 먹을 것도 없으면서도 돈만 생기면 노름이나 하고 하라는 공부는 뒷전이다. 형이 동생에게 돌아오라고 권하는 것이나 공부하라고 등록금을 대주고 전셋집을 얻어주고 싶은 것은 당연한 도리다. 그러나 동생은 돈을 주면 술을 먹고 들어와서 더 내놓으라고 협박한다. 집에 불을 지르겠다고 협박하고 돌멩이를 던진다. 내 자식들이 그 돌멩이에 맞아 피를 흘린다. 이런 동생도 거두는 것이 도리지만, 이보다는 내 가족이 돌멩이에 다치지 않도록 경계하는 것이 우선이 아닌가. 동생에게 돈을 주는 것도 좋지만, 내 배우자와 내 자식들이 굶주리지 않는 것이 먼저이지 않은가. 돈을 주더라도 나쁜 곳에 쓰지 않겠다는 약속을 받는 것이 순서이지 않은가. 동생이 내 가족에게 해코지를 하면 더러는 참기도 하겠지만 지나치면 혼을 내주어야 하지 않는가. 참기만 한다면 협박과 공갈을 일삼을 것이 아닌가.

다른 비유를 들어보자. 홍수가 나서 가족들이 떠내려가고 있다. 누구부터 먼저 구해야 하는가. 정상적인 사람이라면, 배우자, 자식, 부모, 그리고 그 다음이 형제가 아니겠는가. 쿨하게 생각해보자. 나와 내 가족을 위험하게 만들면서 일탈한 동생이 해달라는 대로 해주어야만 한다고 우기면 대책 없는 좌파적 이상주의가 되고 만다. 동생을 걱정하면서도 우선 내 가족부터 챙기면 합리적이고 온건한 우파적 현실주의가 된다. 아예 핏줄의 연을 끊어버리자고 하면 피도 눈물도 없는 골통극우가 되어버린다. 필자의 쿨한 머리가 가리키는 장책좌표가 60~70에 있다는 것은 우리의 대북정책이 '합리적 현실주의' 노선을 지향해야 함을 말하는 것이다.

좌파적 망상과 우파적 착각

중국의 고대 정치사에는 양대 공담가(空談家)가 있었다. 한 사람은 서진시대의 왕연(王衍)이었고 다른 한 사람은 동진시대의 은호(殷浩)였다. 이들은 모든 것을 자신의 좁은 식견을 가지고 아전인수 격으로 진단하고 허무맹랑한 주장을 늘어놓기가 일쑤였다. 사람들은 이들이 말하는 괴이쩍고 놀라운 소리를 '돌돌괴사(咄咄怪事)'라고 불렀다. 한국에서도 다양한 돌돌괴사들이 많이 등장했다. 이 순간에도 좌파적 망상, 무식형 망상, 우파적 궤변, 순진무구형 이상론 등이 우리 곁을 떠돌아다니고 있다.

경제력이 없는 북한은 더 이상 안보위협이 아니다?

남북한 군사력 비교와 관련한 통계수치들을 보고 있노라면 우려와 안도를 반복하게 된다. 군사력의 규모를 비교해보면 일단 우려가 앞선다. 한국이 65만 명의 상비군에 300만 명이 못되는 예비군을 가진대 비해 북한은 120만 명의 상비군에 770만 명의 예비군을 가지고 있다. 전차(약 4,000 대 2,300), 야포(약 9,000 대 5,000), 해군함정(약 800 대 180), 전투기(약 900 대 500) 등 주요 무기부분에서 북한이 월등하게 큰 규모의 군사력을 가지고 있다. 그러나 군사력의 질이라는 측면을 보면 안도할 수 있는 부분이 많다. 한국의 우세한 산업력과 기술력은 군사장비의 질적 우세를 담보한다. 즉, 한국군의 질적 우세가 북한군의 양적 우세를 상당부분 상쇄하고 있다고 봐도 무방하다.

국력을 나타내는 통계들을 보면 안도를 넘어 착각에 빠지기 쉽다. 2011년 한국의 국가총소득(GDP)은 1,240.5조원으로 북한의 38.2배이며 일인당 소득도 18.7배에 이른다. 2010년 수치를 근거로 할 때 무역규모 202배, 자동차 생산량 873배, 조강 생산량 39배, 쌀 생산량 2.6배, 수산물 생산량 4.8배, 도로 총연장 4.1배, 항만하역능력 21.6배, 선박 보유 톤수는 16.6배, 발전설비용량 10.6배, 발전량 18.5배, 원유도입량 220배 등으로 북한은 한국의 상대가 되지 않는다. 이 수치들을 보면서 한국의 젊은이들은 "최빈국 북한은 더 이상 위협이 되지 않는다"라는 결론을 내리곤 한다. 하지만 무책임한 희망사항일 뿐이다.

먼저, 전시경제와 평시경제의 차이를 고려해보라. 한국의 GDP는 무역과 소통이 정상적으로 이루어지는 조건 하에서 창출된 것이다. 무역과 물류에 크게 의존하는 한국경제의 특성상 전시상태가 되어 교통이 마비되고 유조선이 들어오지 못하는 가운데 산업체의 정상가동이 중단된다면, 한국경제는 급격히 오그라들 것이다. 반면, 북한의 경우 평시경제와 전시경제는 그게 그거다. GDP가 38배라고 해서 전시경제도 그만큼 클 것으로 생각한다면 큰 착각이다.

남북간 국방비 격차도 과장되어 있다. 북한은 대외적으로 발표하는 수치와 무관하게 실질적으로는 GDP의 30%를 국방비에 투입하고 있는데, 한국은 GDP의 3% 미만을 국방비로 사용한다. 국방비를 늘리는 것은 정치적으로 민감하여 어느 정부도 엄두내지 못한다. 이런 계산에 의하면 북한의 국방비는 대개 한국 국방비의 1/4 수준인 것으로 추정된다. 즉, 경제력이 38배라고 해서 국방비가 그만큼 차이가 나는 것은 아니며, 전시경제가 되면 격차는 크게 줄어든다. 구매력을 대입하면 격차는 더욱 줄어든다. 한국이 공군기지 하나를 건설한다면 막대한 토지수용비에다 건설비용이 필요하지만, 북한은 전체가 국유지인데다 군대를 동원하면 노임이 들어가지 않는다.

여기에다가 북한이 누리고 있는 각종 비대칭 군사력을 대입하면 안도는 일순간 사라지고 만다. 북한의 군사력에는 비대칭적으로 남한을 위협할 수 있는 분야가 많은데, 예를 들어 특수부대, 야포, 잠수함, 사이버, 무형전력, 정치체제의 차이 등이다. 사이버 공간을 예로 들어 보자. 북한의 사이버 공격은 전시에는 한국군의 지휘통제(C4I) 체계를 마비시켜 작전을 불가능하게 만들 수 있고, 평시에도 한국사회를 혼란에 빠뜨릴 수 있으며, 남한의 인터넷 공간에 악플을 퍼뜨려 여론을 왜곡할 수 있다. 미국은 2010년 국방검토보고서(QDR)에서 사이버 공간을 육지, 해상, 공중, 그리고 우주에 이은 '제5의 전장(戰場)'으로 추가했다. IT 강국으로서 사이버망이 발달된 남한에는 북한 해커부대들이 목표로 삼을 수 있는 대상이 수두룩하여 '물반 고기반'이다. 이에 비해 한국의 해커들에게는 상응하는 목표가 거의 없다. 그래서 사이버 위협은 남한이 일방적으로 당할 수밖에 없는 전형적인 비대칭 위협이다. 사이버 전쟁은 이미 진행 중이다. 2010년 한국의 전산망들은 북한의 DDos 공격으로 피해를 당했다. 지금 이 순간에도 북한은 한국을 향해 매일 수만 건의 사이버 공격을 자행하고 있으며, 걸핏하면 GPS 교란신호를 발사한다.

북한의 특수부대는 대단히 위협적이다. 특수부대란 경보병 부대, 공정부대, 정찰부대, 양륙전부대, 해상저격여단, 공군 저격여단 등 비정규전을 위해 특별히 양성한 부대를 총칭하는 것으로 20만 명이라는 규모는 세계 최대이다. 한국군도 육군 특전여단, 수색정찰대, 해군 UDT-SEAL 부대 등 특수부대를 가지고 있지만 다 합쳐도 3만 명에 지나지 않는다. 특수부대는 위장복을 입고 침투하여 후방을 혼란에 빠뜨리거나 요인 납치 및 암살, 국가 산업시설 파괴, 지휘소·비행장·항만·미사일 기지 파괴, 군부대 습격 등의 파괴공작을 수행하면서 제2전선 을 만들어낸다. 북한은 특수부대가 사용할 수 있는 해상침투

용 고속침투정, 상륙정, 공기부양정, 기습공격용 소형 잠수함,
공중침투용 AN-2 경비행기 등을 대량으로 보유하고 있다.

　무형전력도 비대칭적이다. 북한군이 8~10년을 복무하고
매일 사상교육을 받아 높은 숙련도와 철저한 정신무장을 하고
있는데 비해, 남한의 병사들은 2년 미만의 짧은 기간을 복무하
여 숙련도가 낮은데다 정신전력 또한 북한군을 따라잡지 못한
다. 경제적 풍요와 개인주의적 성향이 한 이유가 되고 있으나,
중고 교육과정에서 대한민국의 정체성을 부인하는 현대사를
가르치는 일부 교사들이 나쁜 영향을 끼친 부분도 부인하기 어
렵다. 이로 인해 일부 학생들은 북한의 두 얼굴을 동시에 직시
하는 능력을 상실하고 있다. 대당 가격이 90억 원을 넘는 한국
군의 K-2 전차가 아무리 우수해도 전차를 모는 병사가 미숙련
병에다 정신자세마저 흐릿하다면 허름한 군복을 입었지만 숙
련된 북한병사가 모는 천리마 전차를 이기지 못한다. 값비싼
군사장비란 누가 운용하느냐에 따라 막강한 국방력이 되기도
하고 고철이 되기도 한다.

　정치체제의 차이도 비대칭 위협이다. 한국은 이상한 사람
이 이상한 옷을 입고 다녀도 시비하는 사람이 없고, 야산에 올
라가 군부대를 향해 사진을 찍어도 신고하는 사람이 없는 나라
다. 초등학생들까지 휴대폰 카메라를 들이대고 다니는데, 이
상할 것이 뭐가 있겠는가. 여론방에 들어가서 정부를 비난하
든, 군사정보를 카페에 올리든 아무런 문제가 없다. 간첩에게
는 천국이나 다름없다. 북한은 어떤가. 자국민도 마음대로 다

니지 못하는 나라, 이상한 거동을 하면 곧바로 신고가 되는 나라, 군사정보를 안방까지 실어다 주는 인터넷도 언론도 없는 나라가 아닌가. 우리가 누리는 자유민주주의를 포기하자는 말이 아니다. 자유를 누리기 위해 어떤 안보비용을 물어야 하는지를 의식하는 성숙함은 가져야 한다는 뜻이다.

남북한 군사전략의 차이에서 비롯되는 비대칭 위협도 많다. 북한의 대남 군사전략은 공세적·침투적이지만 우리의 대북 군사전략은 방어적·수세적이다. 남한은 먼저 전쟁을 도발할 수 없는 나라이며, 북한은 이 점을 악용하고 있다. 해군력을 보더라도 그렇다. 남한은 영해와 무역로를 지키고 국제적 임무를 위해 수상함(水上艦)들을 많이 가지고 있지만, 북한은 한국을 기습하는데 유용한 소형 잠수함들을 많이 보유하고 있다. 이런 상태에서 북한은 공자(攻者)의 유리점을 누린다. 공자는 공격의 시기, 장소, 방법 등을 마음대로 결정할 수 있지만, 방자(防者)는 항시 모든 가능성에 대비해야 하므로 불리점이 많다. 천안함 공격은 공자의 장점을 최대한 활용하여 미리 예행연습까지 마치고 저지른 파렴치한 도발이었다. 이런 도발을 모두 차단하는 것은 불가능하다. 그것이 방어의 한계이다.

휴전선에 배치된 북한군의 야포도 비대칭 위협이다. 시간당 수십만 발의 포탄을 남쪽으로 쏟아낼 수 있는 수천문의 야포는 전쟁이 일어나면 곧바로 우리 측에 막대한 피해를 끼칠 수 있다. 그들의 말대로 서울은 '불바다'가 될 수 있다. 무차별 포격을 마다 않는 북한군에게 있어 발전된 남한 전체가 표적이다. 하지만 우리 야포에게 평양은 너무 멀고 민간인 지역을 표적으로 삼지 못하는 우리군은 북한만큼 많은 야포를 배치할 수 없다. 값비싼 포탄들을 소나무나 바위를 향해 쏠 수는 없지 않는가. 북한이 전쟁을 도발하여 일제히 야포공격을 가하면, 전쟁을 먼저 도발할 수 없는 우리는 일단 얻어맞아야 하는 운명에 있다. 남북 간 야포력의 비대칭성은 경제개발의 격차와 지리지형적 조건 그리고 군사전략의 차이가 강요하는 구조적인 것이다.

그럼에도 지금까지는 예고편에 지나지 않는다. 비대칭 군사력의 요체는 역시 대량살상무기이며, 그 중에서도 핵심은 핵이다. 북한은 남한 전역을 타격할 수 있는 미사일들을 배치하고 있다. 여기에 핵무기나 화학무기나 또는 생물학무기를 장착하여 공격한다면 피해는 예측할 수 없을 정도로 크고 무차별적일 것이다. 이론적으로 말한다면, 핵무기를 가진 북한과 가지지 않은 남한 간에는 굴종만 존재할 뿐 전쟁이란 상상할 수 없다. 남북한 군사력을 비교할 때 대량살상무기를 대입해버리면 한국군의 질적 우위나 경제력 우세는 일순간 의미가 없어진다.

이상의 분석을 토대로 몇 가지 결론이 가능하다. 첫째, 북한의 열악한 경제사정과 침투위주의 군사력을 감안할 때, 북한이 장기 전면전을 수행할 능력에는 한계가 있는 것으로 볼 수 있다. 그럼에도 북한의 병력규모, 미사일 전력, 야포전력,

속전속결식 군사전략 등을 종합할 때, 단기적으로 기습하여 치명적인 피해를 입힐 능력을 가지고 있다. 서울에 대한 공격으로 한국경제를 불구로 만들 수 있는 단기제한전(短期制限戰) 능력은 1급 경계대상이다. 둘째, 천안함 피격과 연평도 포격에서 보듯 특정 지역에 대한 북한의 국지도발 능력은 수준급이다. 한국에게 있어 강도(强度)면에서는 전면전 위협이 여전히 최대의 위협이지만, 빈도(頻度)면에 있어서는 국지도발이 최대의 위협인 것이다. 여기에 더하여, 북한은 막강한 비대칭 능력으로 협박을 가하고 한국 정부와 국민을 심리적으로 위축시킬 수 있다. 이런 안보현실을 무시하고 "가난한 북한이 어찌 안보위협이 되겠는가"라고 한다면, 북한을 A안경만으로 보는 사람들이거나 안보지식이 부족한 사람들이다.

북핵은 조잡한 수준이어서 별것이 아니다?

북핵과 관련한 최대의 돌돌괴사는 "북한이 핵무기를 가지고 있다고 해도 조잡한 수준일 것이므로 걱정할 것이 없다"라는 것이다. 언젠가 필자가 모 대학에서 학생들에게 핵무기의 위력에 대해 설명하고 있을 때였다. "핵무기는 일단 사용되면 폭풍파, 열파, 방사선파, 전자자기파(EMP), 낙진, 원자병 등을 통해 여섯 차례에 걸쳐 살상효과를 발휘한다"는 말로 설명을 시작하고 있었다. 폭풍은 일정한 반경 내의 모든 것을 날려버리는 괴력을 발휘한다고 설명했다. 그 때 한 학생이 "김 박사님, 눈 깜박할 사이에 죽겠네요"라고 맞장구를 쳤다. 필자의 대답은 이러했다. "핵폭발이 초기 에너지의 절반 정도가 폭풍파(blast wave)로 발산되는데, 이것으로 일정반경 이내의 모든 것은 사라진다. 수십만 분의 일초 사이에 수십조 칼로리의 에너지가 방출되는 상황에서 눈을 깜박거린다고 말하는 자체가 핵무기에 대한 예의(?)가 아니다 …"

폭풍파에 이어 엄습하는 열파(heat wave)는 불바다를 만들어 모든 것을 태워버리며, 감마선은 엄폐되지 않은 생명체를 살상한다. 나가사키 핵탄과 비슷한 20킬로톤짜리 핵무기가 540m 정도의 상공에서 폭발한다면 4.8㎞반경 이내의 사물들은 폭풍으로 파괴되고, 4.2㎞에 있는 생물들은 1도 이상의 화상을 입으며, 1.8㎞ 이내 지역에 치사량의 방사선이 방출된다. 요즘 발달된 시뮬레이션 기술은 이런 계산을 해내는데 어려움이 없다.

사방팔방으로 발산되는 전자자기파(EMP)는 문명기반을 송두리째 파괴한다. EMP는 직접 사람을 죽이지 않지만 컴퓨터 회로를 망가뜨리므로 냉장고에서 인공위성에 이르는 문명의 이기들이 작동을 멈춘다. 핵폭탄의 폭발고도가 높을수록 EMP 피해범위가 커지는데, 20㎞ 이상의 고공에서 핵폭발이 발생할 경우 반경 1,500㎞이내 전자장비들에게 피해를 끼친다. 남한 상공에 10킬로톤짜리 소형 핵폭탄 하나만 터져도 모든 통신망과 전산망이 마비될 수 있다는 얘기다. 전산망이 마비되면 행정업무, 은행업무, 병원업무 등이 중단되며, 호텔예약도 비행기 운행도 불가능해진다. 수술을 기다리던 환자들은 수술을 받지 못해 사망하고, 식량창고의 온도조절 기능이 멈추고 농기계들이 멈추면서 기아사태가 발생할 것이며, 컴퓨터 회로를 사용하는 모든 문명의 수단들이 작동을 멈추면서 경제는 망가진다. 그래서 전문가들은 EMP를 '문명파괴' 수단이라고 부른다. 히로시마와 나가사키 때에는 EMP에 대해 아는 사람이 없었다. 전자부품이 사용되지 않던 시절이었기 때문이다.

그게 모두가 아니다. 핵폭발은 방사능 오염물질과 분진이 뒤섞인 거대한 먼지구름을 발생시키는데 이것이 낙진이다. 낙진은 풍향이나 기후조건에 따라 방향을 바꾸면서 떨어진다. 아래에 존재하는 모든 것에 죽음의 그림자를 드리운다. 큰 핵폭발로 낙진의 양이 많고 오래 체공하게 되면 햇볕을 차단하여 소위 '핵겨울'이라는 것이 온다. 원자병은 그 이후에 다가오는 또 하나의 죽음의 그림자이다. 핵폭발 당시 먼 거리에 있었기 때문에 당장 피해를 입지 않은 사람들 중 상당수를 죽거나 다치게 하며, 불치의 백혈병, 피부암, 불임증 등으로 신음하게 만든다.

히로시마와 나가사키에 떨어진 두 발의 원폭은 20만 명을 죽인 후에도 많은 사람들을 원자병에 시달리게 했지만, 죄 없이 피폭당한 한국인들의 이야기는 아직도 우리들의 귓가에 머물고 있다. 패전의 잿더미 속에서도 일본정부는 신속하게 일본인 사망자들을 기리고 유족들을 챙겼다. 1957년에는 「원폭의

료법」을 제정하여 피해자들에게 의료혜택을 부여했고, 1968년에는 「피폭자특별조치법」을 제정하여 생계지원까지 나섰다. 한국인은 대상이 아니었다. 비명에 간 4만여 명의 한국인에게는 원혼을 달래줄 이도 없었다. 한국인들은 피폭사실을 증명해줄 가족이나 친척이 없어 '피폭자 수첩'을 교부받지 못했다. 어렵사리 조국으로 돌아온 사람들도 비참하기는 마찬가지였다. 원자병으로 노동력을 상실한 사람, 뒤틀린 육체에 좌절감을 느끼고 자살하는 사람, 불임증으로 결혼을 포기한 여인 등 피맺힌 사연들은 끝없이 이어졌다. 1967년 일본에 재입국하여 피폭자 수첩을 요구하면서 재판을 벌였던 손진두 씨나 1975년 "나의 시체를 일본 대사관 앞에 두어 일본정부를 세계의 웃음거리가 되게 하라"는 유서를 남기고 목숨을 끊은 이남수 씨의 이야기는 새털같이 많은 슬픈 사연들의 편린일 뿐이다.

1945년 히로시마를 강타한 핵폭탄 '꼬막소년(Little Boy)'의 경우 64kg의 고농축 우라늄 중에서 분열반응을 일으킨 것은 1.38%인 0.8kg에 지나지 않으며, 나가사키에 투하된 '뚱보(Fat Man)'의 경우 6.3kg의 플루토늄 중에서 18.5%인 1.18kg만이 분열반응을 일으켰다. 그럼에도 각각 12.5 킬로톤 및 21 킬로톤이라는 폭발력으로 20만 명을 즉사시키고 일본의 무조건 항복을 받아냈다. 히로시마탄과 나가사키탄을 두고 '별것이 아닌 핵폭탄'으로 부른다면 정신이 나간 사람일 것이다. 히로시마급 핵폭탄은 오늘날 핵무기에 비하면 장난감에 지나지 않는 초보적인 규모이지만, 협소한 한반도 공간에서 사용되면 엄청난 피해를 가져온다. 시뮬레이션을 해보면 서울에 히로시마급 핵탄 하나만 터져도 30일 이내에 50만 명이 죽고 이후에도 죽음의 행진은 지속되며, 수도권의 상당부분이 죽음의 땅으로 바뀌는 것으로 나타난다. 그럼에도 한국에는 핵무기에 대해 잘 알지 못하면서 핵무기의 위험성을 경시하는 발언을 하는 사람들이 적지 않다.

사정거리 1,000㎞ 미사일은 남한에 떨어지지 않는다?

노동 미사일은 사정거리 1,000km의 탄도미사일로 북한이 보유한 대표적인 미사일이다. 1993년 5월 북한이 노동미사일을 실험 발사했을 때의 일이다. 도쿄까지 날아갈 수 있다는 이유로 일본 열도가 발칵 뒤집혔다. 방위청 장관이 텔레비전에 나와 지도를 보이면서 위험성을 설파했다. 이때 한국의 대학가에서는 허무맹랑한 돌돌괴사가 나돌았다. 사정거리가 한반도를 넘는 것이므로 남한에는 떨어지지 않는다는 것이었다.

미사일은 날아가는 방식에 따라 유도미사일과 탄도미사일로 구분된다. 유도미사일은 궤도를 수정하면서 정확하게 목표로 날아가는 순항능력을 가진 미사일로 각종 유도장치들이 부착되어 있다. 탄도미사일에 비해 속도는 느리지만 정확도는 우수하다. 북한이 2003년 이후에 보유하고 있는 것으로 알려진 KN-01은 사정거리 100km의 지대함 순항미사일로 고체연료를 사용하고 이동발사대에서 발사할 수 있어 기동성이 뛰어나다. 우리 해군에게 큰 위협이다. 우리 해군이 가진 하푼 미사일(사거리 110km)이나 우리 기업이 개발한 해성 미사일(사거리 150km)도 전형적인 함대함 유도미사일이다. 이들 모두는 레이더 호밍, 관성항법장치, GPS 등 다양한 유도체계에 의해 날아가는 유도미사일들이다.

탄도미사일이란 폭탄을 실은 로켓이다. 쏘아올리는 추력과 발사각도에 따라 떨어지는 지점이 결정된다. 요즘의 탄도미사일들은 정확도를 높이기 위해 궤도를 통제하는 장치들을 달고 있지만, 탄도미사일은 기본적으로 힘차게 쏘아올린 후 자유낙하면서 목표물을 향해 떨어지는 미사일이다. 정확도는 떨어지지만 속도가 빠르고 덩치가 크기 때문에 광범위한 지역을 위협한다. 통상 액체연료를 사용하며, 연료를 주입해야 발사할 수 있으므로 기동성은 떨어진다. 탄도미사일은 한번 발사대를 떠나면 되돌아오지 못하는 무기이기 때문에 위협용으로 적합한 '막가파' 무기다. 북한이 가지고 있어나 개발 중인 탄도미사일로는 노동 미사일 이외에도 SCUD-B(사정거리 300㎞), SCUD-C (500㎞), SCUD-D(700㎞), 대포동 1호(2,000㎞ 이상), 무수단 (3~4,000㎞), 대포동 2호(5~6,000㎞ 추정) 등이 있다. 한국 전역을 타격대상으로 삼을 수 있는 SCUD-C급 이상의 미사일만도 1,000기가 넘는다.

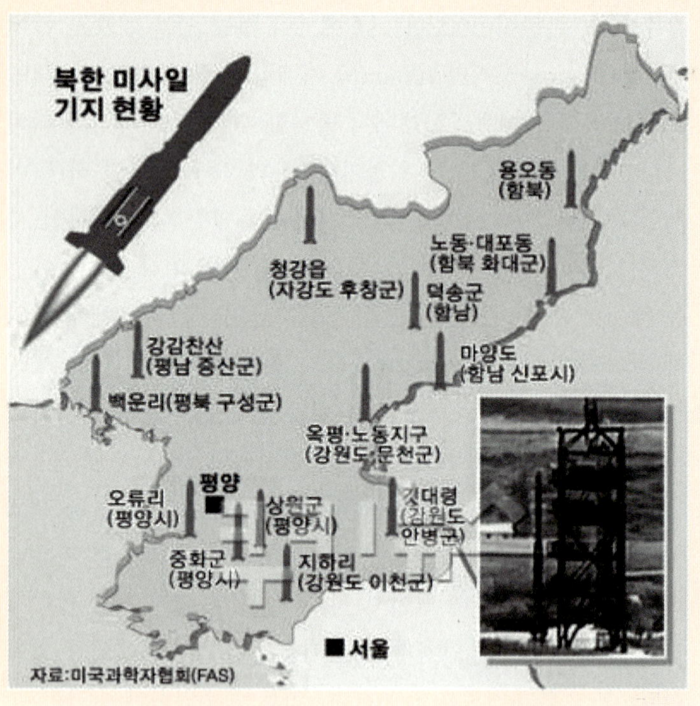

　　탄도미사일의 사정거리가 1,000km라는 것은 1,000km 이내에 있는 모든 목표물을 타격할 수 있다는 뜻이며, 짧은 거리를 쏘기 위해서는 발사 각도를 높이거나 탄두중량을 늘이면 된다. 탄도미사일을 수직으로 발사한 뒤 그 자리에 가만히 기다리고 있으면 가장 독특한 자살방법이 된다. 높게 발사된 탄도미사일은 더 높은 위치에서 더 빠르게 낙하한다. 함경북도에서 대포동 1호급 미사일이 발사되면 마하 7~8의 속도로 4분 만에 서울상공에 도착하여 마하 13배의 속도로 내려 꽂힌다. "사거리 1,000km 미사일은 한국에 떨어지지 않는다"라는 주장은 중학교에서 배우는 물리 상식만 알고 있어도 하지 않을 돌돌괴사에 속한다. 아직도 한국에는 북핵 문제나 미사일 문제에 관해 정확하게 알지도 못하면서 막연한 지레짐작만으로 '카더라' 방송에 박자를 맞추는 천둥벌거숭이들이 적지 않다. "KTX를 탈 때 특실을 타면 더 빨리 간다고 카더라", "몽고반점이란 우리 동네에 있는 중국음식점 이름이다" 등과 같은 부류의 턱도 없는 무식형 망상이다.

북한의 '광명성 3호' 발사는 합법적인 우주개발 활동이다?

북한은 2012년에 들어서면서 장거리미사일 발사를 강행하여 또 한번 세상을 시끄럽게 만들었다. 2012년 초는 김정일 국방위원장의 사망 이후 김정은 정권이 권력승계 절차를 밟던 시기이기도 하지만 김정일 위원장이 살아있을 때부터 공언해온 '강성대국의 원년'에 해당하는 해였다. 북한은 고 김일성 주석의 10회 생일인 태양절(4월15일)을 축하하는 대규모 행사들을 준비하고 있었고, 이 때에 맞추어 "은하3호 로켓으로 지구관측용 인공위성인 광명성 3호를 쏘아올리겠다"고 발표했다. 중국까지 나서 만류했지만 북한은 듣지 않았고, 4월 13일 기어이 로

2012년 4월 15일 북한군의 열병식

켓을 발사했다. 북한이 '우주개발'을 주장하면서 장거리 미사일을 발사한 경우는 1998년과 2009년에도 있었지만, 이번의 발사는 로켓이 2분 만에 공중 폭발하는 바람에 실패로 끝났다. 국제사회는 또 한 차례 시끄러웠고, 유엔 안보리는 사흘만인 4월 16일 로켓발사를 규탄하는 의장성명을 발표했다. 이러한 상황에 대해 일부 젊은이들은 "우주개발은 모든 주권국의 권리라는 북한의 주장이 맞는 것이 아니냐", "다른 나라들도 위성을 지구궤도에 올리기 위해 로켓을 쏘는데 왜 북한만 문제인가"라고 묻고 있다.

이 질문에 답하기 위해서는 우선 군사용 미사일 기술과 우주개발용 로켓 기술이 동일하다는 사실을 알아야 한다. 동일한 추진체에 폭탄을 달면 미사일이 되고 위성을 탑재하면 평화용 로켓이 된다. 예를 들어, 1960년대 미국도 동일한「아틀라스」로켓을 대륙간탄도탄에도 사용하고 위성발사 로켓으로도 사용했었다. 그리고는 외계조약(Outer Space Treaty)과 안보리 결의 1695호, 1718호, 1874호 등을 살펴봐야 한다. 외계조약은 우주공간을 평화적으로 이용하기로 약속한 것으로, 북한의 주장대로 당연히 모든 나라의 평화적 우주개발권을 인정한다. 그러나 이와 별개로 유엔안보리는 북한의 행동을 위험한 것으로 판단하고 1695호, 1718호, 1874호 등 세 개의 결의를 채택했다. 이것들은 북한이 미사일 발사와 핵실험을 강행한 2006년과 2009년에 통과된 것으로, 북한의 핵실험과 미사일 발사를 금지하고 있다. 가장 최근에 통과된 1874호는 매우 강력한 내용으로 북한에 대한 무기금수와 함께 탄도미사일 기술의 사용 자체를 금지하고 있다. 즉, 인공위성 발사용이 맞든 맞지 않든 로켓발사 자체를 금지하고 있다.

이러한 상황은 법이 모든 사람에게 자유롭게 다닐 권리를 인정하지만 죄를 지은 사람은 별도의 형법에 의해 형무소에 가야 하는 것과 같다. 또는 어린이 성폭행을 일삼는 사람에게 전자팔찌를 채우거나 어린이에게 접근하지 못하도록 하는 것과 같은 이치다. 외계조약이 일반법이라면 안보리 결의안은 특별법인 셈이다. 안보리가 국제법과 동일한 지위를 가지는 결의안을 통해 북한에게 이런 조치를 내린 것에는 이유가 있다. 국제사회는 국민이 굶주리는데 한번 쏘는데 10조 원씩이나 들어가는 위성발사용 로켓을 쏜다는 북한의 주장을 믿지 않음은 물론, '우주개발'을 빙자하여 장거리 미사일을 개발하고 있는 것으로 인정한다. 2009년 북한은 로켓을 발사한 후 "우리의 위성이 지구궤도를 돌면서 김일성 장군의 노래를 전송하고 있다"고 선전했지만, 미국의 북미방공사령부(NORAD)는 북한이 쏜 위성이 존재하지 않음을 확인했었다. 2012년 발사도 마찬가지이다. 북한이 김일성 주석의 100주년 생일에 맞추어 미사일 능력을 증명함으로써 정권의 불패성을 과시하려 한다는 점, 그리고 미국을 타격할 수 있는 장거리 미사일 능력을 보여줌으로써 향후 대미협상에서 유리한 고지를 선점하려고 한다는 것은 천하가 다 아는 사실이다. 특히, 한국에게 있어 북한의 미사일 개발은 직접적인 안보문제다. 요컨대, 북한이 '광명성3호'에 '우주개발'이라는 외피를 입히려고 아무리 노력하더라도 문제의 본질은 유엔안보리 결의안들을 정면으로 위배하는 '미사일 위협'인 것이다. 이런 사실은 북한이 조잡한 인공위성을 만들어 외신기자들에게 보여준다고 해서 달라지지 않는다.

북핵은 6자회담을 통해 해결할 수 있다?

진보와 보수를 막론하고 한국사람 중에는 6자회담을 통해 북핵 문제를 해결할 수 있다고 믿는 사람들이 많다. 이런 생각은 착각에 가깝다. 착각이라고 단정하지 않고 착각에 가깝다고 하는 것은 그래도 한 가닥 희망이라도 걸어야 하기 때문이다. 언론은 6자회담 대표들이 만나기라도 하면 또는 6자회담이 재개되기라도 하면 경사라도 난 듯 난리를 친다. 공동성명 같은 것이 나오면 대서특필하기에 바쁘다. 하지만 필자는 6자회담의 재개나 합의 같은 것에 거의 감동받지 않는다.

6자회담에 무감각해진 첫 번째 이유는 북한이 겪고 있는 '체제 딜레마'를 꿰뚫어보고 있기 때문이다. 북한이 핵을 포기하지 못하는 이유는 핵무기가 체제를 지키는 최후의 수호수단이기 때문이다. 군사력을 빼고 나면 모든 면에서 남한에 열세이고 지배층을 제외하면 국가 전체가 파탄상태인 북한으로서는 핵무기가 곧 '길이요 생명'이다. 핵개발은 '장군님의 위대한 유훈'으로 내부통치를 위한 권위의 상징이자 '조선을 그 어떤 원쑤도 넘보지 못하게 만든 장군님의 위대한 유산'이다. 미국 등 국제사회의 간섭을 불식시키는 완력수단이자 협상을 통해 외부지원을 얻어내는 외교수단이며, 국력 열세에도 불구하고 남한을 위협할 수 있는 수단이다. 이렇듯 북한 지배층에게 있어 핵무기는 체제 생존을 위한 수단이자 중요한 국가목적이 되어 버렸다. 진실로, 북한정권은 '핵의 핵에 의한 핵을 위한 정권'이 되어 버렸다. 이런 상태에서 핵을 포기하라고 설득하는 것은 말 못하는 짐승에게 주기도문을 암송하라고 요구하는 것과 별반 다르지 않다.

북한에 대한 국제제재가 먹히지 않는 이유도 분명하다. 2008년 5월 미얀마에서 최악의 사이클론으로 수십만 명의 이

재민이 발생했을 때, 군부독재 정부는 자국의 이재민에게 보내는 외국의 도움을 거절했다. 독재자는 주민의 복지보다 정권의 안전을 우선적으로 도모한다. 북한도 마찬가지이다. 체제를 바꾸고 국제사회에 동참하면 궁핍이 해소된다는 사실을 알지만 그렇게 하지 못하는 이유는 체제불안 때문이다. 국제사회가 강력한 경제제재를 가해 수많은 주민이 굶주려도 북한 정부에게는 부차적인 문제일 뿐이다. 그래서 지금까지 대북제재는 북한을 개방시키거나 핵을 포기시키는데 기여하지 못했다. 필자가 "북핵을 완전히 포기시키려면 북한의 체제가 먼저 변해야 한다"는 말을 후렴처럼 뇌까리는 이유도 여기에 있다.

6자회담을 중시하지 않는 두 번째 이유는 북한이 실제로 핵대화를 어떻게 악용해 왔는지를 보면 알 수 있다. 1990년 본격적인 국제적 이슈로 부상한 북핵 문제는 숱한 기복을 기록하면서 오늘에 이르고 있다. 전체적으로 볼 때 북핵 문제는 6자회담 이전에 세 차례의 위기를 겪었다. 1990년대 초반 북한의 플루토늄 생산을 둘러싼 긴장국면이 제1차 위기라면, 1998~99년 북한의 대포동 미사일 실험발사와 핵관련 시설로 의심받던 금창리 터널을 둘러싼 일촉즉발의 긴장이 제2차 위기였다. 제1차 위기는 1992년 남북한 비핵화공동선언과 1994년 미북간 제네바핵합의(Agreed Framework)로 진정되었고 제2차 위기는 북한에 60만 톤의 식량을 제공하는 대가로 미국 사찰팀이 현장을 조사하는 것으로 일단락되었다. 제3차 위기는 2002년 10월 미국이 북한의 농축 프로그램 의혹을 제기하면서 점화되어 한반도에너지개발기구(KEDO)의 경수로 공사 중단, 북한의 핵확산방지조약(NPT) 탈퇴, 원자로 재가동, 플루토늄 생산 재개 등을 촉발한 후 2006년 북한의 핵실험으로 절정을 맞았다.

2003년에 시작된 6자회담은 세 번째 위기를 극복하기 위한 다자 대화체이지만, 크게 보면 20년에 걸친 핵대화의 한 토막이다. 핵대화에 대한 정확한 평가를 위해서는 전체를 보는 안목이 필수다. 중요한 합의가 도출될 때마다 과장된 언론보도가 기대감을 증폭시켰지만, 1990년대 초반에서 현재에 이르는 전 과정을 보면 북핵 문제는 꾸준히 악화되어 왔을 뿐이다. 1990년대 초반 북한은 플루토늄 생산 여부를 놓고 국제사회와 협상했으나, 지금은 세계 3위의 화생무기 보유국, 6위권의 미사일 강대국 등의 지위에 더하여 아홉 번째의 핵보유국으로 인정받기 위해 노력하고 있으며, 이런 배경을 가지고 더 큰 반대급부를 놓고 흥정하는 위치에 있다. 북한의 입장에서 보면 위기조성과 협상을 반복하면서 몸값을 키우는데 성공한 셈이다.

6자회담을 평가하기 위해서는 가지들을 볼 것이 아니라 전체 나무를 봐야 한다. 2003년 8월 제1차 6자회담에서부터 2008년 12월 제6차 6자회담의 두 번째 수석대표회의에 이르기까지 회담 대표들이 총 12차례의 회합을 가지고 수차례 성과를 도출한 것이 사실이다. 성과로는 북한이 핵프로그램의 폐기 원칙을 밝힌 2005년 9·19 공동성명, 핵시설에 대한 '폐쇄와 봉인 그리고 불능화'를 약속한 2007년 2·13 합의, 2·13

합의의 이행을 재확인한 2007년의 10·3 합의, 2008년 6월 영변 원자로의 냉각탑 폭파 등을 들 수 있다. 하지만 그런 과정을 거치는 중에도 북한은 2005년 2월 핵보유를 선언했고, 2006년 7월의 미사일 시위, 2006년과 2009년의 핵실험 등을 강행했으며, 2012년에는 헌법에 '핵보유국'을 명시했다. 북한의 핵개발 프로그램에 있어 6자회담의 성과라는 것은 '2보 전진을 위한 1보 후퇴'일 뿐이었다. 언론에 의해 6자회담이 마치 핵해결에 엄청난 기여를 한 것처럼 부풀려지기도 했지만, 사실은 그렇지 않다. 우매한 개미투자가들은 주식시세가 전반적으로 하강추세에 있다는 사실을 잊은 채 몇 순간의 빤짝 상승에 환호한다.

북한이 핵대화를 하면서 일관되게 보여준 것은 '이중전략(two-track strategy)'이었다. 즉, '핵대화 따로, 핵개발 따로'라는 이중적 입장을 고수하면서 적지 않은 열매를 따먹었다. 핵포기 가능성을 흘리면서 국제사회와 협상하여 반대급부를 얻어갔지만, 그렇다고 해서 핵무기 개발을 포기하지는 않는다. 이 과정에서 부시 대통령이 북한을 '악의 축(axis of evil)' 또는 '폭정의 전초기지 (outpost of tyranny)'로 몰았지만, 북한은 아랑곳하지 않고 핵실험을 강행했다. 북한은 대남 핵외교에서 있어서도 적지 않은 이득을 보았다. 북한은 1990년대 초반부터 핵문제에 있어 한국의 발언권을 인정하지 않고 미국과의 양자대화 만을 고집하는 통미봉남(通美封南) 전략을 구사하여 한국 정부의 애간장을 태웠다. 한국이 경수로 경비의 대부분을 부담하는 것으로 결말이 났던 1994년 제네바합의(Agreed Framework) 역시 전형적인 성공사례였다. 회담은 미국과 북한이 하고 돈은 한국이 내는 것으로 결말이 난 것이었다.

돌이켜 보건대, 남북한이 함께 농축과 재처리를 포기하기로 합의했던 1991년 '비핵화공동선언' 자체가 한국을 농락한 것이었다. 북한은 이 공동선언을 준수하지 않고 재처리를 하여 플루토늄과 핵무기를 생산했고, 두 차례의 핵실험까지 강행했다. 한국의 평화적 핵이용권을 꽁꽁 묶어둔 채 자신들은 하고 싶은 대로 다 한 것이다. 이후의 남북대화에서도 북한은 늘 '핵문제는 조미(朝美) 간의 문제'라는 주장을 앞세우면서 한국을 배제했다. 핵문제를 통해 남한의 보혁(保革) 분열을 부추기는 데에도 크게 성공했다.

북한이 대미 및 대남 핵외교에서 성공을 거두는 과정에서 벼랑끝 외교(brinkmanship), 의제추가(agenda addition), 의제 쪼개기(agenda slicing), 꼬리 자르기(salami tactics) 등 다양한 협상전술을 구사했다는 사실도 기억해야 한다. 벼랑끝 외교란 상대를 협상에 끌어들이기 위해 갑작스럽게 위기를 조성하는 상투적인 전술이며, 의제추가란 한 의제를 놓고 협상하는 중 다른 의제를 끼워 넣어 협상을 어렵게 하거나 반대급부를 따먹는 전술을 말한다. 북한은 1990년대 초반 미국과 플루토늄 생산 중단여부를 놓고 협상하다가 느닷없이 경수로가 필요하다고 주장하여 1994년 제네바 핵합의에서 2기의 경수로를 제공받기로 약속받았다.

의제 쪼개기 전술은 시간을 버는데 활용되었다. 북한은 2005년 9·19 공동성명에서 '모든 핵무기와 핵프로그램의 포기'에 합의했지만 이후 미국과 협상하면서 핵프로그램의 포기를 '폐쇄 및 봉인', '불능화 및 신고', '검증 및 핵폐기' 등 3단계 의제로 쪼개는데 성공했고, 매 단계에서 미국을 물고 늘어졌다. 폐쇄 대상이 되는 핵시설도 세 곳으로 축소하는데 성공함으로써 나머지 핵시설에 대한 처리문제를 차후 협상거리로 남겨두는데 성공했다. 북한은 민주국가의 특성인 미국의 정부교체와 레임덕을 활용하여 공세와 수세를 조절했고, 과장된 용어와 선전으로 뉴스의 중심에 서고자 했던 크리스토퍼 힐 미국 수석대표의 정치게임도 십분 활용했다. 이렇듯 우리는 지난 6자회담을 통해 북한의 이중전략과 현란한 협상전술을 신물이 날 정도로 지켜보았다. 6자회담을 통해 북핵을 해결한다는 것이 '맨손으로 연기 잡기'나 '대나무 소쿠리로 물 뜨기'와 다름 없다는 사실을 확인했다.

체제변화가 없는 한 북한의 이중전략은 앞으로도 바뀌지 않을 전망이다. 6자회담이 열려봤자 핵클럽의 회원권을 원하는 북한은 핵보유국 간의 핵군축 회담으로 간주하자고 우길 것이며, 미북간 평화조약부터 체결하자고 나올 것이다. 그럼에도 필자가 6자회담 재개를 환영하는 이유는 이것이 북핵관련 유일한 다자대화 채널이라는 점과 핵대화를 하지 않는다고 해서 딱히 나을 것도 없다는 사실 때문이다. 회담이 재개되어 북한에 사찰관이라도 들락거리게 되어 다소의 견제 역할이라도 한다면, 없는 것보다는 낫다.

한국정부의 강경책이 북핵을 초래했다?

한국에는 부시 대통령의 적대적 대북정책이 북한의 핵보유를 초래했다고 믿는 사람들이 적지 않다. "이명박 정부의 강경책이 핵보유를 불렀다"라는 주장도 빈번히 제기되었다. 대개 진보성향의 인사들이다. 여기에 대해 보수인사들은 "김대중-노무현 정부의 햇볕정책과 퍼주기가 북한의 핵보유를 초래했다"는 주장으로 맞받아친다. 부질없는 보혁논쟁이다. 북한의 핵개발 역사와 체제 딜레마를 아는 사람이라면 양쪽 모두 틀리다는 사실을 안다.

북한의 핵개발은 햇볕정책이나 부시 대통령의 대북정책과는 무관하게 시작되어 반세기가 넘도록 강행되고 있는 대장정이다. 이명박 정부의 대북정책과도 관련이 없다. 북한은 한국전쟁 동안 유엔군의 강력한 공군력 때문에 적화통일을 이루지 못했음을 한탄하며 종전 직후부터 공군력을 강화하고 핵보유를 꿈꾸었다. 소련에게 핵무기를 달라고 요구했다가 거절당한 후 스스로 핵무기를 만들겠다고 결심한 것은 1960년대의 일이며, 1970년대부터 영변 핵연구단지를 건설하고 80년대부터 부분가동을 시작했다. 북한은 일찍부터 외세의 개입을 거부하고 수령독재 체제를 온전하게 지켜줄 궁극무기에 집착했다. 이 과정에서 미국의 대북정책은 북한의 핵개발 여부에 주요 변수가 아니었으며, 특히 한국의 대북정책은 아무런 영향도 미치지 못했다.

온 나라가 노무현 전 대통령의 갑작스러운 서거를 애도하고 있던 2009년 5월 25일 아침, 김정일 국방위원장은 조선중앙통신을 통해 "로무현 전 대통령이 불상사로 서거하였다는 소식에 접하여 권량숙 여사와 유가족들에게 심심한 애도의 뜻을 표합니다"라는 조전을 보냈다. 그리고는 잠시 후인 9시 54분 두 번째 핵실험을 강행했다. 당시 노무현 대통령의 죽음은 국민적 동정심이 진보진영에게 쏠리게 만든 사건이었으며, 때문에 보수진영은 정치적 파장을 놓고 고심하고 있었다. 남한 정치를 요리하기를 원하는 북한이 진보진영이 부상할 수 있는 시점에 찬물을 끼얹는 초강수를 둔 것에 대해 많은 사람들이 의아스럽게 생각했지만, 진실은 의외로 간명하다.

2006년 제1차 핵실험 당시 감지된 인공지진이 리히터 규모 3.9로서 전문가들은 폭발력을 1킬로톤 미만으로 추정했다. 장착된 플루토늄의 일부만이 연쇄반응에 참가한 부분적 폭발(nuclear fizzle)이었을 가능성이 크다는 의미이다. 두 번째 핵실험은 리히터 규모 4.5의 인공지진을 유발함으로써 폭발력을 수배 이상 증가시킨 핵실험이었다. 전문가들의 추정은 대개 10~20킬로톤이었다. 이런 시점에서의 핵실험은 북한이 핵무기 개발을 위해서는 앞뒤를 가리지 않고 있음을 보여준 것이다. 기대에 미치지 못한 첫 번째 핵실험으로 미국에게 확실한 핵지렛대를 과시하지 못했던 점을 아쉽게 생각했을 것이며, 노무현 대통령의 서거는 북한의 핵개발 일정에 아무런 변수도 되지 못했다. 마찬가지로 미국이 북한에 대해 강경한 자세를 취했을 때나 부드러운 자세를 취했을 때를 막론하고 북한의 핵개발은 줄기차게 지속되었다. 6자회담을 통해 핵포기를 원칙적으로 약속했던 2005년 9·19 공동성명도 다음해에 강행된 제1차 핵실험을 막지 못했다. 이런 마당에 남한의 대북 기조가 '햇볕'이냐 '강경'이냐 하는 것이 북한의 핵개발 일정에 큰 영향을 주는 것처럼 말한다면 북한을 몰라도 한참 모르는 것이다.

"미국이나 한국의 강경한 대북정책이 북한의 핵개발을 불러왔다"는 주장이나 "햇볕정책이 핵개발을 불렀다"라는 주장은 모두가 망상이며, 아이가 부모의 결혼식을 봤다고 우기는 것과 같다. 일부 진보 학자들은 2000년 북한이 조명철을 미국에 보내 주권 인정, 적대정책 청산, 한반도 평화체제 정착 등을 요구했을 때 미국이 들어주었더라면 북한이 핵을 포기했을 것이라면서 직후 들어선 부시 정부의 네오콘적 강경책이 북핵 해결의 기회를 차버렸다고 주장한다. 어차피 증명할 수 없는 것이어서 이렇게 주장하기는 쉬운 일이지만, 북한이 '핵보유 기정사실화'라는 목적을 실현하기 위해 백철불굴(百折不屈)의 의지를 보여왔다는 사실을 감안하면 이 주장이 설득력을 가지기 어렵다. "한국이 햇볕정책을 좀 더 지속했더라면 핵을 포기했을 것이다", "이명박 정부의 달라진 대북정책이 북한의 핵개발을 가속화했다" 등은 더욱 한가한 주장이다. 북한이 한국의 말을 듣고 핵개발을 하고 말고를 결정한 적이 있었던가. 정확하게 말하고 싶다면, "햇볕정책을 통해 북한에 넘겨준 돈이 핵개발에 도움이 되었다"라고 하든가 "한국이나 미국이 강경한 대북정책을 펴면 북한이 더욱 핵무기에 집착할 명분을 가진다"라고 해야 할 것이다.

북핵이 한국도 지켜준다?

2006년 7월 부산에서 열린 제19차 남북장관급회담에서 북측 수석대표 권호웅 내각참사는 "남한 대중들도 선군정치의 은덕을 입고 있다"는 선군정치 은덕론을 주장하여 한국의 민주주의를 능멸했다. 권 참사는 거기에 그치지 않고 "공화국의 핵무기가 남한도 보호한다"는 주장까지 내놓았다. 당시는 2006년 10월 9일 첫 핵실험 이후 북한이 '전체 조선민족의 안전을 담보해주는 민족공동의 핵우산'이라는 선전을 내놓고 있던 중이었고, 특히 2006년 7월 5일 대포동 2호 미사일, 로동 미사일, 스커드 미사일 등 일곱 기의 미사일을 동해를 향해 발사하여 유엔 안보리가 결의 제1695호를 채택하는 등 긴장이 고조된 시기였다.

정작 놀라운 것은 한국 내에도 북핵이 남한도 보호한다는 주장에 동조하여 핵실험을 환영하는 사람들이 적지 않았다는 사실이다. 인터넷 토론방에는 "10월 9일을 민족적 경축일로 삼자"는 선전문구가 등장했고, 이름만 대면 알만한 정치인들이 "북핵은 미국과 일본을 상대하기 위한 것"이라면서 북핵 무해론을 개진했다. 12월 7일 호주를 방문하여 시드니의 동포간담회에 참석한 노무현 대통령도 "북핵은 자위수단이며, 동족인 남한을 겨냥하지 않는다"라는 취지의 발언을 했다. 여기서 한 단계 더 나아간 것이 북핵이 남한도 보호한다는 '남한 보호론'이다. 이런 주장은 A시각에만 의존하는 궤변이며, 국민의 안위를 책임진 사람들이라면 해서는 안 되는 소리다.

북핵은 남한을 지켜주는 것이 아니라 남북관계를 심하게 왜곡시키는 요인이다. 두 사람이 함께 산행을 하고 있다고 가정해보자. 길은 외길이고 날은 저물었다. 동행하는 것 이외 다른 방도가 없다. 한반도가 그렇다. 싫든 좋든 협소한 공간에서 남북이 공존해야 한다. 옆에 가던 사람이 자꾸 칼을 꺼내서 휘두른다. 칼로 나뭇가지를 치면서 위협적인 행동을 보인다. 그러면, "여보, 나 무섭소. 그 칼 좀 치우고 좀 편하게 걸읍시다"라고 요구하지 않겠는가. 그랬더니 "걱정마시오. 이 칼은 도둑놈이 나타나면 나도 지키고 당신도 지켜줄 무기요"라고 대답한다. 그러면 그 말을 믿고 안심하고 산행을 지속해야 하는가. 주변에 도둑놈도 없는데다 칼을 휘두르는 그 사람이 폭력 전과자인데도 그래야 하는가.

　군사적으로도 그 칼은 한국 말고는 사용할 대상이 없다. 북한이 조만간 대륙간탄도탄급 미사일을 보유하게 되면 미국을 위협할 수 있다고 하지만, 최강국 미국을 향해 핵미사일을 날리면 어떻게 될지는 북한 스스로가 잘 안다. 미국사람들이 가장 두려워하는 것은 북한의 핵무기가 제3세력이나 테러세력으로 넘어가 미국을 향한 테러에 사용될 가능성이다. 일본도 마찬가지이다. 북한이 일본을 위협할 수는 있지만, 실제로 일본을 향해 핵미사일을 쏠 수 있을까. 최첨단 기술력과 막강한 산업력에다 우수한 핵잠재력을 가진 일본을 건드릴 수 있을까. 그랬다가는 진짜로 일본에게 핵무장의 빌미를 줄 것이며, 동아시아의 전략판도가 바뀌게 될 것이다. 물론, 한국에 대해서는 쉽게 핵을 사용할 수 있다는 말은 아니다. 미국의 핵우산을 의식한다면 실제 핵사용은 간단한 문제가 아니다. 그럼에도 분명한 것은 북한이 가진 핵무기나 미사일이 한국 이외의 제3국을 향해 사용될 개연성은 없다는 사실이다.

　북핵은 남북한 군사균형을 변질시키고 남북한 관계를 왜곡시킨다. 한반도 차원에서 볼 때, 북핵은 우리가 맞대응할 수 없는 비대칭 위협으로써 우리가 가진 재래군사력의 질적 우위나 경제력의 우위를 무용지물로 만들어버리는 괴물이다. 실제로도 북한은 "불벼락을 내리겠다"는 식의 핵협박을 가하면서 천안함 공격이나 연평도 포격 같은 도발을 자행하고 있다. 앞에서도 설명했듯, 핵무기란 사용되면 군사무기이고 사용되지 않더라도 막강한 심리적 위축을 강요하는 정치외교적 무기이다.

국내에서도 많은 문제점을 발생시킨다. 북핵은 보혁논쟁을 첨예화시켜 한국 여론을 분열시켜왔다. 국제사회 차원에서 북핵은 핵확산의 씨앗이 되어 핵무기비확산조약(NPT) 체제를 약화시키고 동북 국가들에게 더 많은 안보비용을 강요한다. 북한이 핵무기를 증강할수록 사고가 수반될 가능성도 높아진다. 북한이 핵무기, 핵물질, 핵시설 등을 안전하게 관리한다는 보장은 없으며, 1986년 체르노빌 원전사고나 2011년 일본의 후쿠시마 원전사고 같은 것이 북한에서 발생한다면 한반도는 쑥대밭이 될 것이다. 허술한 관리로 핵무기나 핵물질을 절취당하거나 테러세력으로 유출되는 위험성도 신경이 쓰이는 대목이며, 북한 체제가 불안해지면 우발적 핵발사의 가능성도 커진다. 요컨대 '북핵이 남한도 보호한다'는 것은 한국판 돌돌괴사 중에서도 으뜸이다. 조금만이라도 B안경을 통해 보이는 현실을 인정한다면 이런 소리를 할 수가 없다.

북핵도 통일되면 우리 것이니 반대할 필요가 없다?

1990년대 초반 필자가 발표한 무수한 글들이 소설『무궁화 꽃이 되었습니다』에게 착상을 제공했다는 것은 알만한 사람은 아는 사실이다. 그 소설이 베스트셀러가 되던 시기 필자는 정부 입장과 다른 '평화적 핵주권론'을 주장한다는 이유로 직장을 떠나야 했었다. 참으로 불공정한 세상이었다. 어쨌든 이 소설은 기가 막히도록 독자의 구미에 맞는 스토리를 엮어냈고, 곧이어 "북핵도 통일되면 우리 것이 되니 반대할 필요가 없다"는 주장이 회자되었다. 이 주장은 지금도 심심찮게 들린다. 한국이 핵을 가진 북한과 협력하여 일본을 혼내준다는 소설의 스토리가 많은 사람들에게 후련함을 맛보게 해준 것은 사실이며, 그 연장선에서 이런 주장이 유행하게 된 것이다. 이 소설은 저자에게는 부를 가져다 주었는지 모르지만, 젊은이들에게는 존재하지 않아야 할 유행어를 만들어 주었다.

이 주장은 두 단계에서 현실성을 크게 결여한다. 첫째, 이 주장은 일단 '북핵 무해론'에서 출발하는 데, 이것이 비현실적이라는 사실은 앞에서 이미 설명했다. 둘째, 북핵이 통일 그 자체를 불가능하게 만드는 저해요인이라는 사실을 감추고 있다. 통일이 가능해지기 위해서는 남북관계에서 여건이 성숙되어야 하지만, 거기에 더하여 주변 강대국들이 동의해야 한다. 안타깝게도 한반도 통일을 원하는 주변국은 존재하지 않는다고 봐야 한다. 러시아는 큰 관심을 가지지 않은 상태이며, 서방국인 일본 역시 말로만 통일을 지지할 뿐 강력한 통일한국의 탄생을 원하지 않는다고 봐야 한다. 일본의 입장에서 보면 한반도가 남북으로 분단되어 있는 상황에서 대한반도 외교가 가장 쉽다. 중국에게 있어 북한은 존재는 전략적 완충지대(strategic buffer zone)이다. 그나마 통일을 지지해줄 생각을 해볼 수 있는 나라는 미국뿐이지만, 미국의 태도도 우리가 어떻게 하느냐에 따라 크게 달라질 것이다.

이렇듯 통일을 지지하는 주변세력이 없는데, 거기다 대고 '핵을 가진 통일한국'을 운위하는 것은 무엇을 하자는 것인가. 주변국들로부터 지지를 받으려면 통일이 그들에게 군사적으로나 경제적으로 해가 되지 않는다는 점을 증명해야 한다. 통일만 시켜준다면 군대와 경찰도 해산하고 발가벗고 살겠다고 해도 통일을 지지해줄까 말까 하는 판국에, "우리도 통일되면 핵보유국이다"라고 말하고 다닌다면 누가 통일을 지지해주겠는가. 진정 통일을 원한다면 남과 북 모두가 핵무기를 포기하고 한반도의 비핵을 보장해야 한다. 그 뿐이 아니다. 북한에 핵이 있는 상태로 주변국들의 통일을 지지해준다고 가정해보자. 그리고 어떤 상황이 도래하여 통일과정이 시작된다고 가정해보자. 핵무기는 북한 내 통일거부 세력들에게 부질없는 희망을 주어 공연한 무력충돌을 야기할 수 있으며, 통제력을 상실한 핵무기 자체가 통일과정을 어렵게 만들 수도 있다.

두 개의 안경을 낀 사람이라면 '남북관계를 왜곡시키는 존재', '국제질서를 혼탁하게 만드는 존재', '통일을 저해하는 존재' 등 북핵이 가진 미운 얼굴을 놓치지 않을 것이다. 예쁜 얼굴과 미운 얼굴을 비교하면서 이상론적 희망사항보다는 현실적 문제에 더 무게를 실어야 한다는 점을 인정할 것이다. 그럼에도 이 땅의 적지 않은 젊은이들은 "북핵도 통일되면 우리 것"이라는 주장을 하고 다니면서 스스로를 통일역군으로 착각하고 있다.

미국이 제공하는 핵우산은
엄청 고마운 존재이다?

미국이 제공하는 핵우산은 엄청 고마운 존재인가, 그냥 고마운 존재인가? 좀 애매한 질문이지만, '애정남'에게 물어볼 필요도 없이, 필자가 딱 정해주고자 한다. 핵우산이란 "북한이 한국에 대해 핵공격을 가하면 미국이 북한에 핵보복을 가할 것"이라는 미국의 공개적 약속이다. 즉, 핵보복을 공개적으로 천명함으로써 북한에게 핵공격을 가하지 말라는 메시지를 보내는 억제장치인 것이다. 이런 핵우산은 우리에게 어떤 존재일까. A안경만 쓰고 있는 사람이라면 '핵식민지의 상징'으로, 그리고 B안경만 쓴 사람이라면 '엄청나게 고마운 존재'로 볼 수 있을 것이다. 결론부터 말해, 핵우산은 당연히 고마운 존재이지만 엄청나게 고마운 존재는 아니다.

NPT는 1970년에 발효되었지만 불평등 문제, 즉 5대 강국들의 핵보유 권리를 인정하면서 비핵국들에게만 핵보유를 금지하는 내용 때문에 우여곡절이 많았다. 비핵국들의 불만은 핵의 남북갈등으로 비화되었다. 이 불만을 불식시키고 NPT를 안정시키기 위해 핵강국들이 처음 취한 조치가 '적극적 안전보장(PSA: Positive Security Assurance)'이었다. 핵강국들은 NPT 초안을 유엔에 제출하면서 동시에 안보리 결의 제255호를 채택했는데, 내용은 "NPT에 가입한 비핵국들이 핵공격을 받으면 NPT의 핵보유국들이 공격국을 응징한다"는 것이었다.

이것을 PSA라고 부른다. 비핵국들에게 NPT에 가입해도 위험하지 않을 것이란 점을 확신시켜주기 위한 조치였다. 하지만 PSA는 핵국들이 집단으로 불특정 다수 비핵국들에게 보호를 약속해준 것으로 신뢰성에 문제가 있었다. 핵공격 능력을 가진 나라들이 바로 안보리에서 비토권을 가진 상임이사국들이었기 때문에, 이들 중 어느 한 나라가 제3국에게 핵공격을 가한 후 비토권을 행사하면 안보리가 비핵국을 보호하는 결정을 내릴 수 없다는 모순을 안고 있었다.

이를 보완하기 위해 1978년 유엔 군축특별총회에서 5대 핵강국들이 "모든 비핵국에 대해 핵불사용을 보장한다"는 선언을 하게 되는데, 이것이 '소극적 안전보장(NSA: Negative Security Assurance)'이다. 하지만 이 역시 불특정 다수국에 대한 보호 약속이어서 여전히 신뢰성 문제를 안고 있었다. 보완을 위해 미국은 "NPT에 가입한 비핵국에 대해 미국과 영토, 군대, 동맹국에게 가해지는 공격을 위해 핵보유국과 동맹하거나 핵보유국의 공격에 협조한 국가를 제외하고는 핵무기를 사용하지 않는다"라는 선언을 추가했고, 이후 필요한 경우에는 특정국가에 대해 개별적 핵불사용을 약속했다.

예를 들어, 1994년 미국은 구소련으로부터 독립한 우크라이나가 구소련이 남긴 핵무기들을 포기하지 않을 태세를 보이자 설득을 위해 우크라이나에게 핵불사용 약속을 제공했고, 1994년 북한과 제네바핵합의를 체결할 때에도 핵불사용 약속을 합의서에 포함시켰다. 합의문 제3조는 "북한에 대해 핵무기의 불위협과 불사용을 보장한다"라고 되어 있다. 이에 대해 당시 필자는 "남한에게는 핵우산 약속을 하고 북한에 대해서는 핵불사용 약속을 하는 것은 한 남자가 두 여자에게 결혼을 약속하는 것과 같다"고 비판했었다. 어쨌든, 미국을 위시한 핵강국들은 NPT 체제를 유지시키기 위해 비핵국들의 불만을 달래야 했다. 그 과정에서 PSA, NAS, 개별적 NSA 등이 등장한 것인데, 개별적 국가에 제공되는 PSA가 핵우산이다. 미국이 한국, 일본, 유럽 등에 제공하는 핵우산이란 바로 이런 것이다.

이런 사실들을 종합하면, 미국이 제공하는 핵우산은 고마운 존재이기도 하지만 당연한 의무이기도 하다. 한국은 북한이 핵위협을 가하는 중에도 비핵을 고수하고 있다. 핵무기 생산에 필요한 기술수준과 재정능력을 가지고 있지만, NPT 회원국으로서 비핵 약속을 준수하고 있다. NPT가 한국 같은 나라들의 핵안보를 보장해주어야 함은 당연하며, NPT상에서 핵독점의 특권을 누리는 핵강국들이 그 의무를 다해야 한다. 여기에 더하여 한미 간에는 동맹이라는 특수관계가 존재하고 있어, 한국은 미국의 핵확산 방지 정책에 다른 나라에 앞서 협력하고 있다. 미국은 한국을 북핵 위협으로부터 지켜주어야 하는 의무를 가지고 있다.

핵우산도 두 개의 안경으로 보면 정확하게 성격을 규명할 수 있다. 기본적으로는 한국을 보호해주는 고마운 존재이지만, 미국의 당연한 의무이기도 하다. 당연한 의무라는 측면보다는 한국을 보호해주는 측면이 더 크기 때문에 고맙게 생각하는 것이다. 핵우산은 그냥 '고마운 존재'이지 '엄청나게 고마운 존재'는 아니다.

　지금으로서는 한미동맹의 신뢰성을 의심할 필요가 없기 때문에 핵우산의 신뢰성도 의심할 이유가 없다. 1994년 제네바핵합의를 통해 북한에 제공한 핵불사용 약속과의 상충성 문제도 심각하지 않다. 내용적으로 상충되지만 대북 핵불사용 약속은 조약차원의 구속력을 가진 것이 아니었고, 2002년 이후 제네바핵합의가 폐기되었으므로 왈가왈부할 필요가 없다. 하지만 동맹관계가 희석된다면 얘기는 달라진다. 한미상호방위조약에는 한국이 침략당할시 미국이 자동적으로 개입한다는 소위 '자동개입 조항'이 없다. "유사시 서로 협의한다(제2조)"와 "각자의 헌법절차에 따라 행동한다(제3조)" 정도로만 되어 있어, 자동개입 조항을 가진 나토(NATO) 조약이나 북중동맹조약과는 다르다. 이런 상황에서 한미관계가 악화된다면 한반도에 유사상태가 발생하더라도 미국이 개입하지 않을 개연성이 있다는 의미가 될 수 있으며, 북한의 대남 핵공격시 방관할 수 있다는 얘기도 될 수 있다. 이런 식으로 핵우산의 신뢰성이 떨어진다면 더 이상 고마운 존재가 아닐 것이며, 한국은 북핵 위협을 상쇄하기 위한 새로운 대안을 찾아 나서야 할 것이다. 2010년 필자가 오바마 정부의 핵태세검토서(NPR)에서 확실한 대북 핵응징 표현이 빠진 사실을 중시했던 것은 이런 점 때문이었다.

핵우산이 모든 북핵 위협을 불식시켜준다?

한국의 보수인사들 중에는 미국의 핵우산을 만능으로 그리고 한미동맹을 만병통치약으로 생각하는 사람들이 있다. 강력한 핵군사력을 가진 미국이 핵우산을 확실하게 약속하는 한 북한이 아무리 핵무기를 많이 만들어도 걱정할 것이 없다는 것이다. 하지만 이는 전문지식이 부족한 우파의 망상이다. 핵우산이란 북한의 핵사용을 억제하는 것이지 '핵그림자'를 걷어내는 것은 아니다.

핵우산이 억제할 수 있는 것이 무엇인지부터 따져보기로 하자. 북한은 일단 핵무기를 보유한 이상 그것을 유용하게 활용하기 위한 핵전략을 가지고 있을 것이며, 유사시 사용 가능성을 열어 염두에 두고 있을 것이다. 북한은 미국을 향해서는 일종의 상호확실파괴(MAD) 전략을 펼치기를 원한다. 즉, "나를 건드리면 모두 죽는다"라는 메시지를 발하는 'NJNJ(너죽고 나죽자)' 전략을 펼치고 있다. 이런 전략을 통해 외부의 간섭을 불식시키고 체제를 유지하고자 한다. 하지만 북한에게는 미국을 직접 공격할 수 있는 수단이 없으며, 북한이 가할 수 있는 위협은 직접 또는 제3세력을 통한 핵테러뿐이다. 반면 미국은 북한의 일부 또는 전체를 언제든 파괴할 수 있는 핵군사력을 가진 초강대국이기 때문에 당연히 핵전투 전략, 즉 핵전쟁이 나면 'NJNS(너만 죽고 나는 산다)'라는 전략으로 대응할 것이다.

결국, MAD 전략이란 북한의 희망사항일 뿐이다. 이 열세를 보완하는 것이 북한의 핵인질 전략(nuclear hostage strategy)이다. 북한이 한국에게 끊임없이 핵위협을 가하는 것은 사실상 한국을 인질로 잡고 있는 것이나 다름없으며, 일본 역시 인질의 범주 내에 들어있다고 주장한다. 이것이 북한의 'NJYJ(나 죽이면 얘들도 죽는다)' 전략이다. 핵우산은 북한의 NJYJ 전략을 무력화시키는 장치이다.

핵사용 가능성과 관련해서 북한은 핵능력 과시, 전시적 핵사용, 전술적 핵사용, 전략적 핵사용 등 여러 단계의 대남 계획을 가지고 있을 수 있다. 핵능력 과시는 통상 핵실험을 통해 실행되는데 북한은 이미 이 과정을 졸업했다. 전시적 핵사용은 일단 핵무기를 실험이 아닌 방법으로 사용한다는 점에서 실질적 핵사용의 초기 행태라 할 수 있는데, 살상파괴를 목적으로 하기보다는 힘을 과시함으로써 상대의 의지를 꺾고 스스로를 보호하려는 목적을 가진다. 이런 목적이라면 동해나 태평양 상에 핵을 투하할 수 있다. 전술적 핵사용(tactical use)은 군사시설이나 군대 밀집지역을 타격하는 것을 의미한다. 북한이 이 용도로 핵을 사용한다면 남한 내의 공군기지, 군항, 군부대 밀집지역, 미군기지 등이 타격대상이 될 수 있다. 전략적 핵사용(strategic use)은 최후의 방법으로 남한의 국가기반을 파괴하기 위한 목적으로 핵을 사용하는 것을 의미한다. 이 경우 핵무기는 남한의 대도시, 산업기반, 배후시설 등을 타격하게 되며, 최대 인구밀집지역으로서 국력의 절반을 포용하는 서울은 최후의 타깃이 될 것이다.

어떤 사유로든 미국과의 교전이 시작된다면, 북한은 초기에 전시적 핵사용을 미국에게 물러서라는 메시지를 전할 수 있다. 교전이 지속된다면 전술적 핵사용을 결행할 수 있으며, 한국과 일본의 일부 군사시설을 타격함으로써 한국과 일본이 핵인질임을 분명히 하려 할 수 있다. 패배가 임박하다면 이판사판식 전략적 핵사용을 고려할지도 모른다. 남북한 교전 상황에서도 비슷한 시나리오들을 가정할 수 있다. 해공군 기지, 군사밀집 지역 등을 대상으로 전술적 핵사용을 결행할 수 있으며, 패배에 직면하게 되면 전략적 핵사용을 검토할 수도 있다. 핵우산은 바로 이런 핵사용을 억제하는 장치이다. 핵을 사용하면 미국으로부터 핵응징을 당한다는 것이 뻔하다면 북한은 핵무기를 사용할 엄두를 내지 못할 것이며, 실제로도 이런 이유 때문에 한국은 독자적인 핵무장을 포기하고 미국의 핵우산에 의존하고 있다.

하지만 '핵그림자'란 실제 핵을 사용하는 것이 아니고 핵공포를 조장하는 것이므로 핵우산과는 무관하다. 북한은 핵무기의 경량화나 미사일 탑재 여부와 무관하게 대남 핵위협을 가할 수 있는 위치에 있다. 한국을 공격할 수 있는 미사일은 이미 수두룩하며, 항공기를 이용한 핵투하나 특공대 침투 방식에 의한 핵공격도 가능하다. 핵물질에 재래폭약을 둘러싼 방사능살포무기만으로도 한국의 도시들을 마비시킬 수 있다. 북한은 이런 상황을 의식하면서 핵공갈(nuclear blackmail)을 반복하고 있다. 지금까지도 "불벼락을 내리겠다", "잿더미로 만들어 주겠다", "서울은 불바다가 될 것이다" 등 핵사용을 시사하는 말폭탄을 퍼부어왔고, 요즘에는 아예 "핵 불바다를 만들겠다"고 협박한다. 이런 것이 한국 국민의 심리에 미치는 영향이 바로 핵그림자이며, 북한은 이를 십분 활용하면서 천안함 공격이나 연평도 포격 같은 재래도발을 반복한다. 다시 말해, 미국 핵우산의 작동을 초래할 핵사용을 결행하는 것이 아니라, 핵그림자를 드리운 채 재래도발을 통해 남한을 겁주고 남북관계를 지배하려고 한다. 그것이 바로 북한의 '핵그림자 전략(nuclear shadow strategy)'이다.

핵그림자 전략은 세 단계의 딜레마를 강요한다. 첫 번째 딜레마는 '무력도발에 대한 대응력의 상실'이다. 즉, 한국 정부와 국민을 심리적으로 위축시켜 핵무기를 가진 북한과 전쟁을 할 수 없다는 강박관념을 확산시켜 도발에 제대로 대응하지 못하게 만든다. 천안함 사태 직후 정부의 대응은 5.24 조치를 통해 남북 간 경제교류를 차단하는 데에 중점을 두었을 뿐, 군사적 응징은 결행하지 못했다. 연평도 포격 시에도 그랬다. 북한군의 연평도 포격은 한국전쟁 종전 이후 처음으로 북한군의 포탄이 우리 영토에 떨어진 심각한 사태였지만, 우리의 대응은 수문의 K-9 자주포로 북한군 해안포 진지를 향해 수십 발의 포탄을 쏘는 것에 그쳤고, 합참은 정밀타격무기를 탑재하고 출격한 공군기들에게 끝내 공격명령을 내리지 못했다.

두 번째 딜레마는 '북한에 의한 한국정치의 지배' 가능성이다. 비대칭 위협을 배경으로 하는 도발의 악순환은 한국 유권자에게 "북한과 화해할 정부가 필요하다"는 사고를 확산시켜 패배주의적 투표행태를 부추길 수 있다. 여기에 기존의 종북 (從北)세력과 사이버 공격 등을 통한 여론왜곡이 가세하여 과반수를 넘긴다면, 북한이 마음대로 한국 정부를 퇴출시킬 수도 있고 등장시킬 수도 있게 된다. 마지막 단계의 딜레마는 '남북관계의 황폐화'와 '통일 가능성의 무산'이다. 남북관계는 초식동물인 송아지와 육식동물인 늑대가 공존하는 '우낭(牛狼)관계'와 유사한 것이 되어, 한국은 우세한 경제력에도 불구하고 북한의 강온(强溫)정책에 시달리면서 평화를 사기 위해 기약 없이 북한의 비위를 맞추어야 한다. 이런 상황에서 남한주도의 통일이란 상상하가 어렵다.

핵우산은 만능이 아니다. 북한이 가진 핵전략을 무력화하고 실질 핵사용을 억제하는 데에는 유용하겠지만, 핵그림자를 드리우고 도발을 반복하는 것에 대해서는 속수무책이다. 핵그림자의 파워를 무력화시키고 도발을 억제하는 것은 결국 우리 스스로의 과제이다.

미사일방어(MD)를 강화하면 북핵을 막아낼 수 있다?

북핵 위협이 가시화되면서 미사일 방어에 대한 논의도 빈번해지고 있다. 미국이 레이건 대통령 시절 소련의 대규모 핵공격을 막아내는 전략핵방어계획(SDI)을 추진하다가 소련연방이 해체되지 이를 포기하고 '말썽국가들(rogue states)'의 제한적인 핵미사일 공격으로부터 미국과 동맹국을 보호하는 미사일 방어(MD)로 전환했다는 점은 앞에서 설명한 바 있다. 북한이 핵개발을 지속하면서 미국은 한국에게 미국이 구상하는 MD에 동참할 것을 요구해왔다. 실제로 일본과 대만은 그렇게 하고 있다. 일본은 미국과 공동으로 이지스함에 장착하는 요격용 SM 미사일을 공동 개발하고 있다. 한국군 일각에서도 북한의 미사일 공격시 요격해야하므로 미사일 방어를 강화하자고 주장하고 있다. 우파세력 일각과 방위산업 관계자들은 미사일 방어망이 구축되기만 하면 마치 온 국토가 안전망으로 덮이는 것으로 생각하고 미국의 MD에 전면 참여하자고 주장하고 있다. 하지만 현실은 그렇지 않다.

우선 북한의 미사일 파워를 살펴보면 미사일 방어가 만병통치약이 아님을 쉽게 알 수 있다. 북한은 한국 내 목표물들을 타격할 수 있는 사정거리 500㎞급 이상의 미사일을 1천 기 이상 배치하고 있다. 북한 전역에는 20개 이상의 미사일 발사기지들이 널려 있는데, 미사일들이 한국 내 목표물에 도달하는 데에는 불과 수분밖에 걸리지 않는다. 신오리 기지에서 노동 미사일이 부산까지 598㎞를 날아오는 데에는 470초 밖에 걸리지 않으며, 서울까지는 불과 271㎞로 366초면 충분하다. 휴전선에서 가까운 삭간몰 기지에서 SCUD 미사일이 발사되어 서울까지 오는 데는 225초 밖에 걸리지 않는다. 휴전선 인근지역에서 미사일을 발사한다면 1분 이내에 서울상공에 도달한다. 함경도에서 대포동 미사일을 발사하는 경우 5분 남짓한 시간이면 서울에 도달하게 된다. 요컨대, 지리적 인접성으로 인하여 제대로 탐지·추적하여 제때에 전부를 요격한다는 것은 소설에 가까운 얘기다. 방어망을 뚫고 날아오는 미사일에 대량 살상 탄두가 장착되어 있다면 그것으로 아수라장이 되고 만다.

미사일 방어에 대해 신경을 끄자는 소리는 아니다. 미사일 방어망은 소수의 미사일 공격에 대해서는 유효한 방어수단이며, 공군기지, 군항, 군사집결지, 인구밀집지, 산업밀집지 등에는 공중으로부터의 위협을 막아내는 요격체계가 꼭 필요하다. 그래서 한국군은 '한국형 미사일방어 체계(KAMD: Korean Air and Missile Defense)'를 구축한다는 계획 하에 조기경보 및 탐지능력 확대, 작전통제 및 요격체제 등을 꾀하고 있다. 미국제 패이트리어트(PAC) 미사일을 구입하여 공군기지에 배치하거나 보다 성능이 향상된 지상발사 및 이지스함 발사용 국산 요격미사일들을 개발하는 것도 이 계획의 일환이다. 즉, 한국은 미국의 MD에 통합되지 않은 상태에서 자체 계획에 따라 부분적으로 미국제 요격미사일들을 사용하고 있다.

한국이 독자적인 MD체제에 노력하는 배경에는 불필요하게 중국을 자극하지 않겠다는 의도도 있다. 중국으로서는 한국이 미국의 미사일방어 체제에 편입되면 중국을 겨냥하는 미국 포위망의 일부가 되지 않느냐라는 의구심을 가지고 있으며, 이것이 김대중 정부이래 미국 MD로의 편입을 거부해온 주요 이

유다. 필자 역시 중국을 자극할 수 있는 것은 가급적 삼가는 것이 좋다는 생각을 가지고 있다.

문제의 핵심은 투자의 우선순위이다. 한정된 예산으로 북한이 핵그림자 전략을 앞세우고 도발을 저지르는 것을 말려야 한다면 어디부터 투자해야 하는지를 분명하게 해야 한다. 떼를 지어 날아오는 공격 미사일군을 완벽하게 요격하는 것이 기술적으로 불가능하다면, 미사일 방어에 매달리기 보다는 억제에 중점을 두는 것이 맞다. 전략적 측면에서 보더라도 그렇다. 미사일 방어를 권하는 미국의 전문가들은 "방어능력을 키울수록 공격자가 기대하는 효과가 감소하므로 공격 동기가 줄어든다"라는 원론적 주장을 하고 있다. 맞는 말이다. 하지만 방어는 도발자에게 직접 응징을 가하는 것이 아닌 소극적 대응이기에 때문에, 억제효과가 떨어진다. 미사일 방어보다는 도발시 응징타격을 가하는 적극적 억제체제가 값싸고 우수한 효과를 나타낸다. 도발은 방어하기보다는 사전에 억제하는 것이 훨씬 낫다는 만고불변의 진리에도 부합한다. 미사일 방어를 만능으로 착각해온 사람이라면 반드시 유념해야 할 대목이다.

한국도 핵무장을 해야 한다?

미국의 정책결정자들 가운데서는 "이제 북핵을 제거하려고 할 것이 아니라 관리해야 한다"고 하는 사람들이 늘고 있다. 이런 분위기를 감지하는 한국의 보수인사들 중에서는 아예 독자적인 자핵무장을 요구하는 사람들이 늘고 있다. 2008년 11월 4일 김동성 의원이 대정부 질문을 통해 "북핵에 대한 방어수단으로서 한국도 핵무장을 해야 한다"고 주장했고, 천안함 피격과 연평도 포격 사태 이후 핵무장론은 더욱 확산되었다. 조선일보 김대중 고문은 2011년 1월 11일자와 2월 8일자 칼럼을 통해 북핵폐기 협상을 위해서는 우리도 핵을 가져야 한다는 주장을 펼쳤다. 조갑제, 서정갑 같은 보수 시민운동가들이 가세했다. 국민행동본부라는 시민단체는 '유핵무환(有核無患), 무핵무국(無核無國)'을 외치면서 노골적으로 핵무장을 요구하고 있다. 비슷한 시기 정몽준 의원은「리서치 앤 리서치」에 의뢰하여 실시한 여론조사에서 응답자의 66.8%가 핵무장을 지지했다고 밝혔다.

한국이 핵무기를 만드는데 있어 기술이나 돈이 문제가 되는 것은 아니다. 그럼에도 필자가 한국의 독자적 핵무장을 실현성이 없는 '희망사항'에 지나지 않는 것으로 보는 주된 이유는 미국이 제공하는 핵우산을 신뢰할 수 있기 때문이다. 미국이 아직도 세계 최강국의 위치에 있고 60년 전통의 한미동맹도 굳건하기 때문에 핵보호 약속이 믿을만하다는 점이다.

그러나 더 큰 이유는 한국이 핵무장의 길을 택하기 위해서는 너무나 많은 것을 상실해야 한다는 점이다. 핵무장 시도는 조폭의 세계에서 왕두목과 두목들에게 맞서는 것이 된다. 한국이 핵무장의 길로 들어서는 순간 한미동맹은 요동칠 것이며, 핵질서 유지를 위해 미국과 협력하는 영국, 프랑스, 중국, 러시아 등과의 관계도 험악해질 수밖에 없다. 핵무장을 강행하기 위해서는 NPT 질서에서 탈퇴하거나 기만해야 하는데, 한국은 외교적으로 고립되고 무역제재, 외교제재 같은 국제적 제재를 당하는 처지로 전락한다. 무역규모가 줄어 경제는 위축될 것이며, 미국이나 유럽을 오가는 항공편도 차단될 수 있다. 한국의 원자력 산업은 심한 규제 속에 고립될 것이다. 대학졸업생들의 일자리도 줄어들 것이다. 경제의 대부분을 교역에 의존하는 한국에게 이런 것들은 견뎌낼 수 있는 일들이 아니다. 그래서 핵무장이란 한국이 시장경제 체제를 유지하는 한 함부로 선택할 수 있는 길이 아니다. 이런 이유에서 필자는 핵무장 주장을 '우파의 망상'으로 분류한다.

그럼에도 핵무장을 주장하는 사람들을 매도하고 싶은 생각은 없다. 핵무장론은 기본적으로 북핵 해결전망의 불투명성에 대한 좌절감의 표현이다. 앞에서 설명한 바와 같이, 북한의 비대칭 위협과 핵그림자 전략 그리고 이로 인한 도발의 악순환은 한국사회가 소중하게 여겨온 가치들을 위협할 수 있으며, 대화를 통해 북한의 핵야망을 포기시키는 것은 쉽지 않다. 6자회담의 실망스러운 역사 속에도 한국인의 좌절이 고스란히 투영되어 있다. 중국은 '협상을 통한 외교적 핵해결' 원칙만을 주장하면서 사실상 북한이 6자회담을 시간벌기 수단으로 활용하는 것을 방조했다.

미국도 그랬다. 미국은 1990년대 초반 '플루토늄 생산 금지'라는 금지선(red line)을 설정했으나, 2000년대 초반에는 '핵실험 금지'로 그리고 지금은 '핵확산 금지'로 후퇴했다. 즉, 북핵 제거라는 목표를 포기하고 확산되지 않도록 관리만 하겠다는 인상을 주고 있다. 국제제재가 북한을 움직일 수 있는 것도 아니다. 주민이 정부를 선출하지 못하고 오히려 정권의 인질이 되고 있는 북한에게 있어 국제제재로 인해 주민이 겪는 경제난은 참을 수 있는 고통이며, 유엔안보리 결의 1695, 1718, 1874호 등 국제사회의 조치들도 북핵을 포기시키는 강제수단이 되지 못하고 있다. 핵무장론은 대개 이런 좌절감에서 비롯된다. 일모도원(日暮途遠)에 접한 나그네의 심정이라고나 할까. 갈 길은 먼데 날은 저물고 있으니 어찌해야 좋을지 모르겠다는 심정에서 "이 참에 우리도 떡하니 핵무기 몇 개 만들면 좋지 않겠느냐"라고 푸념하는 것이라 할 수 있다. 우국충정(憂國衷情)에서 나오는 푸념이다.

핵무장론과 관련해서 아쉬운 것이 또 하나 있다. 한국사회의 일각에서 핵무장론을 제기할 때 비록 그것이 실천할 수 있는 것이 아니라 하더라도 북한이나 중국에게 따끔한 메시지, 즉 북핵 폐기를 압박하는 외교적 지렛대는 될 수 있어야 하는데, 그것도 아니기 때문에 서글프다는 점이다. 한국이 아무리 기술수준이나 재정능력에서 핵무장을 추구하는데 문제가 없다고 하지만, 핵무기란 농축 시설이나 재처리 시설을 가지고 있어야 만들 수 있는 것이다. 농축이나 재처리는 평화적 핵이용을 위해 필요한 시설이기 때문에 금지대상이 아니며, 보기에 따라서는 핵무기를 만드는 잠재능력이기 때문에 적어도 '무언의 외교력'을 발휘할 수 있는 자산이다. 1991년 노태우 정부가 '농축과 재처리의 포기'를 선언하려 했을 때, 필자가 반대하고 나선 것은 이 때문이었다. 하지만 당시 한국사회에서는 농축 재처리가 갖는 외교적 의미를 경청하는 사람이 없었고, 일부 언론은 필자를 핵무장론자로 오해하기까지 했다. 그것이 우리의 우매한 핵정책의 역사였다. 농축과 재처리가 없는 한국에서 핵무장론이 제기되는 것을 보고 중국이나 북한 사람들은 뭐라고 하겠는가. 자궁을 절제한 여성이 건장한 사내아이를 낳겠다며 허세를 부린다고 하지 않겠는가.

미국의 전술 핵무기를 재반입해야 한다?

핵무장 주장과 비슷한 맥락에서 제기되고 있는 '미군 전술핵 재반입' 주장은 좀 다른 차원의 성격을 가진 문제이다. 수년전부터 국제회의나 학술행사를 통해 전문가들에 의해 언급되기 시작했지만, 정치권에서는 2011년부터 정몽준, 정옥임 의원 등에 의해 제기되었다. 정옥임 의원은 필자와 함께 출연한 2011년 3월 4일 SBS-TV 시사토론에서 이 문제를 제기했고, 정몽준 의원은 2월 25일 대정부 질문을 통해 "최소한 북핵이 폐기될 때까지라도 전술핵무기의 재반입을 고려해야 한다"고 주장했다. 정 의원은 2012년 5월 대통령 출마를 선언할 때에도 같은 주장을 반복했다. 이렇듯 '조건부 전술핵 재반입론'은 전문가와 언론인 그리고 정치권을 비롯한 여론주도층과 일반 국민 사이에 확산되었다. 하지만 이것 역시 망상까지는 아니더라도 현실성이 희박한 희망사항이다.

전술핵 재반입은 독자적으로 핵무기를 보유하겠다는 것이 아니므로 기존의 핵질서에 도전하는 것도 아니고 동맹관계를 파탄시키거나 국제적 고립을 가져오는 사안도 아니다. 문제는 실현성이다. 전술핵 철수는 1991년 아버지 부시-고르바초프 합의에 의해 전 세계적으로 이루어졌다. 이 합의에 따라 항공기 발사용 전술핵을 제외한 전술핵들은 전면 본국으로 철수되었다. 당시 고르바초프나 부시로서는 허술하게 관리되고 있던 핵무기들이 유출되는 것을 막는 것이 급선무였다. 이 직후 미국은 넌-루가법(Nunn-Lugar Program)을 제정하여 막대한 재정지원을 해주면서 소련으로부터 독립한 국가들에 남아있던 핵무기와 핵물질들을 러시아로 반환하여 폐기했고, 러시아의 핵무기와 화학무기를 폐기하는 과정에도 많은 재정지원을 제공했다.

미국은 더 복잡한 계산을 가지고 있었다. 플루토늄 생산 의혹을 받고 있던 북한과 핵협상을 막 시작한 시기였기 때문에 전술핵 철수는 북한이 요구해온 중요한 조건 하나를 들어주는 것이기도 했다. 즉, 한반도 비핵화 협상의 성공을 위한 중요한 카드였다. 한국사회의 반미감정과 미군 전술핵에 대한 친북

시민단체들의 비난도 염두에 두었다. 이들은 "미국핵은 북한에 있는 우리민족을 겨냥하는 것이다", "미국 핵무기가 있으면 한국이 핵공격 목표가 된다", "미국핵이 존재하는 한 한국은 독립국가가 아니다" 등의 비난논리를 쏟아내고 있었다. 미 전술핵을 재반입한다는 것은 이런 역사를 되돌리는 것이므로 결코 쉽지 않다. 부시-고르바초프 선언을 위배하는 것이 되고, 중국이 어떤 반응을 보일 것인지도 궁금할 것이며, 한국 내 남남갈등을 불러일으킬 수도 있다.

그럼에도 필자는 전술핵 재반입 요구에 대해 '남북관계 파탄을 자초하는 무분별한 주장'으로 비판하는 것에 공감하지 않는다. 실현성 문제에도 불구하고 가능성을 열어둘 필요가 있기 때문이다. 북한이 핵을 보유하고 있는 한 핵을 포기하도록 노력해야 하는 것은 불변의 과제이며, 중국이 좀 더 적극적으로 북한 비핵화에 나서도록 설득하는 노력도 지속되어야 한다. 북한과 중국을 움직이는데 도움이 된다면 어떤 카드든 살려두는 것이 좋다.

평화의 섬 제주도에 해군기지를 건설하면 평화가 깨진다?

제주도 해군기지 사업이란 서귀포시 강정마을에 2014년까지

약 1조원을 투자하여 민군 복합형 해군기지를 건설하는 것을 말한다. 해군이 제주도에 해군기지를 건설하겠다는 방침을 결정한 것은 1993년의 일이었지만 이런 저런 사정으로 속도를 내지 못하다가 2002년에 후보지를 서귀포시 화순항으로 정했고, 다시 2007년에 서귀포시 강정마을로 변경하고 현지 여론조사를 거쳐 확정했다. 하지만 외지 활동가들이 반대에 가세함에 따라 강정마을은 '남남갈등'의 전장(戰場)이 되어버렸다. 2008년에는 반대자들이 주민소환투표를 통해 해군기지 건설을 수용한 김태환 제주지사를 심판하려 했지만 유효표 미달로 무산되었다. 2010년에는 토지매입과 어업보상이 완료되었다. 이것으로 논란이 종식되고 건설이 속도를 낼 것으로 기대했지만, 그렇지 못했다. 강정마을 입구에는 전국에서 원정온 반대단체들이 진을 치고 공사를 훼방했다. 2007~2008년에도 그랬고 2012년에도 그랬다.

해군기지에 반대하는 사람들의 주된 논리는 '환경'과 '평화'였다. 하지만 이 역시 현실보다는 이상을 앞세우는 논리다. 반대에 가세한 천주교 제주교구의 일부 성직자들이 참여연대 등과 함께 '평화의 섬 특별위원회'를 만들고 "평화의 섬에 웬 해군기지냐"라는 슬로건을 내세웠다. 과연 그런 것인가. 평화의 섬에 군사기지가 들어오면 평화가 깨지는 것인가.

국책사업에는 늘 찬반이 따르기 마련이며, 정당한 반대도 있다. 재산상의 손해를 볼 수 있는 주민이 반대하는 것은 정당하며, 환경오염에 대한 우려도 정당하다. 재산상의 피해에 대한 우려는 국가가 합당한 보상정책을 통해 해결해야할 문제이며, 환경 문제는 손득계산으로 판가름할 문제다. 인류문명의 역사는 환경파괴의 역사였다. 사람들은 산림을 훼손하여 농경지를 만들고 농경지를 훼손하여 도시를 건설했다. 이런 식으로 필요한 곳에 필요한 시설을 만들면서 문명을 유지해왔다. 천성산을 관통하는 고속철도를 건설한 것은 도롱뇽을 보호하는 것 보다는 더 큰 경제이익이 예상되었기 때문이며, 미국의 산디에고, 호주의 시드니, 프랑스의 똘롱, 싱가포르의 창이, 이태리의 라스페치아 등이 민군 겸용항으로 개발된 것도 환경 손실보다는 안보·경제 이익이 더 크다는 판단 때문이었다. 제주도 해군기지 역시 환경손실보다 더 큰 안보이익을 얻을 수 있다면 건설해야 한다.

한국은 세계4위의 석유수입국이자 하루 220만 배럴을 소비하는 7위의 석유 소비국이다. 한국은 경제의 대부분을 무역에 의존하는 무역대국이자 해운대국이다. 제주도에서 대만에 이르는 600해리의 남방 해상로는 한국의 생명선이다. 수입원유의 100%와 수출입 물량의 대부분이 이 항로를 이용한다. 이것만으로도 제주도 해군기지의 가치는 환경손실을 상회하고 남는다. 그게 모두가 아니다. 제주도 남방 대륙붕에는 약 70억 톤으로 추정되는 석유 및 천연가스가 매장되어 있고, 제주 남방에서 동중국해 쪽으로 가면 더 많은 원유가 매정되어 있는 것으로 추정되고 있다.

이런 상황에서 국토의 최남단에 해군 기동부대를 배비하는 것은 남방해상로 보호를 위해 긴요할 뿐 아니라, 해적, 테러, 해상분쟁 등 돌발상황에 신속히 대응하고 해양주권과 미래의 자원을 지켜내기 위해 필요하다. 제주도 해군기지는 국가경제의 생명선을 보호하기 위한 교두보이며, 이 해역이 한·중·일 사이에서 이익이 충돌하는 해역과 인접해 있다는 사실은 이를 더욱 실감나게 해주고 있다. 이 해역에는 배타적 경제수역(EEZ)이 획정되지 않은 상태이며, 석유자원 확보를 위한 대륙붕 관할권 분쟁 가능성도 있다. 한·중 분쟁이 우려되는 이어도까지 접근하는 소요시간만 보더라도 그렇다. 중국이 퉁다오항에서 함정을 보내면 시속 22㎞를 기준으로 할 때 11시간이 소요되며, 일본이 도리시마에서 함정을 보내면 13시간이 소요된다. 한국이 부산항에서 함정을 보내면 21시간 30분이 걸린다. 강정마을에서 출동하면 7시간으로 줄어든다. 신속한 초동조치가 승패를 좌우하는 해상분쟁의 특성상, 제주도 해군기지의 필요성은 아무리 강조해도 지나치지 않다.

반대단체들은 제주에 해군기지가 건설되면 미군 핵항공모함의 기항지가 되어 중국을 자극하게 되고 미·중 군사충돌시 제주도가 중국군의 공격을 받을 수 있고 관광도 지장을 받는다고 하지만, 이것도 소설과 같은 이야기다. 이 주장대로라면 베트남은 동중국해 쪽에 군항을 가져서는 안 되며, 대만도 금문도 군사기지를 포기해야 한다. 자고로 큰 나라든 작은 나라든 주권국은 주권을 수호하기 위해 영토를 이용할 권리를 가진다. 미·중 군사충돌시 중국군의 공격을 받는다는 얘기도 꽤나 허황하다. 미중간 충돌이 있더라도 한국은 개입해서 안 되고 개입할 처지도 아니다.

이런 상황에서도 천주교 모 주교가 순진한 주장들을 굽히지 않고 있어 딱하기 짝이 없다. "평화의 섬으로 지정된 곳에 군사시설을 지을 수 없다"라는 주장부터 따져보자. 의사가 질병을 극복하기 위해 질병을 연구하듯 국가는 전쟁을 막기 위해 전쟁에 대비한다. 군대는 사람을 죽이기 위해서가 아니라 사람을 죽이는 일이 발생하지 않도록 억제하기 위해 존재한다. 하와이는 인구 백만 명의 조그만 섬들이지만, 인구보다 훨씬 많은 관광객들이 북적댄다. 미국의 5개 통합군사령부 중의 하나인 태평양사령부(PACOM)와 태평양함대사령부(7함대 및 3함대)의 본부가 들어서 있지만 이 때문에 하와이의 평화가 깨진다는 말은 들어본 적이 없다. 제주도 해군기지도 평화를 지키기 위해 건설되는 것이다.

"군사력에 의존하면 군사력으로 망한다"라는 논리는 더욱 황당하다. 초등학교 교실에서나 나올법한 공자님 말씀이다. 주변국들이 약소국이고 우리가 강대국이라면 모를까, 강력한 주변국들에게 둘러싸인 상황에서 너무나 무책임한 소리다. 그들이 우리 땅이나 바다를 넘보면 그냥 넘겨주라는 것인가. 개인 사이에서 적용되는 덕목을 국가관계에 적용하라고 우기니 어찌하면 좋단 말인가. "4·3 사태의 상처가 남은 곳에 군사기지를 만들어서는 안 된다"는 것은 또 무슨 궤변인가. 4·3 사태의 교훈을 소중하게 간직함으로써 다시는 그런 일이 일어나지 않도록 해야 함은 당연하지만, 도대체 그것이 국토의 외연을 넓히고 남방항로를 보호하기 위해 해군기지를 건설하는 것과 무슨 상관이 있다는 것인지 알 수가 없다.

참으로 혼란스럽다. 국가안보, 자원보호, 무역 등 현실적인 필요성을 알면서도 환경문제나 평화문제에 대한 원칙을 고수하려는 집념으로 반대하는 것이라면 '순진무구형 이상론'으로 봐줄 수 있다. 하지만 미군철수, 보안법 철폐, 맥아더 장군 동상 철거 등을 관철하기 위해 전국적으로 활동했던 사람들이 제주도에 와서 난리를 치는 것은 다른 이야기이다. 군대생활을 한 적도 없고 국가생존을 고민해보지도 않은 성직자들이 세상 물정 모르는 애들 마냥 한가한 소리를 하는 현상에 대해서는 한숨 밖에 나올 것이 없다.

해외파병은 강대국의 부도덕한 전쟁에 가담하는 것이다?

1960년대 베트남 파병이래 해외파병 문제는 늘 '남남갈등'의 주제로 등장했었다. 진보적 시각을 가진 사람들은 해외파병을 '부도적한 패권세력인 미국을 돕는 부도덕한 행위'로 정의하는 경향을 보인다. 보수적 시각을 가진 사람들은 한미동맹 강화를 위해 해외에서도 미국과 보조를 맞추어야 한다고 주장한다. 필자가 보기에 이런 진보와 이런 보수에는 문제가 있다. 파병의 성격은 시기와 대상국에 따라 달라지지만, 기본적으로 우리 스스로를 위한 것이다.

한국은 지금도 15개국에 1,200여 명의 병력을 파견하고 있다. 파병지역도 미국, 지부티, 바레인, 아프간, 아이티, 서부 사하라, 라이베리아, 코트디부아르, 수단, 네팔, 인도/파키스탄, 레바논, UAE, 소말리아 해역 등으로 다양하다. 해외파병은 한국의 국제적 의무이다. 한국전쟁 동안 한국은 국제사회로부터 큰 도움을 받았고, 그 도움이 없었다면 오늘날의 번영된 한국은 존재하지 않을 것이다. GDP 규모 세계 15위라는 만만치 않은 경제력을 성취한 한국이 필요한 곳에 도움의 손길을 보내는 것은 당연한 일이다. 하지만 따지고 보면 이것도 우리 스스로를 위한 것이다. 외교저변을 확대하고 국위를 신장하는 것은 결국 우리 스스로를 위해 필요한 일이다.

한미동맹이 해외파병의 중요한 이유가 된 경우도 많았다. 베트남전쟁이 그랬고, 이라크, 아프간 등에 군대를 보낸 배경에도 한미동맹을 의식한 부분이 있었다. 하지만 이것도 결국은 우리 자신을 위한 선택이었다. 한국은 1964년부터 1972년까지 8년간 연인원 31만 명을 베트남전쟁에 보내 5천여 명의 전사자를 냈다. 이들이 국가발전에 기여한 공로는 필설로 표현하기 어렵다. 이들이 벌어들인 외화는 메마른 논을 적시는 단비와 같았고, 한국 산업화의 밑거름이 되었다. 미국은 베트남 파병을 계기로 한국에게 막대한 무기와 군사기술을 넘겨주었고, 한국은 그 기반을 딛고 전차와 군함은 물론 제트기까지 생산하는 방위산업을 일구어냈다. 이를 두고 미국의 압력에 떠밀려 참전한 전쟁이라고 폄하하는 것은 옳지 않다. 이라크 파병이나 아프간 파병도 당장은 한미동맹 차원의 결정이라 할 수 있을지 몰라도 멀리 보면 에너지 빈국인 한국이 중동의 석유자원을 확보하기 위한 장기적 포석이다.

해외파병에서 국익추구라는 성격은 더욱 강해지고 있다. 청해부대만 해도 그렇다. 소말리아 해역은 연간 33,000척의 선박이 석유 등 전략물자를 싣고 통과하는 중요한 해상교통로이며, 한국의 사활적 이해가 걸린 곳이다. 한국은 수출입 물량의 99.7%를 해상수송에 의존하고 있으며, 소말리아 해역을 통과하는 한국선박은 연간 500척으로 총 수출입 물량의 29%에 달한다. 이 해역에는 매년 수백 건의 선박납치, 선원에 대한 폭력 등 해적에 의한 피해가 발생하며, 한국 선박이나 선원이 납치된 경우도 십여 건에 달한다. 이를 보다 못한 국제사회는 2008년 안보리 결의 제1814호, 제1816호, 제1838호, 제1844호, 제1846호, 제1851호, 제1853호 등을 연이어 통과시키면서 국제 공조 체제를 구축했다. 현재 소말리아 해역에는 미국이 주도하는 연합해군사령부(CFMCC)와 유럽연합해군(EUNAVFOR)이 해적퇴치 활동을 전개하고 있다. 일본과 중국은 각각 두 척과 세 척의 함정을 보내 동참하고 있다. 해운대국인 한국이 구축함과 청해부대를 보내 해적퇴치에 동참하는 것은 국제적 의무를 수행하는 것이기도 하지만, 우선적으로는 한국경제의 젓줄인 해상로를 보호하고 한국 선박의 안전을 도모하기 위함이다.

이런 의미에서 2011년 1월 21일 새벽에 있었던 아덴만의 쾌거는 두고두고 잊을 수 없다. 당시 아덴만에서는 한국선박인 삼호주얼리호가 해적들에게 납치되어 해적의 본부인 소말리아로 끌려가고 있던 상황이었다. 그런 급박한 상황에서 구축함 최영호에 탑승하고 있던 청해부대의 UDT-SEAL 대원들이 '아덴만 여명' 작전을 전개하여 전광석화와 같이 해적 13명을 소탕하고 삼호주얼리호의 선원 21명을 구출해낸 것이다. 이들은 진실로 아덴만의 영웅들이었다.

우리에게는 잊지 말아야 할 또 한 명의 영웅이 있다. 삼호주얼리호의 석해균 선장이었다. 그는 작전을 돕기 위해 해적들의 총부리 앞에서도 배를 지그재그로 몰아 해적의 소굴인 소말리아로 이동하는 것을 지연시켰고, 엔진오일에 물을 타서 배가 자주 멈추도록 했으며, 몰래 최영함과 교신하여 해적들의 인원과 무장상태를 알려 주기도 했다. 그는 낌새를 알아차린 해적에게 얻어맞고 흉탄에 쓰러졌다. 이후 온 국민은 석 선장의 쾌유를 빌었고 필자 역시 『매일경제』 2011년 1월 28일자 칼럼을 통해 "대한민국 최고의 캡틴 석해균 선장, 당신이 병상을 박차고 일어서기 전까지 '아덴만 여명' 작전은 완료된 것이 아닙니다"라고 썼다. 석 선장은 우리의 기대를 저버리지 않았다. 2011년 11월 4일 9개월에 걸친 병상생활을 털어내고 우뚝 일어선 것이다. 그를 살려낸 아주대 병원의 이국종 박사도 영웅이었다.

2010년 정부가 특전부대 130명을 UAE에 파견하겠다고 발표했을 때에도 찬반론이 뜨거웠다. 이때에도 일부 시민단체들은 "패권국 미국의 침략전쟁에 휘말리지 말라", "돈을 벌자고 용병을 보내는 것이냐", "왜 남의 전쟁에 우리 아들들이 죽어야 하나" 등의 주장을 내세워 반대했는데, 그 기저에는 강한 반미주의 기류가 깔려있었다. 하지만 반대자들의 이런 도덕론은 국익론에 의해 압도되었다. 반대자들은 "눈앞의 몇 푼 경제이익에 좌우되어서는 안 된다"라고 했지만, UAE에서 벌어들이는 외화는 '몇 푼' 수준이 아니다. UAE는 우리에게 있어 석유공급국이자 최대의 건설·플랜트 수출시장이다. 2000~2010년 동안 건설수출액 2,244억 달러 중에 1/4이 UAE로 수출한 것이며, 2010년 상반기 동안 기록한 플랜트 수출 335억 달러 중 60%가 이 나라로 수출된 것이다. 방산수출도 이미 시작되고 있다. UAE는 한국경제의 효자인 셈이다. "파병을 약속해주고 원전을 수주한 것"이라는 주장도 비판을 위한 비판에 지나지 않았다. 한국은 UAE에서 200억 달러에 달하는 원전을 수주했고, 후속 200억 달러의 수주도 진행 중이다. 이 사업은 향후 10년간 연인원 11만 명의 고용효과를 가져오는 것이어서, 좁은 국내시장에 의존할 수 없는 한국 원자력산업에게는 생명줄이나 다름없다.

특히 중동지역에 대한 파병은 에너지 안보와 무관할 수 없다. 지금은 에너지 시대다. 에너지가 없는 선진국은 선진국 대열에서 이탈하게 되어 있으며, 에너지가 없는 개도국은 선진국의 문턱을 넘지 못한다. 그래서 미국, 중국, 일본, 유럽, 인도 등이 국가의 명운을 걸고 에너지 쟁탈전에 나서고 있다. 900억 배럴 이상의 매장량이 확인된 카스피해 지역은 유리한 송유관 노선을 확보하기 위한 외교전쟁이 벌어지고 있는 격전장이며, 아세아, 중동, 아프리카, 사할린 등의 에너지 개발권을 놓고도 에너지 소비국들 간 건곤일척(乾坤一擲)의 승부가 거듭되고 있다. 화석 에너지의 고갈, 중국과 인도의 부상으로 인한 에너지 수요의 급증, 답보상태에 머물고 있는 신·재생 에너지 개발 등을 감안할 때, 시간이 지날수록 에너지 쟁탈전은 가열될 것이다.

이렇듯 에너지 사정이 급박하지만 한국의 에너지 구조는 취약하기 짝이 없다. 한국은 경제성장을 수입에너지에 의존해야 하는 구조적 문제점을 안고 있다. 에너지의 해외의존도는 95%를 상회하는데, 석유(44%), 석탄(24%), 천연가스(13%) 등 화석연료에 대한 의존도가 높고 신·재생에너지의 비중은 2.4%에 지나지 않는다. 하루 220만 배럴의 석유를 소비하는 7위의 소비국이지만 현지개발 비율은 3%대에 머물고 있어 프랑스(98%), 이탈리아(55%), 일본(15%) 등에 크게 뒤진다. 일 년 동안 자동차, 반도체, 휴대폰 등 효자품목들이 벌어들이는 달러를 그대로 에너지 수입에 사용해야 한다. 그러면서도 기후변화에 대처하는 이산화탄소 줄이기 캠페인에도 동참해야 하는 절박한 상황이다. 에너지는 돈이 있다고 살 수 있는 물건도 아니다. 때문에 정부와 국민은 죽기 살기로 나서야 한다.

　요컨대, 해외파병은 우리의 미래생존을 위한 투자이다. 한국군의 해외파병은 국제적 의무인 측면도 있고 한미동맹을 위한 측면도 있지만, 궁극적으로는 우리가 살기 위한 결정이다. 도덕론을 앞세운 반대론은 지나치게 한가한 주장이며, 한미동맹을 앞세운 찬성론은 지나치게 순진한 주장이다. 차제에 한마디를 추가한다면, 해외에서 병사 한 명이 전사했다고 해서 광화문에서 촛불시위가 벌어지는 나라라면 한국은 파병정책을 운위할 자격이 없다. 장병의 희생을 가볍게 보고자 함이 아니다. 군대란 국내에서든 해외에서든 국익을 수호하기 위해서는 위험을 무릅써야 하고, 그 과정에서 사상자는 발생한다. 영국과 호주는 많은 장병들을 희생시키면서 해외파병에 앞장선다. 해상항로를 지키고 국제사회와의 네트워크를 구축하는 것이 섬나라의 미래생존에 긴요하기 때문이다. 우리 역시 베트남 전쟁에서 많은 장병을 잃었고, 귀환 후에도 고엽제 후유증으로 신음하는 장병들이 많다. 지금도 세계 각지에는 한국군 장병들이 위험 속에서 근무하고 있다. 해외파병을 두고 배부른 도덕논쟁이나 벌이는 것은 이들을 욕되게 하는 일이다. 국가는 위험을 무릅쓰는 군인들을 위해 그들의 명예와 사기를 높여주어야 하고, 국민은 장병들의 희생을 고맙게 생각해야 한다.

천안함 폭침은 한국 정부가 조작한 것이다?

천안함 폭침은 한국해군 사상 최대의 참사였다. 2010년 3월 26일 21시 22분 해군 2함대사령부 소속의 1,200톤급 초계함(PCC) 천안함은 강력한 수중폭발로 침몰했다. 승조원 104명 중 46명이 전사하고 함장을 포함한 58명은 구조되었다. 금쪽같은 아들을 잃은 어머니들과 생때같은 남편을 잃은 아내들의 절규가 온 하늘에 메아리쳤지만, 그들은 결코 돌아오지 않았다. 그렇게 하여 이창기 원사에서 장철희 이병에 이르는 46명의 젊은 영웅들은 짧은 생을 조국에 바치고 이승을 떠나갔다.

정부는 합동조사단을 만들어 조사에 착수했고, 여기에는 미국, 영국, 호주, 스웨덴 등 4국이 동참했다. 5월 20일 합동조사단은 북한 잠수정(연어급, 130톤)이 발사한 음향추적 중어뢰에 의해 침몰한 것으로 발표했다. 침몰 해역에서 인양한 북한산 어뢰 CHT-02D의 잔해도 공개했다. 5월 24일 정부는 남북교역 중단, 북한상선의 제주해협 통과 금지 등 일련의 대북조치를 발표했다. 북한은 '남조선의 자작 모략극'이라며 펄쩍 뛰었다.

사고 직후부터 중국의 어정쩡한 태도는 한국인들의 애간장을 태웠다. 중국은 끝내 '북한의 소행'이라는 언급을 하지 않았으며, 합동조사에 참여해 달라는 한국 정부의 은밀한 요청도 뿌리쳤다. 유엔에서도 그랬다. 상임이사국인 중국의 반대로 유엔안보리는 결의문을 채택하지도 못하고 대신 의장성명을 발표했는데, 거기에서도 공격자에 대한 언급을 포함시키지 못했다. 2010년 7월 9일 채택된 의장성명은 천안함 사태를 '공격에 의한 침몰'로 규정하면서도 공격주체를 명시하지 않았고, 46명의 인명 손실을 초래한 공격을 '개탄(deplore)'하고 '규탄(condemn)'하면서도 규탄의 대상을 밝히지 않았으며, "이번 사태와의 관련을 부인하는 북한의 입장에 유의한다(take note of)"는 표현까지 포함시켰다. 한국 국민은 분노했고, 유족들의 가슴은 부글부글 끓어올랐다.

이건 약과였다. 진정 유족들의 속을 새까맣게 태운 것은 한국 국민의 1/5이 합동조사단의 발표를 믿지 않는다는 사실이었다. 합동조사 결과 발표 직후 동아일보가 코리아리서치(KRC)에 의뢰하여 실시한 여론조사에 따르면, 응답자의 72%가 발표를 신뢰하는 것으로 그리고 21%는 불신하는 것으로 나타났다. 특히 20대 응답자의 경우 절반에 가까운 47.8%가 불신하는 것으로 나타났다. 일부 네티즌들의 악플은 압권이었다. "천안함 침몰은 이명박 정부가 내년 6월 지방자치제 선거에서 이기기 위해 조작한 것이다", "북풍을 만들어내기 위한 자작극이다", "미국이 남북한 싸움을 붙이기 위해 저질렀다." "미국 잠수함이 그랬다." 한국과 중국의 네티즌 간의 언쟁도 뜨겁게 진행되었는데, 중국의 네티즌은 물론 『환구시보』같은 관영 매체들은 한국 내에서 유포되고 있는 천안함 조작설을 인용하면서 "그 봐라 너희 국민도 불신하지 않느냐"라는 논리를 앞세웠다. 유족들은 물론 한국 정부에게도 참으로 힘든 시기였다.

우선, 법정논리와 안보논리와 차이점을 한번 고찰해보자. 법정에서 판사는 유죄판결을 내릴 때 물적 증거를 요구한다. 정황과 동기를 볼 때 피고가 범인이라는 확신을 가지고 있어도 확실한 증거가 없으면 좀처럼 유죄판결을 내리지 않는다. 열 사람의 도둑을 놓치더라도 한 사람의 억울한 죄인을 만들어서는 안 된다는 법정논리를 존중하기 때문이다.

안보논리는 이런 것이 아니다. 대한민국이 골목길을 걸어간다고 가정해보자. 정상적으로 무역도 하고 정상적으로 행동을 하면서 제 길을 가고 있다. 그런데, 등위에서 자꾸 돌멩이가 날아온다. 머리가 깨지고 피가 철철 난다. 뒤돌아보니 웬 험상궂은 사내가 골목길에 앉아 돌무더기를 만지작거리고 있다. "네가 던졌지?"라고 물으니, "나는 모른다. 증거를 대라"고 대든다. 등 뒤에 눈이 달린 것이 아니니 돌을 던지는 장면을 목격할 수도 없고, 사진을 찍어 둔 것도 아니다. 물적 증거가 없다. 그러면 더 이상 시비하지 않고 가던 길을 그냥 가면서 또 다시 날아오는 돌멩이를 맞아야 하는가. 그 사내가 아니면 돌을 던질 사람이 없는데도 그냥 두어야 하는가. 이런 논리는 국가안보에는 통하지 않는다. 국가는 개인이 아니기 때문이다. 국민의 생명과 재산을 지켜야 하는 것이 국가이기 때문이다.

안보논리를 적용한다면 합동조사단이 '수중폭발(underwater external explosion)로 인한 침몰'을 증명한 순간 범인이 분명해졌기 때문에 굳이 물증을 찾아야 할 필요가 없었다. 북한 이외 한국 군함을 공격할 동기를 가진 나라가 없고, 인근에 소형 잠수함들을 운용하는 것도 북한뿐이다. 해저수색을 끝내기로 했던 하루 전날 쌍끌이 어선이 어뢰의 잔해를 끌어올린 것은 행운이었다. 북한이 생산하는 CHT-O2D 어뢰라는 사실도 확인되었다. 법정논리를 적용하더라도 완벽한 증거가 확보된 것이다. 그래도 인터넷에서는 조작설이 끊이지 않았다. 이 대명천지에 선거에 이기기 위해 자기 국민을 수십 명씩이나 죽이면서 자작극을 벌이는 정부가 있다고 믿는 젊은이들이 있다니, 참으로 놀랍도록 불편한 진실이다.

천안함 사건은 정부, 국민 그리고 군에게 엄청난 교훈을 남겼다. 군사적으로는, 북한의 무력도발에 취약할 수밖에 없는 방자(防者)의 처지가 재확인되었다. 공자(攻者)는 기습의 방식과 대상을 미리 정해둔 상태에서 치밀한 예행연습을 거친 후 일시와 조건을 선택하여 도발을 결행할 수 있지만, 먼저 공격할 수 없는 방자는 늘 모든 가능성에 대비해야 하고 저쪽에서 때리면 일단 맞아야 한다. 천안함은 1980년대에 건조된 군함으로 수중탐지에 한계를 가진 수중음탐기(SONAR)만을 가지고 있어 북한 잠수함의 접근이나 어뢰발사를 탐지하지 못했다. 북한이 마음만 먹는다면 이런 피해는 언제나 가능하다. 간첩을 막기 위해 전 국토에 철조망을 칠 수도 없고, 잠수함을 막기 위해 바다 전역에 그물을 칠 수도 없다. 우리 군에게는 북한의 국지도발 위협과 전면전 도발에 대응함에 있어 '소극적 방어'가 아닌 '적극적 공세' 전략이 필요함을 인식시켰다. 북한으로 하여금 도발을 엄두내지 못하게 하는 억제력을 갖추어야 한다는 점이 분명해진 것이다. 국민에게는 안보동면(冬眠)에서 깨어나 북한의 두 얼굴 중 '안보위협' 쪽의 모습을 똑똑히 볼 수 있는 기회를 제공했다. 안보가 무너지면 개인이 누리는 경제적 번영도 부귀영화도 일순간 물거품이 된다는 사실을 재확인하는 기회를 제공했다.

하지만 몰지각한 '천안함 조작설'이 유족들의 가슴에 대못을 박았다는 사실은 반드시 짚고 넘어가야 한다. 2011년 3월 31일 필자는 김성찬 당시 해군참모총장이 주최한 '천안함 피격사건 1주년 평가회의'에서 기조연설을 하기 위해 대방동 해군호텔에 갔다. 필자는 해군은 병력 부족, 해외파견용 대형함 부족, 잠수함 전력 부족, 공중전력 부족이라는 4대 부족현상을 해결하고 '십만 해군'을 향해 달려가야 한다고 외쳤다. 그리고는 천안함 유족들을 만났다. 일 년이라는 세월이 흘렀지만 유족들은 칠흑 같은 어둠 속에서 몸부림치며 비참하게 숨져간 남편과 아들을 떠올리며 치를 떨었다. 손톱이 부러지도록 철문을 긁으면서 탈출을 시도했을 아들들을 떠올리면서 몸서리를 쳤다. 아들을 잃은 한 아버지가 울음 섞인 목소리로 말했다. "진위를 판단할 기준과 능력도 없는 어린 학생들이 애국(愛國)인지 해국(害國)인지 고심하지도 않은 채 마구 퍼뜨린 조작설이 내 아들을 두 번 죽였습니다." "뻔히 알면서도 북한을 두둔하는 정치인들이 내 아들을 세 번 죽였습니다."

사실이 그랬다. 천안함 피격 이후 일부 철부지 학생들은 재미삼아 '자작극'과 '조작설'을 퍼다 날랐고, 정파적 이익이나 자신이 속한 집단의 이익을 위해 스스로를 속이면서 북한의 변명에 부화뇌동(附和雷同)한 인사들도 적지 않았다. 이들의 궤변(詭辯)과 교언(巧言)은 대한민국의 등에 칼질을 했고 유족들의 가슴에 비수를 꽂았다. 나라를 위해 숨져간 영령들이여, 부디 천상(天上)의 태안(泰安)을 누리소서.

독도를 자기네 땅이라 우기는 일본과는 상종하지 말자?

2011년 8월 1일 김포공항에서는 일본 국회의원 세 사람이 한 판의 쇼를 연출했다. 독도가 일본 땅이라고 주장하기 위해 울릉도를 방문하겠다며 한국에 왔다가 입국을 금지당한 사건이었다. 한일관계가 일시 냉각되었다. 일본의 조무래기 정치인들이 벌이는 '독도쇼'를 보면서 한국인들은 분개했고, "일본과의 관계를 근본적으로 재검토해야 한다"는 주장이 터져나왔다. 극단적인 주장들도 나왔다. 일본의 두 얼굴을 상기시켜준 사건이었다.

A안경으로 바라본 일본은 징그러울 정도로 염치없는 나라이다. 35년간 한반도를 침탈한 침략자이면서도 과거청산에 대해서는 미온적이다. 일본정부가 성노예 할머니들에게 배상한

적이 없으며, 히로시마와 나가사키에서 원폭 피해자가 된 한
국인들에게 공식적으로 사과한 적이 없다. 일본의 교과서들은
여전히 식민통치를 정당화하고 있다. 틈만 나면 독도를 시비
하여 한일관계를 껄끄럽게 만든다. 나치에 의한 만행에 대해
철저히 반성하고 사과하면서 살아온 독일과는 달라도 너무 다
르다. 사석에서 만나는 일본 전문가들은 "국민정서 때문에 일
본정부나 정치인들이 독도를 포기하지 못한다"는 말을 반복한
다. 그러면서도 일본의 교과서는 독도가 일본 땅인데도 한국
이 강점하고 있다고 가르친다. 국민에게 독도를 자기네 땅이
라고 우기라고 가르치면서 그 국민을 핑계대고 오늘도 내일도
독도를 시비하고 있다.

그러나 B안경으로 보는 일본은 다른 모습이다. 일본은 우
리의 지리적 이웃이자 중요한 경제 파트너이다. 일본은 서방
국의 일원으로 동일한 민주주의적 가치와 시장경제 질서를 공
유하고 있으며, 한일 양국은 미국을 중심으로 하는 '부챗살' 동
맹을 구축하고 있다. 급속도로 힘을 키우는 중국에게는 일본
의 견제역할이 필요하며, 북핵 문제에 대처하기 위해서는 한
일 두 나라가 공조해야 한다. 문제는 A, B 두 시각이 모두 맞
지만 우리가 처한 한반도 여건과 주변정세를 종합하면 B시각
이 더 중요하다는 점이다. 그렇다면, 일본정부가 얌체 행동을
계속하더라도 또는 일부 우익세력들이 딴죽을 걸더라도 한일
관계는 꾸준히 발전해야 한다. 똥개들이 짖어대도 기차는 앞
을 향해 달려야 한다.

돌이켜 보건대, 일본인들에게는 그 어떤 한계가 있다. "아, 이것이 섬나라 기질이구나"라는 느낌이 들게 만드는 그 무엇이 있다. 2011년 3월 거대한 자연의 힘이 일본열도를 강타했을 때를 회상해보자. 지진과 쓰나미로 생활터전을 잃은 일본인들에게 후쿠시마 원전 사태까지 가세했다. 세계는 일본을 돕기 위해 나섰고, 한국에서도 일본 돕기 열풍이 일어났다. 이때 필자의 뇌리에는 어쩌면 이번 일을 계기로 한일 양국이 진정한 이웃으로 발전할 수 있겠다는 생각이 들어왔다. 한국인들은 지금까지 일본을 가해자로 생각하면서 살아왔지만, 이번엔 태평양에서 발생한 쓰나미를 막아준 일본열도에 대해 고마움을 느낄 수 있었다. 엄청난 재앙을 당하고도 울음을 삼키며 질서를 지키는 일본인들을 보면서, 그리고 생사(生死)가 뒤섞인 생지옥 속에서 아무런 결정도 내리지 못하고 우왕좌왕하는 정부의 무능을 인내하면서 약탈도 사재기도 하지 않는 일본인들의 성숙함에 숙연함을 느끼기도 했다. 일본인들에게도 한국을 다시 보는 기회가 될 수 있을 것으로 기대했다. 자기들을 돕기 위해 정부와 국민이 한 덩어리가 되고 있는 보면서 그리고 일본 팬들의 사랑을 받아온 한류 스타들이 거금을 쾌척하는 것을 보면서 이제는 한국을 진정한 이웃으로 생각하게 될지 모른다는 기대감을 가졌다. 그렇게만 된다면 대재앙이 적어도 한일관계에 있어서는 소중한 전화위복(轉禍爲福)의 계기가 될 수 있었다.

'국가생존학(?)'을 전공하는 필자 같은 사람의 생각은 거기서 멈추지 않았다. 중국의 부상과 미국의 상대적 쇠퇴, 러시아의 부흥, 한·미·일과 북·중·러가 대치하는 신냉전 구도의 가능성, 북한의 도발로 인한 한반도 긴장상황 등을 두루 감안할 때 지금이야말로 한일 안보협력을 가능하게 만들 절호의 기회라는 생각도 해보았다. 때마침 2010년부터 일본의 관리들과 언론들이 '한일 안보협력'을 부쩍 요구해왔기 때문에 더욱 그랬다. 중국의 군사적 부상, 북한의 핵개발과 대남도발, 중북동맹의 강화 등을 보면서 일본 역시 한·미·일 삼각 안보협력이 필요하다는 생각을 했기 때문이었다. 하지만 거기까지였다. 수락석출(水落石出: 물이 빠지면 암초가 드러난다)이라고 했던가. 쓰나미가 빠져나가기 무섭게 일본인들은 소인배적 욕심을 드러냈다. 개버릇 남 못주듯 금방 독도를 자기 땅이라고 주장하여 우리의 심기를 건드렸다.

사실 독도 문제는 일본이 조금만 더 대승적으로 생각한다면 일거에 해결될 수 있다. 한국을 중요한 이웃으로 인정한다면 과거 식민지배에 대한 사과의 의미로 한국의 독도 영유권을 인정하면 된다. 육지에 대한 영유권은 한국이 갖되 수산자원과 해저자원은 공유하면 된다. 한국도 그 정도의 타협은 각오해야 한다. 양국 사이의 바다에 대해서도 '동해'와 '일본해'로 싸울 것이 아니라 중립적인 '창해(滄海: Blue Sea)'로 개칭하면 된다. 서쪽의 '황해'라는 이름과도 잘 어울리는 이름이 아닌가. 세계 제3위의 경제력을 가진 일본에게 독도의 경제적 의미는 미미하다. 이런 식으로 문제를 해결한다면 한일 관계는 새로운 계기를 맞을 것이다. 하지만 일본인들은 돌무더기 하나에 매달리는 것이 애국인양 착각하면서 한국인들의 감정을 긁어대고 있다. 쓰나미를 맞은 일본을 돕겠다고 나섰던 한국인들은 일본을 향해 열었던 마음을 다시 닫았다. 섬나라의 한계인 모양이다.

성노예 문제도 마찬가지이다. 일본이 조금만 더 넓게 생각한다면, 불쌍한 할머니들이 1천회를 넘기면서 매주 수요일마다 일본대사관 앞에서 시위를 벌이는 일은 벌써 중단되었을 것이다. 큰돈이 드는 일도 아니다. 일본정부가 나서 사과하고 배상하면 될 일이지만, 속 좁은 일본인들은 어제도 오늘도 할머니들의 고령을 계산하면서 물적 증거물들이 소멸되기를 기다리는 비열한 '기다림의 정치'를 고수하고 있다.

그럼에도 B시각이 더 현실에 근거하는 것이라면, 일본이 독도 문제나 성노예 문제로 우리의 염장을 지른다고 해서 한일관계를 파탄내야 하는 것은 아니다. 세계 최강국들이 마주보는 한반도에 살고 있는 우리로서는 이들 중 어떤 나라와도 적대적 관계를 가지지 않아야 하지만, 특히 일본은 미국과의 동맹관계를 공유하는 나라로서 우리와 협력해야 할 분야가 많다. 한일간 경제관계가 단절되면 양국 모두에게 손해겠지만, 타격은 우리가 더 많이 받는다. 일본의 손가락이 부러지면 한국은 팔을 절단해야 하는 식이다. 일본 정부나 국민 중에도 일본이 독도문제로 한국을 자극하는 것을 못마땅하게 생각하는 사람들은 얼마든지 있다. 우리는 이들을 바라보면서 서로의 입장은 다르지만 보다 큰 가치의 실현을 위해 한일관계를 꾸려

나가야 한다.

　이런 맥락에서 2012년 6월 29일 서명예정이었던 한일정보보호협정을 둘러싼 소동은 많은 반성점을 남겼다. 국민의 대일감정을 감안하지 않은채 국회에 알리지도 않고 비밀리에 추진했다는 이유로 정부는 정치권으로부터 심한 질타를 당했고, 결국 서명은 보류되고 말았다. 이 소동에는 "한일 군사협력은 한중관계를 해친다"는 주장도 큰 역할을 담당했다. 하지만 냉정하게 따져보면 중요한 내용들이 언론과 정치권이 증폭시킨 반대여론 속에 함몰되어버린 측면이 없지 않다. 중국이 강자로 부상하면서 북중관계가 강화되고 미중 대결구도가 심화되는 것은 우리의 의사와 무관하게 진행되고 있는 신국제질서의 흐름이며, 때문에 한일정보협력을 통해 한·미·일 협력구도를 강화하는 것은 신국제질서에 대한 대응이지 그 질서를 배태시키는 원인행위가 아니다. 또한, 한중 간에 협력할 일과 견제해야 할 일들이 복잡하게 얽혀있는 상황에서 견제할 것은 견제하고 협력할 것은 협력한다는 자세를 갖는다는 것은 한중관계의 장래를 위해 나쁜 것이 아니다. 한일 양국이 북핵에 대해 공동위협을 느낀다면, 이 분야에 있어서의 정보협력은 당연한 것이 되어야 한다. 이 문제는 언제든 새로이 제기될 수 있다. 그때에는 국민도, 정치권도, 언론도 냉정해야 하며, 절차문제에 매몰되어 내용을 보지 않는 우를 범해서는 안될 것이다.

　이러한 마음가짐은 러시아에게도 적용되어야 한다. 소련연방 붕괴와 러시아로의 재탄생 과정을 거치면서 초강대국에서 평범한 강대국으로 전락한 러시아이지만 여전히 핵무기 초강대국이며 북한에 대해서도 무시하지 못할 영향력을 가지고 있다. 러시아 스스로도 옛 영광을 되찾기 위해 절치부심(切齒腐心) 중이다. 막대한 자원을 가진 자원대국으로서 한국 경제에도 중요한 나라이며 한반도 통일을 위해서도 반드시 동의를 구해야 할 대상이다. 결국, 한국은 '화이구동(和異求同)'의 자세로 일본 및 러시아와 공생해야 한다. '화이구동'이란 상호간 차이점을 조화시키면서 합의를 구해나간다는 의미이다. 말은 쉽지만 실행은 어렵다. 그게 약소국의 서러움이다.

미국의 대중(對中) 포위망에 동참하여 중국을 견제하자?

이어도(離於島)는 제주도 남서쪽에 위치한 바다속 암초다. 한국의 최남단 국토인 마라도에서 149㎞ 그리고 중국 유인도 서산다오로부터는 287㎞ 거리에 있다. 한국은 2003년 이 암초 위에 종합 해양과학기지를 건설하여 해양 및 기상예보, 어장예보, 환경, 해상교통 안전 등에 필요한 자료들을 수집하고 있다. 한국과 중국의 배타적 경제수역(EEZ: 해안선으로부터 200해리 또는 370㎞)이 겹치는 수역에 있지만, 우리 쪽에 훨씬 더 가깝다. 통상 배타적 경제수역이 겹치는 경우에는 중간선을 경계선으로 하는 것이 관례이지만 중국은 2006년부터 이어도를 '쑤옌자오(蘇岩礁)'라고 부르기 시작하더니, 최근에는 아예 자기네 관할이라고 우기고 있다.

그러지 않아도 2010년 천안함·연평도 사태를 겪으면서 한국인들의 대중(對中) 인식은 크게 악화된 상태다. 북한을 두둔하는 중국을 보면서 북중 관계가 순망치한(脣亡齒寒)의 혈맹 관계를 회복하고 있음을 확인할 수 있었다. '혈맹'이란 말 그대로 선혈이 굳어서 이루어진 관계로 도와달라고 요구하지 않아도 알아서 도와주는 관계다. 중국은 1950년 한국전쟁 참전을 '항미원조(抗美援朝: 미국에 저항하기 위해 조선을 도운 전쟁)'라 칭하면서 북한과 혈맹 관계임을 자처했으나, 1992년 남한과 수교하고 한중 경제관계가 확대되면서 북중 관계는 '혈맹'에서 '전통적 우의관계'로 격하되었지만, 최근들어 다시 동맹 관계로 되돌아가고 있다. 이에 비해, 한중관계는 인적·경제적 교류의 폭발적 증가에도 불구하고 정냉경열(政冷經熱) 관계, 즉 경제교류는 활발하게 하되 정치군사 문제는 냉정해야 하는 관계에 머물고 있다.

한국 국민은 북한이 핵을 포기할 의사가 없는 줄 아면서도 "북핵 문제는 대화와 외교를 통해서만 해결되어야 하다"라는 공자님 원칙을 앵무새처럼 반복하면서 북핵을 방조하는 중국의 모호한 태도에 불쾌감을 느끼고 있다. 중국 정부의 오만한 자세는 사사건건 한국인들의 감정을 건드린다. 중국은 불쌍한 탈북자들을 잡아다가 북한으로 강제송환하고 있으며, 중국의 어부들은 서해의 우리 영해에서 불법 어로를 하다가 해경에 적발되면 망설임 없이 쇠파이프를 휘두른다. 중국이 군사력을 키우면서 맹주 행세를 하는 것에 대해 다른 아시아국들도 경계심을 곤두세운다. 중국은 한국에 가까운 이어도를 자기네 관할이라고 주장하고 있으며 필리핀의 코앞에 있는 스카보로 섬(중국명 황옌다오 黃巖島)을 자국령으로 주장하면서 해군함정을 보내 필리핍을 압박한다. 중국은 일본, 베트남 등과 영토분쟁을 벌이고 있다.

이런 가운데 한중관계는 날로 민감해지고 있다. 이렇게 된 데에는 이명박 정부 이후 약화된 한미동맹의 복원에 노력하면서 중국을 서운하게 만든 측면도 있지만, 보다 근본적인 원인은 미중 대결구도가 부상하고 있는데 있다. 중국의 부상과 함께 미국은 한국을 비롯하여 일본, 호주, 인도, 미얀마 등과의 관계를 강화하고 있으며, 중국은 이를 자신들을 견제하기 위한 미국의 포위망으로 보고 있다. 북한에서 반인륜적 폭압정치가 이루어지든 핵무기를 만들든 상관하지 않고 북한을 두둔하는 근본이유는 여기에 있다. 북한의 전략적 가치가 다시 높아진 것이다.

이러한 때에 브레진스키(Zbigniew Brzezinski)의 저서는 진실로 우리에게 많은 것을 시사하고 있다. 지미 카터 대통령 시절 백악관 안보보좌관을 지낸 브레진스키는 2012년 출간한 저서 『전략적 비전: 미국과 글로벌 파워의 위기(*Strategic Vision: America and the Crisis of Global Power*)』에서 미국의 힘이 쇠퇴하고 중국이 부상하면서 혼란스러운 시대가 올 것으로 예고하고 있다. 브레진스키는 미국의 쇠퇴로 곤경에 처할 나라들로 한국, 일본, 대만, 이스라엘 등을 들고 있으며, 한국에 대해서는 "중국에 안보를 의존하거나 독자 핵무장을 결행하여 중국의 위협에 대처해야 할지 모른다"라고 꼬집고 있다. 또한 통일의 기회가 왔을 때 한국은 중국의 지원을 얻기 위해 한미동맹을 희생해야 할지도 모른다고 지적하고 있다. 우리의 아픈 곳을 찌르는 지적들이다.

이런 상황에서 한국사회 일각에서는 아예 중국의 영향권 내로 들어가야 한다고 믿는 사람들이 생겨나고 있으며, 반대편 사람들은 "미국의 대중 포위망에 적극 동참하여 중국을 견제해야 한다"는 강경론을 제기한다. 모두 틀린 말이다. 중국대륙으로부터 무수한 침략을 받았던 과거 역사를 생각한다면, 중국의 우산 아래로 들어간다는 것은 미래 한국의 존재를 스스로 부인하는 것이다. 중국을 포위해야 한다는 것도 우파세력 일각의 착각이다. 중국은 우리가 어떻게 한다고 해서 한반도 정책을 쉽사리 바꿀 나라가 아니며, 우리가 포위할 수 있는 나라도 아니다. 중국은 과대평가할 필요도 없지만 무시하거나 적대시해서도 안 될 나라다.

우선, 중국을 과소평가해서는 안 되는 이유를 보자. 중국이 영향력을 키우고 있음은 현실이며, 역사적으로도 중국이 한반도의 운명을 결정하는 중요한 변수였다는 사실을 부인해서도 안 된다. 중국은 지난 30년 동안 두 자리 숫자의 경제성장을 지속해왔다. 2010년에 GDP 5조 8,790억 달러로 5조 5천억 달러의 일본을 제치고 세계 2위의 GDP 대국이 되었다. 3조 달러가 넘는 외환 보유고는 세계 최대이며, 1조 달러가 넘는 미국 채권 보유, 2천억 달러가 넘는 대미 무역흑자 등은 중국의 영향력을 나타내기에 충분하다. 중국은 세계 최대의 석탄소비국이자 하루 800만 배럴을 사용하는 제2위의 석유소비국이며, 세계 에너지 소비의 1/6을 차지하는 에너지 블랙홀이다. 이런 통계들을 놓고 보면 총량면에서 미국에 버금가는 경제 초강대국이 되는 것은 시간문제다. 군사적으로도 하루가 다르게 강대국의 모습을 갖추어 나가고 있다. 아직은 미국의 맞상대가 되지 못하지만 공식 국방비는 5년간 평균 증가율 약 20%를 기록하면서 1천억 달러를 돌파했다. 비공식 국방비까지 포함하면 이보다 훨씬 더 많다. 중국은 NPT가 인정하는 핵보유국이며 항공모함, 스텔스 전투기, 우주무기 등 각종 첨단무기에서 미국의 경쟁자로 부상하고 있다. 이런 중국을 적대한다는 현명한 선택이 아니다.

중국의 미래 행보는 주변국 뿐 아니라 전 세계적인 관심사인데, 대개 두 가지의 가설이 있다. 하나는 제도주의적 낙관론이고, 다른 하나는 현실주의적 비관론이다. 낙관론자들은 중국이 부강해지면서 국제질서를 존중하는 책임있는 리더국으로 성장해나갈 것으로 믿는다. 이미 무역대국으로서 교역을 통해 번영하고 있으므로 국제사회와의 경제적 상호의존 관계를 심화시킬 것으로 본다. 이들은 중국이 내부적으로도 변화할 것으로 믿고 있다. 경제성장과 더불어 중국인들의 민주의

식도 성장하고 있으며, 인권개선, 언론자유 등을 향한 열정도 뜨거워질 것이기 때문에 불가피하게 서방화되어 갈 것으로 본다.

비관론자들의 생각은 다르다. 인류역사를 볼 때 힘을 가진 나라치고 그 힘을 이용하여 영향력을 행사하지 않은 나라는 없다. 그것이 현실주의적 전망이다. 등소평 이래 중국의 지도자들은 '도광양회(韜光養晦)', '화평굴기(和平崛起)', '유소작위(有所作爲)', '대국굴기(大國崛起)', '중화부흥(中華復興)' 등의 표현을 통해 국가전략을 표방해왔다. 비관론자들은 중국이 칼집 속에 칼을 숨기고 있다는 '도광양회'의 시대를 지나 이제는 하고 싶은 말과 일을 한다는 '유소작위'의 시대에 이르렀다고 보며, 머지않아 '중화부흥'을 추구하면서 기존의 세계질서에 도전장을 던지게 될 것으로 본다. 얼마 전까지 남들이 보지 않는 데서 칼을 갈았지만, 이제는 간 칼을 내보이고 있으며 머지않아 휘두르게 될 것으로 보는 것이다. 국제사회의 이러한 우려를 눈치 챈 중국 지도자들은 요즘 '화평굴기(和平崛起: 조용한 가운데서 우뚝 일어선다)'라는 표현 대신에 '화평발전(和平發展)'이라는 말을 즐겨 사용하지만, 주변국들의 차이나 포비아(중국 공포증)는 커지고 있다.

이런 중국을 옆에 둔 우리는 어떻게 해야 하는가? 국제질서를 존중하고 주변국과 화친하는 중국이 될지 주변국을 호령하면서 국제질서에 도전하는 중국이 될지 모르는 상태에서 어떻게 해야 하는가. 결론은 하나뿐이다. '연미통중(聯美通中)' 또는 '연미협중(聯美協中)'이다. 남북한 군사대치, 북핵 위협 등 다양한 안보문제를 가진 한국에게 있어 미국과의 동맹을 유지하는 것은 '최소한의 보험'으로서 필수이지만, 이와 동시에 경제적·문화적 상호의존성의 심화를 통해 이웃 거인과도 비적대적 우호협력 관계를 유지·발전시키나가야 한다. 한중 간에는 북한문제 말고도 동북공정, 조선족, 탈북자 처리, 해상 불법조업, 황해 오염, 황사, 대륙붕 등 미결 이슈들이 수두룩하지만, 우리는 어떻게든 이런 문제들을 극복해나가야 한다. 중국에게는 한미동맹을 이해시켜야 하고 미국에게는 중국과의 비적대적 관계의 필요성을 이해시켜야 한다. 그것이 최대 생존외교이자 최대 통일외교이다.

그럼에도 중국을 지나치게 과대평가하거나 주눅이 드는 것은 바람직하지 않다. 중국의 경제력이 커지기는 했지만, 아직도 중국의 GDP는 미국의 1/3 수준이며 일인당 GDP는 미국의 1/10 수준이고 한국의 1/5 수준이다. 미중간 국방비 격차는 줄어들고 있지만 아직은 1/6 수준이며 군사력의 질적인 면에서는 상대가 되지 않는다. 덩치를 자랑하지만 영토의 40%를 차지하는 신강성과 티베트는 중국의 일부가 되기를 거부하는 위구르족과 티베트족의 영역이다. 내부적으로는 시한폭탄에 해당하는 이슈들이 많다. 갈수록 강해지는 국민의 민주화 열망, 1~2억 명에 달하는 농촌 유휴 노동력의 빈곤층화, 급진세력의 등장 가능성, 파룬궁 사태가 보여준 탈중앙 현상, 분리주의 운동, 종교 갈등, 소수민족 문제, 주변국과의 영토분쟁, 대만 문제, 환경 문제 등이다. 중국이 환경 파괴를 방치한 상태에서는 무한정 경제성장을 지속할 수는 없으며, 빈부(貧富) 간, 도농(都農) 간, 그리고 연안-내륙 간 불균형 문제를 해결하지 않은 채 무한정 총량의 성장만을 추구하기도 어렵다. 요컨대, 중국이 지금의 속도로 무한정 성장하여 '괴물'이 될 것으로 단정할 필요는 없다.

결국, 중국 문제에 관한 한 우리에게는 두 가지 싸움이 있을 뿐이다. 하나는 시간과의 싸움이며, 다른 하나는 자신과의 싸움이다. 시간과의 싸움에는 인내와 기다림이 필수이다. 중국의 힘을 냉정하게 인정하면서 어떤 부분에 대해서는 우리 페이스로 맞추어달라고 요구하기보다는 우리가 중국의 페이스에 맞추어 갈 수밖에 없다. 정치 및 군사부문에 있어서의 중조친선(中朝親善) 전통을 인정하고, 중국이 정치·군사·북핵 문제에서 북한 편을 드는 것을 참으면서 인고의 세월을 보내야 한다. 북한의 도발에 대해서도 우리 편을 들어줄 것으로 기대하지 말고 정확하게 중립을 지켜달라고 요구하는 편이 낫다. 중북간 경제협력이나 북한 지도자들의 빈번한 중국 방문에 대해서도 열린 자세로 바라볼 필요가 있다. 중국이 북한의 급변(急變)을 원하지는 않지만 완변(緩變)을 바라는 것은 사실이기 때문에, 결국은 북한의 변화에 기여할 것으로 기대해야 한다. 중국인들의 오만에 대해서도 감정적으로 보지 않으려고 노력해야 한다. 핵세계에서 미국을 '왕두목'으로 인정하는 것이 현실적이듯 중국이 아시아에서 '두목'으로 성장하고 있음도 인정할 수밖에 없다. 그럼에도 중국을 '설득'의 대상으로만 간주하는 것은 바람직하지 않다. 경우와 사안에 따라서는 우리도 지렛대를 가질 수 있으며, 필요하다면 중국을 자극할 수도 있어야 한다. 인내와 당당함의 조화, 그것이 우리가 중국에 대해 가져야 하는 기본자세다.

그러면서 우리는 중국의 변화를 기다려야 한다. 중국의 대북정책도 더디기는 하겠지만 변화가 불가피할 것이다. 현재는 공산당의 보수파들이 정책결정권을 지배하고 있지만, 중국 지도층에는 실용주의적 성향을 가진 젊은 지도자들이 늘어나고 있다. 북한의 권력승계에 대해 혐오스럽다는 반응을 보이면서 북한을 동맹국이나 형제국으로 보기보다는 부담스러운 존재로 보는 네티즌들도 늘어나고 있다. 중국 정부의 탈북자 강제송환에 대해서도 부정적인 시각으로 보는 중국인들이 늘어나고 있다.

다행스럽게도 우리에게는 중국의 변화를 기다리면서 시간과의 싸움을 수행할 수 있는 기반이 있다. 날로 확대되는 경제협력이다. 1992년 수교이후 한중관계는 경제관계를 중심으로 발전해왔다. 1992년 64억 달러 수준이던 교역은 2011년에 와서는 2,206억 달러로 35배나 급증했으며, 인적교류는 9만 명에서 641만 명으로 71배나 증가했다. 출국하는 한국인 세 명 중 한 명이 중국으로 출국하며, 입국하는 외국인 다섯 명 중 한 명이 중국인이다. 중국은 한국의 최대 교역국이자 해외투자 대상국이며, 한국은 중국의 세 번째 교역 대상국이자 네 번째 수출시장이다. 외교관계도 꾸준히 이어지고 있다. 북한문제로 미묘해진 측면이 있긴 하지만, 그래도 정부간(track-1) 대화, 민간 및 기업 간(track-2) 대화, 그 중간선인 track-1.5 대화 등이 꾸준하게 이루어지고 있다. 문화적 유사성, 지리적 인접성 등을 종합할 때 경제를 중심으로 하는 양국관계는 지속적으로 발전될 수밖에 없는 운명에 놓여있다. 중국도 한국과의 경제관계에서 얻는 이익이 북한과의 동맹관계에서 나오는 이익보다 크다는 사실을 알고 있다. 우리는 이런 인식을 기반으로 중국과의 경제적 상호의존성을 심화시켜야 한다. 북중 정치군사동맹에 대해 한중 경제동맹으로 대처한다는 자세가 필요하다. 중국은 '화이구동(和異求同)'을 넘어 '구동소이(求同消異)'해나가야 나라다. 즉, 합의점을 찾으면서 차이점을 줄여나가야 할 상대이다.

자신과의 싸움이란 스스로의 외형을 키우면서 위상을 강화해나가야 함을 뜻한다. 중국이 변화하는 동안에도 한국이 스스로의 위상을 높이지 못한다면 미국과 중국 사이에 낀 '핀란드화(Finlandization)'의 운명에 처하게 될 것이 뻔하다. 20세기 초반 독일과 소련이 북유럽에서 경쟁을 벌이던 시기 핀란드는 양국의 눈치를 보느라고 이러지도 저러지도 못했다. 우리의 위상이 '고래싸움에 등터지는 새우'에 머물러 있다면 우리 역시 마찬가지일 것이다. 그래서 전문가들은 '돌고래급'이라는 표현을 즐겨 사용한다. 단순히 '강대국들 사이에 낀 약소국'이 아니라 주변 강대국들이 친구로 삼기를 원하는 수준의 중강대국(中强大國)이 되어야 한다는 뜻이다. 그래야 조정자든 균형

자든 의미있는 역할을 하면서 독립성과 자존심을 유지할 수 있다. 그러기 위해서는 경제력, 정치력, 군사력, 문화 파워 등에 있어서의 성장은 지속되어야 한다. 특히 군사력, 정보력, 경제력 등으로 대변되는 하드파워 분야에서의 성장은 필수이다. 힘이 뒷받침되지 않는 외교가 무용지물이듯, 하드파워가 없는 소프트파워는 소용이 없다. 그것이 국제정치의 진리이다. 한국은 반드시 돌고래급으로 성장해야 한다.

동족을 향해 총부리를 겨누어야 하는가?

이제 마지막 질문으로 가보자. 군에 간 아들이 첫 휴가를 나와서 "왜 동족인 북한을 향해 총부리를 겨누어야 합니까?"라고 물으면, 아버지는 어떻게 답해야 할 것인가. 필자라면 다음과 같이 말할 것이 다.

"그래, 네 말이 맞다. 북한은 동족이 맞다. 함께 통일을 이루어야 하는 통일 파트너가 맞다. 그러나 안보위협이기도 하지 않느냐. 언제든 우리의 생명과 재산을 위험에 빠뜨릴 수 있는 적대행위를 하는 당사자도 북한이지 않느냐. 그것이 북한의 두 얼굴이 아니냐. 그래서 대한민국의 대북정책은 동족을 직시하면서 굴려야 하는 '화해협력'이라는 수레바퀴와 '안보위협'을 경계하기 위한 '안보'라고 하는 수레바퀴가 함께 굴러가는 것이 되어야 한다. 두 개의 수레바퀴를 조화롭게 굴리면서 안보도 지키고 평화와 통일도 가꾸어나가야 하는 것이 우리의 숙명이 아니냐. 그런데, 군복을 입고 있는 너는 '안보' 수레바퀴를 열심히 굴리라는 명을 받은 사람이 아니냐. 그렇다면, 적어도 제대하는 그날까지 북녘을 향해 부릅뜬 눈으로 총부리를 겨누어야 한다. 그것이 네 소임이다. 화해협력의 수레바퀴를 굴리는 일은 군인이 아닌 다른 사람의 소임이다. 네가 그렇게 해야 고향의 부모형제는 너를 믿고 단잠을 이룬다 …"

정상적으로 성장한 젊은이라면 아버지의 말에 반박하지 않을 것이다. 아들이 수긍을 하고 "예, 알겠습니다. 군복을 입고 있는 동안은 그렇게 하겠습니다"라고 답변했다고 가정해보자. 그리고는 "그러나 제대 후에는 북한의 동족 얼굴을 바라보면서 화해협력의 수레바퀴를 굴리는 일에 종사하고 싶습니다"라고 말한다면, 아버지는 어떻게 답해야 할까. 필자 같으면 이렇게 답할 것이다.

"그렇게 해라. 아버지는 반대하지 않는다. 어차피 북한의 두 얼굴을 가진 존재인 이상 두 개의 수레바퀴를 굴려야 하는 것이 우리의 운명이고, 이런 상태에서는 분업을 할 수밖에 없다. '안보' 수레바퀴를 돌리는 사람도 필요하고 '화해협력' 수레바퀴를 굴리는 사람도 필요하다는 말이다. 양쪽은 서로를 백안시해서는 안 되며, 모두가 대북정책을 위해 필요한 일꾼들이다. 네가 동족의 얼굴을 쳐다보는 일을 한다면 그것 역시 나라가 필요로 하는 대북정책의 한 부분이다 …"

　이쯤 되면, 부자(父子) 간의 대화는 아름답게 마무리되는 것이나 다름없다. 아들은 잘 알겠다고 하면서 대화를 맺으려 할 것이다. 아버지는 인사를 하고 돌아서려는 아들을 향해 마지막 충고를 할 것이다.

　"이것 한 가지는 명심해야 한다. 왜 통일부는 사람도 적고 예산도 적은데 국방부는 더 많은 사람과 예산을 쓰는지 생각해보았느냐. 국가예산에는 남북협력 기금도 있고 국방예산도 있는데, 왜 국방예산에 더 많은 지를 생각해 보았느냐. 이를 따져보기 위해 '진보'와 '보수'라는 말을 다시 한 번 생각해보자. 진보란 사회발전을 위해 가급적 과감한 변화를 받아들이자는 사람들이고, 보수란 사회발전을 위해 과거의 관행이나 가치들을 함부로 버리지 않아야 한다고 하는 사람들이다. 양쪽 모두가 사회발전을 원하는 사람들인 이상, 건전한 진보와 건전한 보수가 협력해서 나라를 이끌어야 하는 법이다. 우리가 배척해야 할 대상은 진보를 빙자한 종북(從北)·반한(反韓) 세력과 보수를 사칭하는 수구(守舊) 보신주의자들이다. 경제, 사회, 문화, 스포츠 등 각 분야에서 진보와 보수는 협력해야 하는 법이다."

　"그러나 국가정체성 문제, 안보문제, 통일문제 등에서는 진보적인 생각이 지배할 수는 없다. 생각해보라. 대북정책에 있어 동족의 얼굴을 쳐다보면서 굴리는 화해협력의 수레바퀴는 다분히 이상적인 목표를 추구하는 것이다. 우리가 아무리 상생과 통일을 원해도 북한이 화답하지 않으면 안 되는 것이다.

때문에 화해협력의 수레바퀴를 돌리는 것은 통일의 그날까지 지속되어야 할 과제이지만 전부가 아닌 일부를 투자하는 것이다. 반면, 안보의 수레바퀴는 당장의 생존을 위해 위협으로부터 나라와 국민을 보호하기 위한 것이다. 실질적이고 현실적인 목표들을 추구하는 일이다. 우리가 오늘 살아남지 못하면 내일의 통일도 없는 것이며, 스스로를 지키는 일은 통일의 그날까지 지속되어야 하는 더 중요한 과제이다. 이 목표를 위해서는 더 많이 투자할 수밖에 없다. 국가 전체로 보면 북한의 두 얼굴을 바라보되, 동족의 얼굴보다는 주적의 얼굴을 더 중시해야 하는 것이다. 이런 우선순위와 비중의 차이점을 이해한다면, 네가 어떤 쪽에서 일하든 아버지는 반대하지 않는다 …"

제5장

최종병기
'3축 체제'

북한이 도발해도 평화를 위해 참아야 한다?

앞장에서 다양한 망상과 착각들을 소개했지만, 그 말고도 망상들은 많다. 천안함-연평도 도발 시에도 그랬지만, 국민 중에는 북한이 도발을 저지르더라도 참는 것이 평온한 남북관계를 위해 바람직하다고 주장하는 사람들이 적지 않다. 이런 사람들에는 두 부류가 있다. 첫째는 주눅이 들린 사람들이다. 핵무기를 가진 저네들과 맞상대하다가는 큰일이 난다는 두려움을 가진 사람들이다. 둘째는 종북주의자들이다. 북한이 도발을 해도 항상 책임을 우리 정부에 돌리고 북한을 두둔하는데 이골이 난 사람들이다.

주눅이 들린 사람들의 논리는 이해할 수 있지만 맞지는 않다. 무서워서 피하든 더러워서 피하든 피하고 참기만 하면 일시적으로 화(禍)를 모면할 수는 있지만, 항구적인 평화정착이나 건전한 남북관계 정립에는 쥐약이다. 북한이 대한민국을 깔보고 만만하게 생각하도록 방치하면서 항구적 평화를 기대한다는 것은 어불성설이다. 두 번째 부류의 논리는 적반하장

(賊反荷杖)이다. 멀쩡한 여성이 성폭행을 당했는데도 "짧은 치마를 입고 돌아다닌 여성이 잘못한 것"이라면서 범인을 두둔하는 것과 다르지 않다.

두 부부가 있다고 가정해보자. 첫 부부의 경우, 아내는 싸움은 피하고 보자는 식이다. 남편이 외도를 하든 노름을 하든 탓하지 않고 "내 탓이오"를 반복하면서 인내한다. 오히려 남편을 달래기 위해 선물을 제공한다. 큰 싸움은 피하고 살지만 남편은 잘못을 고칠 생각을 하지 않는다. 상호간 존경심은 사라지고 증오만 쌓여간다. 서로에게 환멸을 느끼고 결국 이혼으로 갈라선다. 두 번째 부부의 경우 남편이 잘못을 저지르면 아내는 화를 낸다. 큰소리가 자주 나고 충돌도 잦다. 하지만 세월이 지날수록 남편은 해서는 안 될 일을 깨닫게 되고 조심하게 된다. 상호 존경심이 축적된다. 나이가 들면서 로맨스그레이를 즐긴다. 남북한 관계도 별로 다르지 않다. 남북이 충돌하지 않고 상호 존중해야 상생과 공영이 정착된다. 그러기 위해서는 우리도 '양손 정책'을 펼쳐야 한다. 북한이 한 손으로는 도발을 저지르면서 다른 손은 대화를 위한 악수를 하자고 내미는 이중적인 행동을 계속한다면, 우리도 그렇게 해야 한다. 도발을 저지르는 손에 대해서는 회초리를 들이대고 대화를 위해 내민 손에는 동족애로 화답하면 된다. 나라들은 전쟁을 하면서도 뒤로는 비밀대화를 하며, 국가 간의 관계에 있어 이런 뻔뻔함은 당연한 일이다. 중장기적으로는 이것이 남북관계를 평온하게 가져가는 길이자 평화를 정착시키는 길이다.

필자의 이런 주장에 대해 '확전의 위험성'을 이유로 반박하는 사람들이 적지 않다. 도발에 강력하게 응징하는 경우 북한이 재도발을 강행할 수 있으며, 이런 식의 확전이 결국 전쟁이라는 '최악'의 상황을 부를 수 있다는 지적이다. 하지만 반대의 경우도 또 다른 '최악' 상황이다. 확전의 위험 때문에 도발을 당해도 주눅든 상태에서 망설임만 되풀이해야 한다면, 북한은 한국을 만만하게 보고 언제든 도발을 반복할 수 있다. 결국에는 한국의 정치가 북한에 의해 지배당할 수 있고 민주주의적 가치들도 소멸될 수 있다. 요컨대, 지금은 확전 논리에 사로잡혀 있을 때가 아니다. 북한이 내놓고 천안함과 연평도를 공격하고 사이버 공격과 선거개입을 자행하는 상황에서는 그럴 수 없다. 이제는 어떤 희생을 각오하더라도 도발의 악순환을 차단해야 한다. 전쟁이론에도 나와 있다. 확전이란 고약한 거머리와 같은 존재여서 피하려고 요리조리 잔꾀를 부리는 사람에게는 더욱 달려든다. 단호하게 대응하겠다는 결의를 가질수록 확전의 가능성은 줄어든다. 전쟁이란 확실히 대비하는 나라에게는 일어나지 않는다. 전쟁 교과서에 그렇게 쓰여 있다.

이런 맥락에서 보면, 지금까지 북핵에 대한 우리의 대응은 잘못된 것이었다. 북핵 문제는 애초부터 향후 수십 년간 우리의 머리맡을 시끄럽게 만들 악몽으로 등장하고 있었지만, 당시 우리의 지도자들은 대화는 대화대로 환영하되 위협에는 확실히 대응해나가는 양손전략을 생각하지도 않았고, 적당히 설득하면 될 것이라는 나태한 생각으로 대처하다가 낭패를 당했다. 이제 향후 북핵 문제에 대한 대응책을 논하기 위해 20년 전으로 되돌아가 보자.

20년 전의 '평화적 핵주권론'과 '미사일 주권론'

이명박 정부가 들어서면서 한미 양국은 2014년에 만료되는 한미원자력협력협정을 개정하기 위한 협상을 시작했다. 한국의 원자력산업계에서는 '농축과 재처리' 문제가 다시 회자되기 시작했다. 특히 재처리 문제는 원자력산업의 존속을 위한 '발등의 불'이다. 한국이 가동하는 21기의 원전은 한국전체 발전량의 1/3을 차지한다. 이 원자로들은 매년 700여 톤의 폐연료봉을 배출하여 총 누적량은 1만 톤이 넘는다. 그럼에도 한국은 재처리를 하지 못해 감용·감열 처리를 하지 못한다. 각 원전 부지에 마련된 수조(水曹)에 임시적으로 쌓아 두고 있지만 2016년이면 포화에 이른다. 과학자들은 어떻게든 한국도 재처리를 할 수 있게 되기를 학수고대하고 있다.

앞에서도 설명했지만, 폐연료봉은 원전에서 배출되는 폐기물 중에서 가장 방사성이 높은 물질로 인간에게 치명적이다. 수조를 풀장으로 알고 풍덩 뛰어들다가는 끝장이다. 폐연료봉에는 값진 방사성 동위원소들이 생성되어 있고 타다 남은 우라늄 연료도 함유되어 있다. 이상하게 들릴지 모르지만 타기 전의 새 연료봉이 금값이라면 타고 난 폐연료봉은 다이아몬드 값이다. 그래서 사용했는데도 여전히 연료라는 의미에서 '사용후핵연료'라고도 부른다. 폐연료봉을 재처리를 하면 값비싼 방사성 동위원소들을 추출하여 산업계, 의료계, 학계, 건설계 등에서 긴요하게 사용할 수 있으며, 동시에 폐연료봉의 부피와 방사성을 획기적으로 줄여준다. 최종 폐기물은 콘크리트나 고무와 섞어 고화시킨 후 매몰 방식으로 영구처분 할 수 있다. 유감스럽게도, 재처리를 하지 못하는 한국은 아무런 장기대책도 세우지 못한 채 포화가 임박한 수조만 쳐다보고 있다.

재처리만큼 시급하지는 않지만, 농축 문제도 비슷하다. 한국이 보유한 원전의 대부분은 3% 내외로 저농축된 우라늄을 연료로 사용한다. 한국이 농축시설을 보유하고 있다면, 다량의 우라늄 원광을 수입하여 비축해 두고 필요한 만큼 농축해서 사용할 수 있지만, 농축시설이 없으니 농축된 우라늄을 수입해야 한다. 그 만큼 국내에서 생산할 수 있는 부가가치를 빼앗기고 있으며, 에너지 안보 차원에서도 불리하다.

이와 관련하여 필자에게는 기억하기 싫은 과거가 있다. 한국은 1991년 노태우 대통령이 비핵화선언(농축·재처리 포기 선언)을 발표하고 이어서 「비핵화공동선언」에 서명함으로써 농축과 재처리를 하지 않겠다고 공약했다. 당시 정부의 논리는 "농축과 재처리는 핵무기를 만드는데 필요한 핵심적인 시설이기 때문에 남북한이 함께 이것을 포기함으로써 북한이 핵무기를 만드는 일도 없어진다"는 것이었다. 독자들은 이 부분을 읽으면서 농축과 재처리가 핵무기를 만드는 데에도 필요한 과정이기 때문에 사찰을 받아야 하는 대상이지만 평화적 핵이용에도 없어서는 안 되는 핵심과정이기 때문에 금지의 대상이 되지 않는다는 사실을 기억해야 한다. 오늘날에는 강대국들이 농축과 재처리가 확산되지 않도록 하기 위해 외교압력을 강화하고 있다. 그럼에도 당시 노태우 금지대상이 아닌 핵심 시설들을 스스로 금지대상으로 낙인찍고 포기하는 바보 정책을 펼쳤다. 물론, 그 전부터 존재했던「한미원자력협력협정」에도 한국의 재처리 활동을 막는 조항이 포함되어 있었지만,「비핵화 공동선언」을 통해 한국 스스로 농축과 재처리 권리를 포기하고 '확인 사살'까지 한 것이다.

이명박 정부 이후 「신미사일가이드라인(New Missile Guide-lines)」과 관련한 문제도 다시 거론되기 시작했다. 북한이 무수히 많은 미사일로 한국을 위협하지만 한국의 미사일 개발은 이 가이드라인에 의해 제약을 받고 있기 때문이다.「신미사일가이드라인」은 한국 탄도미사일의 사정거리를 300km로 제한하고 있다. 순항미사일(크루저미사일)의 경우 사정거리를 제약받지 않기 위해서는 탄도중량이 500kg 이하여야 하며 탄도중량을 제약받지 않으려면 사정거리가 300㎞ 이내여야 한다. 군 당국과 전문가들이 분통을 터뜨리는 것은 당연하다. 이에 더하여 「신미사일가이드라인」은 민간용 우주발사체에서 고체연료의 사용을 금지하고 있다. 우주개발 연구자들이 분통을 터뜨리는 것은 당연하다.

이제 이런 현실을 인지한 상태에서 20년 전으로 가보자. 필자가 핵주권론과 미사일 주권론을 처음 제기한 것이 1990년대 초반이었기 때문이다. 필자가 '강대국병 증세'를 앓으면서 뉴욕주립대에서 핵전략을 전공하고 돌아와 한국국방연구원에 입사한 것은 1991년이었는데, 마침 북핵 문제와 미사일 문제가 부각되고 있었다. 연구원에서 필자는 미국 RPI에서 핵공학 박사를 취득하고 귀국한 신성택 박사(당시 육군 중령)와 김민석 연구원(현 국방부 대변인)으로 핵연구팀을 꾸렸다. 우리는 형제처럼 한 덩이리가 되어 핵문제 연구에 정열을 바쳤고, 신성택 박사와는 상호 전공지식을 주고받는 핵동지가 되었다(신 박사는 지금 통일연구원 객원연구원으로 근무 중이다).

우리들의 눈에 비친 노태우 정부의 「비핵화공동선언」과 '농축 및 재처리 포기' 정책은 어처구니가 없는 것이었다. 결국, 우리는 용기를 내어 말문을 열었다. 현역인 신 박사보다는 보다 자유로운 민간인 신분인 필자가 앞장섰다. 우리들이 정부 정책에 반대한 이유는 네 가지였다. 첫째, 북한의 체제 딜레마를 감안하면 절대로 공동선언을 준수하지 않을 것이기 때문에 한국만 일방적으로 바보가 되고 북한의 핵위협에 노출될 것이 뻔했다. 둘째, 원자력 산업에 있어서 두 눈동자와 같은 농축과 재처리를 영구 포기하는 것은 한국 원자력을 영구 불구로 만드는 일이다. 셋째, 한국이 핵무기를 추구할 수는 없지만 그래도 농축과 재처리를 보유해야만 이들이 발생시키는 핵외교력을 활용할 수 있다. 넷째, 한국이 NPT 회원국으로서 핵무기를 가져서는 안되지만 농축과 재처리까지는 북한이 하는 만큼 따라서 해야만 후일 북한이 핵무기를 포기할 때 남북이 농축과 재처리를 포함하는 원자력 협력을 할 수가 있다. 이것이 소위 필자가 주창한 '평화적 핵주권론' 또는 '남북한 평화적 핵균형론'이었다. 필자는 다수의 연구와 발표와 그리고 칼럼 및 방송을 통해 "지금 농축과 재처리를 포기하면 향후 수십 년 동안 후회할 것"이라고 경고했다. 핵심은 한국이 핵무장을 시도해서는 안 되지만 NPT가 합법적으로 허용하는 농축과 재처리에 대한 권리는 포기하는 것은 어리석은 선택이라는 것이었다. 이를 두고 당시 일부 언론인들은 우리가 마치 핵무장이라도 주장한 것으로 오해하기도 했지만, 우리는 결코 핵무장을 주장한 것이 아니었다.

우리는 역시 굴욕적인 구도에 갇혀있던 미사일 문제에 대해서도 '주권론'을 제기했다. 당시에는 1979년에 체결된 「한미 미사일각서」가 유효했다. 이 각서에 의해 한국 탄도미사일의 사정거리는 180km로 제한되고 있었다. 필자는 이 제약을 풀고 미사일 불균형을 해소하지 않으면 북한의 미사일 파워에 크게 시달릴 것으로 경고했다. 그것이 많은 글과 발표를 통해 주장한 '미사일 주권론'이다.

필자 개인적으로는 평화적 핵주권론과 미사일 주권론으로 인해 많은 괴로움을 겪어야 했다. '대통령의 정책에 반대하는 국책연구원'으로 낙인찍혔다. 거듭되는 경고에 결국 1994년

봄 국방연구원을 떠나야 했고 이후 2001년 복직하기까지 7년 동안 예정에 없었던 광야(?)에서 방황했다. 세월이 지나면서 필자의 주장에 동조하는 사람도 늘었고, 미국의 과도한 제약에 분개하는 전문가들도 늘어났다. 이후 2001년 「미사일각서」는 「신미사일가이드라인」이라는 이름으로 재탄생되었고 내용도 현재의 내용으로 개정되었으나, 여전히 시대상황에 맞지 않는 제약으로 남아 있다.

이렇듯 1990년대 초반은 필자에게 있어 '부강한 한국을 위한 농축·재처리 권리 지키기와 미사일 제약 해소'를 인생의 승부로 삼았던 시절이었다. 하지만 경청하거나 편을 들어준 사람은 거의 없었다. 이후의 북핵 문제와 미사일 문제는 필자가 우려했던 대로 진행되었다. 북한은 농축과 재처리를 포기하기로 한 「비핵화공동성명」을 묵살하고 재처리를 했으며, 결국 핵무기를 만들어 핵실험까지 강행했다. 최근에는 농축을 통한 우라늄 핵무기 개발까지 욕심내고 있다. 일이 이렇게 되자 뒤늦게 한국사회에서도 핵무장 주장이 일어났다.

하지만 한국은 농축과 재처리를 못하는 처지가 아닌가. 농축과 재처리가 없는 한국사회에서 외쳐지는 순진한 '핵무장론'에 대해 북한이나 중국이 얼마나 비웃겠는가. 전략도 철학도 없는 지난날의 핵정책 때문에 농축과 재처리가 발휘하는 기본적인 핵외교력마저 누리지 못하게 된 것이다. 이명박 정부 이후 과거의 농축 및 재처리 포기정책이 잘못이었다는 지적을 하고 나서는 사람들이 많았다. 「신미사일가이드라인」을 한 번 더 개정해야 한다고 외치는 국회의원들도 생겨났다. 최근에는 신문들이 그동안 비밀로 취급해왔던 「신미사일가이드라인」의 구체적 내용들을 공개하면서 '미국 때리기'에 나섰다. 20년 전에 했어야 할 일을 이제야 하고 있는 이들 언론을 바라보는 필자의 심경은 솔직히 착잡했다. 20년 전 필자가 그 주장을 했을 때에는 거들어주지 않았던 사람들이 왜 이제 와서 잘난 척들을 하는지 모르겠다는 푸념이 저절로 나왔다. 이를 지켜보던 아내는 "2년 앞선 주장을 하면 칭찬을 듣지만 20년 앞선 주장을 하면 원숭이 취급을 당하는 것이 한국사회"라는 말로 위로했다.

국방개혁에 바친 2010년

강대국을 지향하면서 살아온 필자에게 있어 남남갈등이나 지역갈등으로 인하여 국력이 합쳐지지 못하는 현실에 대해 느끼는 아픔은 남들보다 크다. 남과 북이 소모적인 대결을 펼치는 분단현상에 대해 느끼는 고통도 생업에 열중하는 일반 시민들의 그것보다 크다고 말할 수 있다. 이런 필자에게 있어 북한의 도발을 근절하여 한반도에 평화를 정착시키는 일은 평화공존과 통일로 가는 출발점이다. 그래서 공존과 통일의 최대 장애물인 북핵 문제를 해결하고자 하는 열망은 누구보다도 컸다. 대응적 핵무장을 통해 북핵에 대응하는 것이 불가능한 선택이라면, 북핵의 위협을 상쇄할 다른 방법을 찾아야 한다는 생각에 골몰할 수밖에 없었다.

2008년 초였다. 제18대 대통령직 인수위원회가 출범했다. 국방연구원에 복직하여 왕성하게 전문가 활동을 하고 있던 필자는 국방부–통일부–외통부를 담당하는 인수위원이 되기를 고대했다. 신정부의 초기부터 국방개혁을 위한 그림을 그려보기를 원했고, 이미 많은 계획들을 준비하고 있었다. 차질을 빗기 시작한 노무현 정부의 「국방개혁 2020」을 보완해야 한다는 이유도 있었지만, 한정된 예산으로도 더 큰 국방력을 발휘하여 북한의 비대칭 위협을 상쇄하는 방법을 찾아야 한다고 믿고 있었다. 국방개혁이란 확고한 계획아래 정권 초기부터 시작해도 임기 내에 성과를 거두기 어렵다. 이는 이미 동서고금을 통해 많은 나라들의 사례에서 드러나 있다. 어떤 사람들이 국방개혁을 주도해야 하는지에 대해서도 기준들이 있다. 사리사욕보다는 애국심과 국익을 앞세우는 사람, 군별 이해관계와 무관한 민간인이면서 국가전략을 알고 충분한 국방 전문성이 있는 사람, 안보국방의 중요성을 알고 군을 사랑하는 사람 등이 필자가 간직한 자격 기준이었고, 스스로를 이 기준들을 충족하는 사람으로 믿었다. 하지만 많은 지인들의 천거에도 불구하고 인수위원직은 다른 사람에게 돌아갔고, 필자는 상임자문위원이라는 애매한 직분을 받았다. 꿈을 접었다. 이후 인수위원회에는 나가지 않았다.

이후 이명박 대통령이 취임하고 필자는 대통령 외교안보자문교수로 초대받아 주기적으로 청와대 회의에 참석했다. 회의는 당면 현안에 대한 좌담으로 진행되었으며 참석자들이 돌아가면서 1~2분씩 발언하는 식으로 진행되었다. 이런 상황에서 국방개혁의 필요성을 충분히 설파하기란 어려웠다. 2009년 10월 어느 날 외교안보자문교수 회의가 열렸다. 마침 몇 명의 자문교수들이 불참했다. 이때다 싶어 국방개혁 이야기를 시작했고, 대통령은 끝까지 들어주었다. 그 직후 대통령의 지시에 의해 만들어진 것이 '국방선진화추진위원회'였다. 이 위원회는 2010년 1월 발족되어 국방 분야 전반을 점검하고 개혁안을 제출하는 임무를 수행했다. 위원장에는 이상우 전 서강대 총장이 영입되었다. 필자는 국방선진화추진위의 제2소위(군구조개선 소위원회) 위원장으로 활약했다. 2010년 동안 국방선진화추진위는 64개의 국방개혁안을 생산하여 12월 6일 대통령에게 최종 보고한 후, 모든 내용물을 국방부로 넘겼다. 필자에게 있어 2010년은 국방개혁을 위해 모든 것을 바친 한해였다. 위원회 출범 후 얼마 되지 않아 터진 천안함 사태는 필자를 더욱 '무력도발 근절'에 골몰하게 만들었다.

국방개혁은 다음 정부에서도 지속되어야 할 국가적 과제다. 향후 국방개혁에 참고가 될까 하여, 필자가 밟았던 과정들을 일부 소개하고자 한다. 국방개혁의 출발점은 국방개혁의 정의, 최종 목표, 중간목표, 개혁 기조 등을 식별하여 개혁의 골격을 세우는 일이었다. 최종 목표는 '국방개혁을 통한 선진국방의 구현'이었고, '선진국방'은 "최소한의 재원으로 최적의 국방력을 지향하는 것"으로 정의했다. '최적의 군사력'을 성취하기 위해 필자가 식별한 5대 중간목표는 ① 국민으로부터 사랑받고 신뢰받는 국민의 군대, ② 군 일체화 및 합동성 극대화, ③ 당면한 안보위협에 대처하는데 부족함이 없는 군사력, ④ 미래 안보수요에 부응하는 군사력 건설, ⑤ 국민의 세금을 절감하는 다기능 고효율 국방 등이었다.

이 목표들을 달성하기 위한 개혁기조로는 ①「국방개혁 2020」의 부정이 아닌 수정보완, ② 국민의 군대로의 재탄생, ③ 군 일체화와 합동성, ④ 능동적 억제전략을 통한 비대칭 위협의 불식, ⑤ 육군의 중심적 역할과 해공군 역할증대 간의 조화, ⑥ 국방 문민화와 실전형 군대로의 전환, ⑦ 상비군 감축에 대비한 예비전력 정예화, ⑧ 무형전력의 강화, ⑨ 국방획득체계의 전문화 및 투명화, ⑩ Global Korea를 뒷받침하는 국군상, ⑪ 국민 납세부담을 최소화하는 복합다기능 군사력, ⑫ 예산 현실과 목표 국방력 간의 조화, ⑬ 각 군의 시각이 아닌 국민의 시각에 의한 국방개혁 등 13가지를 식별했다. 이러한 기조 하에 국방선진화추진위가 제출한 64개의 건의안에는 '위협의 재평가', '국방 문민화', '무형전력 강화' 등에서부터 '방산수출 선진화', '병 봉급인상', '국방예산 개혁', '전시작전통제권 분리 대비책' 등 국방의 전 분야의 개혁안들이 망라되었다.

필자와 국방대학교 김열수 교수가 맹활약한 제2소위는 64개 건의안 중 37개를 생산했다. 그 중에서도 16개 건의안은 필자가 직접 연구·작성했기에 더욱 애착이 간다. 이런 과정을 통해

'군복무기간 24개월 환원', '능동적 억제전략', '3축 체제', '공군 5세대 전투기 사업 조기 추진', '군수뇌부 육·해·공군 균형보임', '합동군 사령부 창설', '3군사관학교 부분통합', '국방 문민화', '특수부대 증강', '동해안 최북단 육군사단 해체계획 백지화', '신개념 육군 동원예비군', '육군 장성숫자 감축 및 야전 재배치', '서북도서방어사령부 창설', '공군 정밀타격력 강화', '해군 소형 잠수함 건조', '해군 KSS-III급 잠수함 사업 조기 착수', '서부해안 해병대 반격 상륙사단 신설', '해병대 임무 확대', '한미 신미사일가이드라인 재개정' 등 다양한 건의들이 생산되었다. 물론, 이것들은 건의된 내용들이며 국방부-합참이 최종적으로 확정한 개혁안들은 별개다.

우여곡절도 있었다. 개혁이란 매 순간 적과 동지를 만들어가는 힘든 과정이었다. 일정한 국방예산으로 군을 개혁한다는 것은 예산의 흐름을 바꾸는 일이다. 관성적으로 집행되는 예산을 더 시급하고 필요한 쪽으로 돌리는 작업이다. 해당 조직의 입장에서 보면 죽고 사는 문제이기 때문에 저항이 수반되기 마련이다. 그럼에도 개혁은 큰 원칙들 하에서 이루어질 수밖에 없다. 국방의 주된 임무는 통일의 그날까지 북한으로부터의 안보위협을 불식시키는 것이며, 북한의 무력도발을 억제하는 것이 급선무이다. 통일이후에도 통일한국은 여전히 상대적 약소국으로서 주변의 강대국들 사이에서 생존해야 한다. 때문에 양적으로 대적할 수 없는 주변 강대국들의 위협을 불식시키기 위해서는 작지만 강한 군대로 가야 한다. 첨단화, 정예화,

과학화가 불가피하다. 신혼부부당 1.2명에도 미치지 못하는 낮은 출산율을 감안한다면, 머리 숫자를 중심으로 하는 군사력의 의미는 퇴색되고 있다. 이런 원칙들을 앞세우다보니 해공군 및 해병대 역할의 강화를 강조하는 건의들이 상대적으로 많았고, 이런 것들이 육군 관계자들을 서운하게 만들기도 했다.

어쨌든 이렇게 해서 만든 개혁안들은 하나하나가 나름대로의 논리와 필요성을 담고 있었다. 예를 들어, 낮은 출산율과 과학화·정예화라는 군사력 발전추세를 종합하면 육군의 숫자는 감축될 수밖에 없기 때문에 유사시 즉각 공백을 메우기 위한 동원예비군의 정예화가 시급했다. 또한, 육군사단을 25개까지로 줄인다는 노무현 정부의 국방개혁안은 북한 지상군 사단이 90개가 넘는다는 사실에 대비하면 대단히 무책임한 발상이었기에 재고가 불가피했다. 특히 동해안 최북단의 지상군 사단을 해체하고 해안경비 임무를 해경에 넘긴다는 계획은 매우 안일한 계획이었다. 이를 보완하기 위해서는 강력한 예비군 체제를 건의해야 했고, 지상군 사단 해체계획의 수정을 요구할 수밖에 없었다. 해경에게는 서운한 일이었지만, 해안경비를 해경에게 맡긴다는 계획도 보류하라고 건의할 수밖에 없었다. 강력한 대북 억제력을 발휘하는 특수부대와 지상발사 미사일 파워의 증강도 필요했다. 북한의 도발을 억제하기 위한 합동성 강화와 군수뇌부의 군령권 강화를 요구할 수밖에 없었다.

일 년간의 작업을 통해 마련된 건의안들은 대통령에게 보고되었고, 이를 넘겨받은 국방부 역시 과거와는 다른 사명감을 가지고 현실성 검토를 진행했다. 2011년 3월 7일 김관진 국방 장관은 「307계획」의 발표를 통해 개혁수행 의지와 청사진을 밝혔고, 이후 국방부-합참은 어느 때보다 적극적인 자세로「국 방개혁 11-30 계획」을 작성했다. 이후 국방부는 '합동성 강화', '적극적 억제능력', '효율성' 등을 국방개혁이 추구해야 할 3대 핵심과제로 압축하고 2012년까지 실행할 단기과제 36개, 2019년을 목표로 하는 중기과제 19개, 2030년을 목표로 하는 장기과제 16개 등을 식별하고 수정보완 작업을 끝냈다. 당연 히 새로운 입법이 필요한 부분들이 있었다. 2011년 5월 25일 드디어 국방부는 '국방개혁에 관한 법률'을 국회에 제출했고, 그 핵심은 합참의 군령체계를 조정하여 군령체계를 강화하는 상부 지휘구조 개편안이었다. 하지만 18대 국회가 국방개혁의 상징인 이 법안을 처리해주지 않음으로써 결국 폐기되었다. 나머지 건의안들의 운명에 대해서도 확실한 것은 없다. 이명 박 정부 초반에 시작하지 못한 것이 안타깝지만, 어차피 국방 개혁이란 다음 국회와 다음 정부에서도 이어져야 할 계속사업 이다. 그럼에도 군의 사기를 훼손하지 않기 위해서라도 매우 조용하게 그리고 대단히 정밀하게 추진되어야 한다.

개혁이란 불필요하거나 덜 필요한 것을 줄이고 시급하거나 더 필요한 것을 늘리는 과정을 수반한다. 개혁이라고 해서 줄 이고 감축하는 것만을 의미하는 것은 아니다. 이런 의미에서 국방비 규모는 진정 재고해봐야 할 문제이다. 한국의 국방비 는 노무현 정부 이래 줄 곳 GDP의 2%대 중후반에 머물고 있는데, 이는 전쟁위협이 없는 프랑스, 영국, 오스트리아 같은 나라들의 비율과 비슷한 것이다. 분단국도 아닌 터키가 5%대 그리고 싱가포르가 4%대라는 사실과 비교한다면, 분단국으로서 당장 북한의 위협을 억제해야 하고 통일 이후에도 상대적 약소국으로 살아야 하는 한국의 국방비가 GDP의 3%에도 미치지 못하고 복지예산의 ⅓수준에 머물고 있음은 분명히 문제다. 한국의 국방비는 GDP 대비 3.5% 수준은 되어야 한다. 강간약지(强幹弱枝)의 진리를 위배하면 나라는 흔들리는 법이다. 나무란 줄기가 강하고 가지들이 약해야 튼튼하게 자란다. 줄기에 비해 가지들이 무거우면 나무는 쓰러진다. 국방비는 전체예산의 일부이지만 나라를 지탱하는 줄기다.

무지무지 기분좋은 일들

국방부가 최종적으로 정리한 개혁안들은 모처럼 조성한 '숲'이다. 그 안의 나무들 하나하나를 보면 3군의 이해관계가 엇갈리는 것도 있고 밑그림을 그렸던 국방선진화추진위원들조차 불만스럽게 생각하는 대목들이 혼재되어 있다. 하지만 전체적으로는 이 시기에 한국의 국방에 신선한 산소를 불어넣을 거대한 숲이다. 게다가 전시작전통제권을 환수해야 하는 2015년이 코앞으로 다가오고 있다. 이런 시기에 18대 국회가 이해 당사자

들의 복잡한 논쟁 속에 함몰되어 중심을 잡지 못하고 국방개혁
법을 통과시키지 않은 것은 대단히 아쉬운 일이다.

하지만 국방개혁의 밑그림을 그리는 과정에서 맞닥뜨린 무
척 기분좋은 일들도 많았다. 국방부의 개혁안들 중에는 법률
개정과 무관하게 추진할 수 있는 것들이 많고, 이미 실행된 것
들도 적지 않다. 이것들을 바라보는 것은 매우 기분좋은 일이
다. 개인적으로 보람을 느끼게 해준 것들도 많다. 노무현 정부
가 18개월로 단축해놓은 군복무기간을 24개월로 환원하자는
건의안은 2010년 초 직접 집필한 첫 건의안이었다. 당정(黨政)
간 논의를 거쳐 3개월을 연장하는 것으로 결말이 났다. 적지
않은 성과였다. 북한군은 8~10년을 복무하여 우세한 성숙도
와 전투력을 가지지만 우리 병사들은 군대를 알만하면 제대한
다. 이런 현실을 감안하면 복무기간을 18개월로 단축한 것은
위험스러운 정치게임이었다. 이 일로 후일 젊은이들로부터 비
난을 받을 수도 있겠지만, 결코 후회하지 않을 것이다. 저출산
추세를 감안하면 복무기간은 앞으로도 더 늘어나야 할지도 모
른다.

2011년 8월 해병대를 주축으로 하는 서북도서방어사령부가
창설된 것도 가슴 설레는 일이었다. 국방선진화추진위는 '도
발시 즉각 대응' 체제를 갖추어야 한다는 취지로 연평도 포격
사태 석달 전에 합동부대 창설을 건의했었다. 국방부가 예비
군 정예화를 위해 이런 저런 검토를 하고 있다는 사실도 확인
되었다. 이 역시 기분좋은 일이다. 지금도 '싸워 이기는 군대'

를 만들기 위한 육·해·공군 및 해병대의 개혁노력은 일반국
민이 느끼지 못하는 가운데 지속되고 있다. 우리 군은 유사시
북한의 장사정포들을 파괴할 수 있는 미사일을 개발하기 시작
했고, 북한군의 도발시 즉각 응징할 수 있는 정밀 미사일들을
증강하겠다는 계획도 세우고 있다. '방어'가 가지는 한계 때문
에 '사전 억제'를 위한 무기체계에 더 많이 투자해야 한다는 원
칙에 부합하는 것이기 때문에 대단히 반가운 소식임에 틀림이
없다.

　개인적이기는 하지만 너무나 기분이 좋았던 경험이 있었다.
2010년 여름 당시 필자는 동원예비군 정예화 방안을 연구하기
위해 여러 사람들과 대화를 시도하고 있었다. 국방부내 최고
위 담당자인 동원국장을 방문했다가, 40여 년 전 추억들을 되
살리는 현장과 맞닥뜨렸다. 1970년대 초반 대구 제11전투비행
단의 공군사병으로 복무 중이었던 필자는 여느 병사들이 경험
하기 어려운 별난 대민봉사 일을 하고 있었다. 일과가 끝나면
버스를 타고 검단동이라는 빈촌에 소재한 공민학교에서 영어
를 가르치는 일이었다. 고된 일이었지만 정규학교를 다닐 수
없는 가난한 아이들을 돕는다는 보람에 피곤한 줄 몰랐다. 필
자는 영어를 잘 가르친다는 평가를 받았고, 학생들의 요청으
로 제대한 후에도 일 년동안 교사로 봉사했다. 그 시절 필자에
게는 기억에 남는 한 학생이 있었다. 남달리 총명한 모습으로
학업에 열중했고, 낮에는 필자가 복무하던 부대의 매점에 근
무하던 가난한 소년이었다. 그 학생이 소장 계급장을 달고 눈

앞에 앉아있었다.

　검정고시와 3사관학교를 거쳐 대한민국 육군의 장성이 되어 있는 그가 너무나 자랑스러웠다. 우리 둘은 40년 전으로 돌아가 그 때 그 시절을 회상했다. 필자가 국방선진화추진위원회 업무를 종료하던 무렵 권태오 장군은 중장으로 진급하여 현재 경기도 수도군단 군단장으로 재임 중이다. 권 군단장은 불우했던 자신의 과거를 거울삼아 부대 내에 '충의 고등학교'를 설립했다. 전우와 전우의 가족들이 다른 전우들을 가르치는 이 학교는 2012년 5월 배우지 못한 채 군대에 입대한 병사 35명을 검정고시에 합격시키는 기염을 토했다. 자랑스러운 제자를 다시 만난 것은 국방개혁 업무가 필자에게 던져준 '무척 기분좋은 선물'이었다.

'상호취약성'의 공유

국방선진화추진위원회를 통해 건의했던 대북억제 방안들을 이론적으로 설명하기 위해서는 '상호취약성(mutual vulnerability)' 개념을 소개하지 않을 수 없다. '능동적 억제 전략'과 '3축 체제'를 제안한 직접적인 배경이기 때문이다. 상호취약성이란 개념은 냉전시대의 유물이다. 1957년 소련이 최초의 인공위성 스푸트니크(Sputnik)호를 발사했을 때 미국 전역에는 난리가 났었다. 인공위성을 지구궤도에 올릴 수 있다는 것은 대륙간 탄도탄을 만들 수 있다는 의미이기 때문에 소련은 대륙간탄도탄으로 미국을 때릴 수 있게 되는데 미국은 그렇지 못하니 일방적 취약성(unilateral vulnerability)에 놓인 것이다. 이런 상태에서는 소련이 미국을 때릴 동기를 가질 수 있다. 이론적으로 그렇다는 뜻이다. 미국의 전문가들은 '취약성의 창(window of vulnerability)'을 막아야 한다며 난리법석을 떨었다. 허겁지겁 대륙간탄도탄 개발에 나섰지만, 한참동안 양국 간에는 미사일 격차(missile gap)가 존재했다.

하지만 현재 남북 간에 존재하는 핵 및 미사일 격차에 비하면 1950년대 미국 사람들은 호들갑을 떤 것에 지나지 않는다. 무핵 상태에서 북한의 핵위협에 대응해야 하는 한국, 그것도 농축과 재처리를 가지지 못해 외교 지렛대마저 없는 한국은 심각한 비대칭적 취약성(asymmetric vulnerability)에 노출되어 있다. 미사일도 꼭 같다. 북한은 미사일로 한국의 모든 지역을 겨냥할 수 있지만, 그 역은 성립하지 않는다. 야포 파워에 있어서도 한국은 심각한 비대칭적 취약성에 노출되어 있다. 북한은 휴전선 남방 일정지역을 취약하게 만들 수 있는 야포력을 보유하고 있지만, 그 역은 성립하지 않는다. 최근에는 더욱 심각한 보도도 나오고 있다. 2012년 2월 22일 중앙일보가 보도한 바에 따르면, 북한이 사정거리 220km에 달하는 방사포를 개발했다고 한다. 이것이 사실이라면, 북한은 포병으로도 계룡대의 3군 본부까지 타격할 수 있다는 얘기가 된다.

이런 비대칭적 취약성을 방치하면서 북한이 우리에게 고분고분해지기를 기대한다면 참으로 어리석다.

물론, 우리도 최근에는 미사일 개발에 노력을 기울이기 시작하여 '신궁', '철매', 등 단거리 방어미사일에 치중했던 패턴에서 벗어나 공격용 미사일 개발에도 신경을 쓰고 있다. 육군은 '현무' 등 새로운 공격 미사일들을 개발하고 있으며, 해군도 함대지 크루저미사일 '천룡'(사거리 500㎞), 함대함 미사일 '해성'(사거리 150㎞), 함대공 미사일 SM-2 Block III(170㎞), 대잠 미사일 '홍상어'(20㎞) 등을 개발했거나 하고 있다. 공군 역시 정밀유도무기(PGM)의 추가적 확보를 애쓰고 있다. 그럼에도 북한 깊숙한 곳을 타격할 수 있는 것은 공군기에 탑재되는 공대지 무기들뿐이다.

더욱 답답한 것은 진정 강력한 도발억제력을 가지는 응징용 미사일은 여전히 제약에 묶여 있다는 사실이다. 탄도미사일은 한미 「신미사일가이드라인」의 '사정거리 300㎞이하' 조항에

한국공군의 주력기 F-15k전투기. 2010년 연평도 포격도발시 대구기지에서 출격한 F-15기가 현장에 도착하자 북한군은 포격을 멈추었다. F-15가 발사하는 정밀타격무기 중의 하나인 AGM-84H(Slam-ER)는 사정거리 270km로서 서해 상공에서 평양을 타격할 수 있다.

묶여 있다. 순항미사일의 경우, 함대지 '해성' 등 단거리 미사일들을 개발하고 있으나, 더 멀리 날아가는 순항미사일은 탑재중량 500kg이라는 제약에 묶여 있다. 순항미사일에는 무인기(UAV)도 포함되는데, 탑재중량 제한 때문에 정교한 정찰장비를 개발·탑재하기가 어렵다. 한국의 우주로켓에도 고체연료를 사용하지 못하게 되어 있어 로켓추진체 개발에 제약이 되고 있다. 이에 비해 북한의 미사일 파워는 단연 압도적이다. 북한이 가진 미사일 중 남한전역을 타격할 수 있는 사정거리 500㎞ 이상(스커드-C급 이상)의 미사일만도 1천 기에 달하는데, 이것도 부족하여 미국을 사정거리에 두는 대륙간탄도탄(ICBM)을 욕심내고 있다. 이런 일방적 취약성 상태에서는 북한이 언제나 대남도발의 유혹을 느낄 수 있어 평화적 분단관리조차 어렵다. 2012년 4월 19일 한국군은 북한 미사일에 대한 국민의 불안감을 달래기 위해 사정거리 300㎞인 현무-2 탄도미사일과 사정거리 1,500㎞에 탄두중량이 450kg인 현무-3 순항미사일의 실험발사 광경을 공개했지만, 이 정도로는 어림도 없다.

남북 간에 존재하는 일방적 취약성을 불식시키는 가장 바람직한 방법은 북한이 대량살상무기의 개발을 포기하는 것이며, 그 다음으로는 우리도 같은 대량살상무기를 갖는 것이다. 하지만 이런 방법들이 불가능한 상황에서 일방적 취약성을 해소할 방법은 무엇인가? 이것을 해소하지 못한다면 북한은 계속 무력도발의 충동을 느끼며, 진지한 자세로 협상의 테이블로 나올 가능성도 적다. 겁나는 것이 없으니 대화에 나와서도 고압적 자세로 큰 소리를 칠 것이다. 때문에 상호 취약성을 확보하는 것이 급선무이며, 그것이 곧 남북 간 무력충돌을 불식시키고 상생공영의 남북관계와 평화통일로 가는 초석을 닦는 길이다. 이런 논리를 두고 '강경론'이니 '전쟁광'이니 하면서 시비하는 사람들에게는 좀 더 공부를 해보라고 권하고 싶다. 달래고 참아서 얻는 평화는 언제든 깨질 수 있는 비굴한 평화이지만 압도적인 안보태세로 도발을 근절함으로써 얻어지는 평화는 당당한 평화이다. 확고한 억제체제란 전쟁을 위해서가 아니라 전쟁을 예방하기 위해 존재하는 것이다.

최종병기 '3축 체제'

능동적 억제전략(proactive deterrence strategy)은 상호 취약성을 확보하기 위한 전략으로 건의된 것이다. 이 전략은 대개 네 가지의 특징을 가진다. 첫째, '방어'보다는 '억제'를 중시하는 전략이다. 방자(防者)의 입장에서 북한의 모든 도발을 완벽하게 방어할 수 없는 상황에서 최상의 선택은 도발을 억제하는 것이기 때문이다. 둘째, 다단계 대응을 전제로 하는 것으로서 공격 징후가 확실한 경우 자위 차원의 선제공격, 도발시 즉각적인 보복, 격퇴, 방호 등의 단계들을 상정한다. 당연히 현지 지휘관의 재량권 확대가 필수다. 셋째, 위협원별로 최적의 대응무기를 보유·배치하는 '맞춤형 억제'를 전제로 하며, 이를 위해서는 대응무기 선택의 폭이 확대되어야 한다. 다시 말해, 상대가 야포로 도발을 하면 우리도 야포로만 대응해야 한다는 비례성 원칙을 뛰어 넘어야 한다는 말이다. 넷째, 이러한 대응계획을 구체화하기 위해서는 군사목표들뿐 아니라 북한이 가장 아파할 것들을 타격목표에 포함시키는 포괄적 타깃팅 정책이 불가피하다. 그럼에도 능동적 억제전략은 기본적으로 확고한 대응태세를 보여줌으로서 도발이나 전면전을 미연에 방지하자는 억제전략이지 결코 '공격'을 위한 전략은 아니다.

'3축 체제'는 능동적 억제를 뒷받침하는 핵심적 수단으로 제안된 것이다. '상호 취약성'을 확보함으로써 북한으로 하여금 도발을 엄두내지 못하게 하자는 것이다. 미국은 냉전시절부터 핵전쟁을 억제하기 위해 보복응징용 핵무기들을 공중과 지상 그리고 수중에 분산 배치하는 '핵의 3축 체제(nuclear triad)'를 운영해오고 있지만, 비핵국인 한국의 3축 체제는 전적으로 재래무기에 의한 것이 되어야 한다. 이를 위해서는 북한 전역에 도달할 수 있는 사정거리를 가진 탄도미사일, 순항미사일, 무인폭격기(UACV) 등을 포함하는 수 천기의 전략타격용 무기들을 공중발사, 지상발사 그리고 수중발사용으로 분산 배치해야 한다.

대북억제력을 발휘하기 위해서는 현재 남한을 위협하는 북한 미사일의 숫자보다는 곱절이상 많아야 한다. 북한이 1천 기의 중장거리 미사일을 남쪽을 향해 배치하고 있는 상황이라면 우리 미사일은 2천 기 이상이 되어야 한다. 37배의 경제력을 가진 한국에게는 불가능한 선택이 전혀 아니다. 이들 타격무기들은 생존성, 침투성, 신속성, 치명성, 정밀성 등을 갖추고 특정 군사시설 파괴용, 특정 무기체계 파괴용, 지하시설 파괴용, 광역지역 파괴용, 살상용, 특정인 암살용 등 다양한 용도로 배치되어야 한다. 도발시 즉각 대응하여 상대가 감내할 수 없는 수준의 손실을 입힐 수 있는 태세를 갖추어야 한다. 수백만 명의 주민이 굶주리고 있는 동안에도 값비싼 공격미사일을 개발하고 있는 데에서 보듯 북한에게 있어 인명피해란 '감내할 수 있는' 손실일 수 있다. 때문에 대북억제에 있어 정밀성은 매우 중요한 요인이다. 즉, 정확한 타격능력으로 도발자들을 직접 위협할 수 있어야 한다.

한국이 3축 체제를 구축함에 있어 기술적·경제적 타당성에는 큰 문제가 없다. 미사일은 무인무기(shoot-and-forget weapons)이므로 탑승자의 생환을 보장하기 위한 투자가 불필요한데다, 대량생산으로 인한 비용감소 효과도 기대된다. 미사일을 생산하는 한국의 방산능력도 이미 상당한 수준에 올라 있으며, 미흡한 부분에 대해서는 해외구매나 기술협력도 가능하다. 미사일을 탑재하는 운용체계(platform) 역시 국내개발 또는 해외구매가 가능하며, 기 계획 중인 무기체계들을 활용할 수 있는 여지도 많다. 공중 운용체계를 위해서는 공군이 계획하고 있는 제3차 차대세전투기사업(F-X), 즉 제5세대 전투

2011년 5월 부산항에 정박한 미국 핵추진 잠수함 미쉬건호. 1만 8천톤 급의 미쉬건호는 미국이 가진 오하이오급 핵추진잠수함 14척 중의 하나로 150여 기의 토마호크(사정거리 1,600km)를 탑재하고 있다. 핵무기를 탑재한 오하이오급 핵잠에는 24개의 트라이던트-2 탄도미사일(사정거리 약 8,000km)을 정착하며 미사일 하나는 8~10개의 탄두를 장착할 수 있다. 이론적으로 이 잠수함 한 척으로 세계 200여 개 도시를 일순간 초토화시킬 수 있다. 잠수함은 선제공격을 당할 위험이 적은 은밀한 응징무기로 억제에 가장 큰 효과를 발휘한다. 한국 역시 대형잠수함을 응징무기로 사용하는 3축 체제 구축을 서두를 필요가 있다.

기 구입을 앞당기면 된다. 해군은 계획 중인 KSS-Ⅲ급 잠수함을 조기 건조하여 사용하면 된다. 지상에서 운용될 플랫폼은 이동식 발사대 정도이며, 기존의 유도탄사령부를 확대 개편하여 3축 체제의 지상임무를 부여하면 된다. 물론, 우리의 예산 여건이나 사회 환경은 군이 가지고 싶은 무기를 당장 가지도록 허락하지 않는다. 하지만 언제든 우수한 3축 체제를 구축하여 능동적 억제 전략과 결부시킨다면, 도발의 악순환을 차단하는

데 효과적인 '최종병기'가 될 것이다. 핵무기를 가질 수 없는 한국에게 있어 이것 이상의 카드는 없다.

앞에서도 짧게 언급했지만, 우리 군이 이미 이 방향으로 움직이고 있다는 징후도 적지 않다. 공개적으로 '3축 체제'를 선포한 적은 없지만, 각종 마사일 파워를 증강하는데 역점을 두고 있다는 정황이 뚜렷하다. 2011년 9월 19일자 모 일간지는 유사시 북한의 장사정포들을 정확하게 파괴할 수 있는 사거리 100km 탄도미사일을 개발하는 '번개사업'이 수행되고 있다고 보도한 적이 있다. 2012년 5월 22일에는 향후 5년간 2조 5천억 원을 들여 북한군의 도발시 즉각 응징이 가능한 장거리 순항미사일, 단거리 미사일, 정밀유도폭탄 등을 대폭 증강하는 사업을 이명박 대통령이 승인했다는 보도가 있었다. 여기에는 유사시 북한군의 미사일 기지, 장사정포, 해안포, 특수부대 등을 무력화할 수 있는 현무-3 순항미사일(500~1,500km), 현무-2 탄도미사일(300km), 한국형 GPS활강유도폭탄(70~100km) 등이 포함된 것으로 보도되었다. '3축 체제'를 건의했던 필자의 입장에서는 이 보다 더 반가운 소식이 없다. 이런 사업이 제대로 굴러가도록 만들기 위해서는 예산을 확보해야 하는데, 이는 국회의 몫이다.

일정 수준 이상의 3축 체제가 구축되면 만궁대기(挽弓待機: 활을 당긴 채 손을 놓지 않고 있음)의 억제력으로서 다양한 단계에서 억제력을 발휘할 것이다. 우선, 북한의 전면전을 억제하는데 효과적이며, 일단 전면전이 발발한 이후에는 확전을 억제하는 효과를 발휘한다. 확전이란 어느 일방이 승리를 자신할 때 이루어지는 것인데 3축 체제는 그 자신감을 소멸시키는데 결정적으로 기여한다. 3축 체제는 또한 미 핵우산의 맹점을 보완하는 자주적 수단으로서 북한이 드리우고 있는 핵그림자를 상쇄하는 효과를 발휘한다. 즉, 북한이 한국의 대응 부재를 믿고 국지도발을 저지르는 일이 어려워진다. 국내정치에도 순기능이 기대된다. 북한의 핵그림자 전략이 유발할 수 있는 패배주의적·순응적 투표를 예방하여 이 땅의 자유민주주의 체제와 가치를 수호하는데 기여한다. 핵무장이나 전술핵 재배치가 현실성을 가지지 못하는 희망사항일 뿐인 상황에서, 3축 체제는 한국인의 좌절감을 극복하기 위한 차선책이다.

좀 더 멀리 보면, 3축 체제는 통일한국의 생존을 담보하는 전략군으로 변신할 수 있는 토대이다. 통일한국은 중국과 1,360㎞ 그리고 러시아와 16㎞의 국경선을 공유하게 되며, 8,500㎞의 해안선을 가진 반도국가가 된다. 통일한국은 강력한 주변국들에 둘러싸인 채 생존전략을 모색해야 하는 상대적 약소국이다. 강대국을 이웃으로 두고 있는 국가들의 전쟁억제 방안으로는 직접적 침략동기 발생 억제, 문화적·전통적 우호관계유지, 국제장치(불가침조약, 국경준수 약속 등)를 통한 전쟁억제, 침략시 입게 될 손실(물리적 손실, 국제적 고립, 봉쇄 등) 인식 등이 있다. 통일한국도 마찬가지이다. 주변국들과의 비적대적 우호관계를 유지하기 위해 최선을 다하면서도 한국을 침략하면 엄청난 손실을 입게 된다는 점을 인식시켜야 한다. 전략군이 바로 그것이다. 고슴도치의 침과 마찬가지로 건드리면 찔린다는 것을 보여주는 것이 전략군이다. 이런 취지로 과거 소련도 '전략로켓군'을 운용했고, 현재 중국도 '전략포병'이 신형 대륙간탄도탄들을 운용하고 있다.

요컨대, 3축 체제는 당장 북한의 도발을 억제하는데 긴요할 뿐 아니라, 북핵을 넘어 통일로 가는 수단이며, 통일 이후까지를 내다보는 한국의 생존수단이다. 그러나 우리가 제대로 된 3축 체제를 구축하기 위해서는 먼저 해결해야 할 문제가 있다. 「신미사일가이드라인」의 조속한 재개정을 통해 우리의 미사일 개발에 가해지고 있는 제약을 풀어야 한다.

또 하나의 최종병기 '무인 시스템'

1995년 1월 25일 미국은 노르웨이의 한 섬에서 북극광을 연구하기 위해 과학위성 Black Brant-7호를 발사했다. 그런데 러시아의 조기경보체제가 핵공격으로 오인하여 핵미사일들이 발사상태로 돌입하는 오싹한 일이 벌어졌다. 이런 일은 과거에도 있었다. 냉전기간 동안 미국의 조기경보 시스템도 여러 번 오작동했고, 그때마다 가슴을 쓸어내리게 만든 것이 '경보 즉시 발사(launch-on-warning)'시스템이었다. 이는 적정 수위의 경보가 울리면 자동적으로 대응하는 체제를 말하는데,

컴퓨터가 오작동하여 핵미사일들이 날아온다는 경보를 울리면 이쪽에서는 자동적으로 보복 핵미사일들을 날리게 된다. 기계의 잘못으로 세상이 결딴날 수다는 얘기다.

이런 시스템은 냉전의 산물이다. 냉전동안 미소는 '대량보복 전략'을 통해 상호간 핵전쟁을 억제했는데, 고민거리 중의 하나는 상대가 워싱턴을 목표로 수뇌부 제거(decapitation) 공격을 가해 올 때 진위를 가리기 위해 우물쭈물하다가는 워싱턴이 초토화되고 보복을 명령할 지도부가 소멸될 수 있다는 점이었다. 이런 일을 막기 위해 등장한 것이 바로 경보 수위에 따라 자동적으로 보복 미사일을 발사하는 시스템이었다. 선제공격 같은 것은 꿈도 꾸지 말라는 것이다. 냉전이 물러간 지금 상당히 완화되었지만 아직도 일부는 유효하다. 1995년의 경우에는 러시아 스스로 자신들의 조기경보체제가 노후하여 문제가 많다는 점을 알고 있었기 때문에 launch-on-warning 시스템을 작동시키지 않았다. 이후 미국 의회에서는 "미국의 안전을 위해서는 미국 돈으로 러시아의 노후한 경보위성들을 대체해 주어야 한다"는 엉뚱한 논의가 일어나기도 했다.

이런 launch-on-warning 시스템을 한국에 적용하는 것은 어떨까? 결론부터 말해, 불가능하다. 기계 오작동으로 인한 우발적 확전을 불러올 가능성이 있기 때문이다. 하지만 무력충돌이 잦은 해역에 국지적으로 사용하는 것은 검토해볼만하다. 그렇게 된다면, '3축 체제'를 보완하는 또 하나의 '최종병기'가 될 수 있다.

서해 북방한계선(NLL) 해역에 무인정찰기와 무인함정을
배치한다고 가정해보자. 북한의 경비정이 NLL을 침범하면 무
인정찰기가 탐지하여 무인함정에 신호를 보내게 되고, 무인함
정은 자동적으로 물러가라는 방송을 내보낸다. 북한 경비정이
물러나지 않으면 경고사격을 가하게 되고, 그래도 남진하면
자동함포가 발사된다. 이런 무인시스템 하에서는 교전이 벌어
지더라도 사상자가 발생하지 않아 정치적으로 안전하며, 기계
가 판단하고 대응하기 때문에 인정이나 정치적 판단 때문에 주
저하는 일이 없다. 북한 경비정에게 NLL을 침범하면 확실히
응징을 당한다는 사실을 가장 분명하게 알려주는 방법이기 때
문에 도발억제 효과도 매우 높다. 우리가 진정 NLL 상에서의
북한도발을 근절하기를 원한다면 지금부터라도 무인시스템에
의한 NLL 방어를 검토해야 하며, 향후 국방개혁의 주요 의제
가 되어야 한다.

전시작전통제권의 두 얼굴

향후 국방개혁은 전시작전통제권 분리에 대비하는 데에도 초
점을 맞추어야 한다. 현재 한미연합사가 행사하게 되어 있는
한국군에 대한 전시작통제권은 2015년부로 환수되어 한국군
으로 넘어온다. 미군에게 맡겨진 전작권은 애초부터 두 얼굴

을 가진 존재였다. A 시각으로 보면 한국의 군사주권과 자존심을 훼손하는 요인이자 한국군의 홀로서기를 지연시키는 장애물이었다. B시각으로 보면 전면전을 억제하고 한국의 경제성장을 도운 방패였다. 두 시각 모두가 일정부분 진실을 반영하고 있지만, 경중(輕重)에는 차이가 있었다. 전작권 환수는 한미동맹과 한국안보 역사에 새 장을 여는 분수령적인 사건이지만, 노무현 정부가 환수를 추진하기 시작했던 2005~6년부터 말도 많고 탈도 많았다. 결론부터 말해, 전작권의 환수는 어차피 가야 할 길을 가는 것이고 국방부 역시 통수권자의 명령에 따라 실무작업을 수행했지만, 노무현 정부가 업적주의에 빠져 분별없이 서둘렀다는 평가만큼은 피하기 어렵다.

전작권 문제는 노무현 정부와 주변의 정치세력들이 분별없이 서두르는 통에 공정한 토론이 부족했고, 국론도 크게 분열되었다. 당시 전작권 환수를 지지하는 일부 네티즌들은 반대자들을 '친미 매국노'로 몰았고, 반대편 네티즌들은 환수에 찬성하는 사람들을 '좌익 빨갱이'로 몰았다. 언론도 양패로 나누어졌다. 노무현 정부는 국책연구원들에게 반대논리를 개진하지 못하도록 금지령을 내렸고, 필자가 모 신문에 "전작권 환수에 신중해야 한다"고 말했다가 중징계를 받은 것도 이 무렵이었다.

작전통제권이란 작전을 위해 군대를 운용하는 권리를 말하며, 군대를 키우고 먹이는 권리는 포함되지 않는다. 모든 스토리는 한국전쟁 중인 1950년 7월 14일 이승만 대통령이 국군의

작전통제권을 유엔군 사령관에게 이양한 것에서부터 출발한
다. 당시는 아군이 북한군의 공세에 정신없이 밀리던 시기였
다. 미군이 개입하지 않으면 부산까지 일사천리로 밀릴 판이
었다. 이 대통령은 미군이 속히 와서 우리 군대까지 지휘하면
서 북한군을 막아달라고 애원했다. 그렇게 해서 작전통제권을
유엔군 사령관을 겸한 미군 사령관에게 넘겼다. 1953년 7월
정전과 함께 포성은 멎었지만 국토는 폐허로 변했고 한국군은
만신창이었다. 한국은 미국과 「합의의사록」을 맺어 한국군을
계속해서 유엔군 사령관의 작전통제 하에 두기로 합의했다.
이 역시 한국이 다급하게 원했던 것이었다.

이후 1965년에는 「한미 군사실무약정서」를 통해 파월부대
에 대한 작전통제권을 해제했는데, 이는 베트남에 파견되는
한국군에 대해 한국이 지휘권을 가지도록 하기 위함이었다.
1968년에는 대간첩작전에 한하여 한국군이 스스로 작전통제
권을 가지는 것으로 조정되었다. 1978년에는 한미 연합사령부
(CFC: Combined Forces Command)가 창설되어 연합사령관
이 작전통제권을 행사하게 되었다. 이때부터 '미군이 주도하
는 작전통제권 공동행사' 체제가 시작된 것이다. 연합사가 한
미 양국군이 동수로 참여하는 부대이기 때문에 '공동행사'라는
표현이 정확하지만, 미군 대장이 사령관을 맡고 한국군 대장
이 부사령관을 맡기 때문에 사실상 미군이 작전통제권을 가졌
다고 해도 무방하다. 1994년에는 평시작전통제권이 한국군으
로 넘어오게 되는데, 이로서 전시작전통제권(이하 전작권)만

미군 손에 남았다. 즉, 평시에는 한국이 한국군에 대한 작전권을 행사하다가 전쟁이 일어나면 연합사를 통해 미군이 전작권을 행사하게 된 것이다. 전작권을 환수 또는 분리한다는 것은 연합사가 해체됨을 의미하며, 전쟁이 나더라도 한국군은 한국군대로 미군은 미군대로 별도의 지휘라인을 따라 움직이고 필요한 협력은 양국군 사이에 별도의 협의체가 두어 해결한다는 뜻이다.

전작권의 환수를 추진한 노무현 정부의 주장은 대개 세 가지로 요약된다. 첫째는 명분에 관한 것으로 주권국의 자주적 이미지를 위해 필요하다는 것이었고, 둘째는 여건에 관한 것으로 한국군의 현대화가 상당히 진행되었기 때문에 독자적으로 전쟁을 수행할 수 있다는 것이었다. 노무현 대통령이 "언제까지 미국사람의 바짓가랑이를 붙들고 매달릴 것인가"라고 발언한 것도 이 무렵이었다. 셋째는 안보에 미치는 영향에 관한 것으로서, 전작권이 분리되어도 한미동맹이 불변이므로 안보에 지장이 없다는 것이었다.

2005년 노무현 대통령이 이런 논리를 앞세우고 '전작권 환수' 의사를 밝혔을 때, 미국의 첫 반응은 신중했다. 럼스펠드 미 국방장관은 "주권국인 한국이 결정하면 받아들이겠지만 환수의 시기와 조건은 긴밀히 협조하여 처리할 문제"라면서 말리는 입장을 취했다. 하지만 노무현 정부는 여론몰이를 앞세우고 강하게 다그쳤다. 2006년 8월 노무현 대통령의 멘토로 알려진 모 성직자는 평화방송에 출연하여 "작전권도 없는 나라가 부끄럽지 않느냐, 남이 지켜주길 바라느냐”면서 당장 전작권을 회수해야 한다고 주장했다. 국내에는 전작권의 조기 환수를 지지하는 ‘자주파’와 반대하는 ‘국제파’ 간의 논쟁이 전개되었다. 이렇게 되자 미국의 태도가 바뀌었다. 럼스펠드 장관은 배신감을 표출했고, “그렇게 원한다면 당장 2009년에라도 가지고 가라”고 응답했다. 이런 과정을 거치면서 2007년 2월 한미 국방장관은 2012년 4월 17일부로 연합사를 해체하고 전작권을 분리한다는 합의서에 서명했다.

그것으로 끝이 아니었다. 보수세력은 ‘전작권 환수 및 연합사 해체 반대를 위한 천만 명 서명운동’을 벌여 청와대와 백악관에 제출했다. 군 원로들의 반발도 심했다. 천안함 피격 이후 백선엽 장군, 박세환 재향군인회 회장, 황진하 의원 등이 전작권 전환 및 한미연합사 해체 연기를 촉구하는 움직임을 확산시켰다. 급기야 2010년 5월 28일 미 상원 군사위원회는 로버트 게이츠 국방장관에게 전작권 전환 일정을 조정해야 하는지를 물었다. 이명박 대통령은 보수진영의 반발에 고민했고, 결국 미국과 협상을 시작했다. 2010년 6월 26일 캐나다에서 G-20 회의에 참석 중이던 이명박·오바마 대통령은 별도의 정상회담을 갖고 전작권과 관련한 중대한 합의를 발표했다. 2012년 4월 17일부로 예정된 전작권 분리와 연합사 해체를 2015년 12월 1일까지 연기한다는 것이었다.

전작권 환수는 한국안보와 한국군의 지대한 영향을 미치는 사안이므로, 자주파와 국제파 간에 벌어진 당시의 논쟁을 상기하면서 A시각과 B시각의 차이점을 재음미해보자. A시각으로 대변되는 노무현 정부와 자주파들이 내세웠던 첫 번째 주장은 '군사주권 회복', '대미의존 탈피 및 자주국방 달성을 위한 당연한 주권행사', '대북협상력 제고', '다자안보 주도를 위한 외교력 제고' 등이었다. 스스로 작전을 지휘할 수 있어야 주권국의 체면이 살고 북한으로부터도 '미국의 괴뢰'라는 소리를 듣지 않는다는 것이며, 제3국에 대해 당당한 군사외교를 벌일 수 있다는 논리였다. B시각에 입각한 국제파는 미군이 전작권을 행사하는 것은 전쟁이 일어났을 경우에 국한되므로 주권문제로 볼 필요가 없고 전작권이 미군의 손에 있는 것이 전쟁억제에 유리하다면 그렇게 하는 것이 옳다고 주장했다.

양쪽 모두에 일리가 있었지만, 필자가 생각하는 무게 중심은 A쪽에 있지 않다. 캐나다와 NATO도 전시가 되면 미군 장성이 사령관이 되어 전작권을 행사하는데, 이들이 자존심이 없어 그렇게 하는 것이 아니다. 영국, 독일, 이태리, 네덜란드, 터키 등은 지금도 미국과의 동맹을 상징하는 징표로 미국 핵무기를 수용하고 있는데, 이 또한 국가 자존심 문제라고 보기 어렵다. 대북관계나 군사외교 측면에서 보더라도 A시각에는 이상론적인 측면이 많다. 한국이 미국과 동맹을 유지하는 경우와 그렇지 않을 경우 중 어느 쪽이 북한이나 중국으로부터 대접을 더 받는가를 생각해보면 알 수 있다. 미군이 가지는 전작권이 국가자존심을 손상한다고 치더라도 그렇다. 전쟁을 억제하거나 전쟁이 일어났을 때 피해를 줄이고 승리하는 것보다 더 큰 국익은 없다. 죽고 사는 문제와 자존심 문제를 동일시 할 수는 없다. 국가자존심이나 주권국의 체면을 위해 전작권을 환수한다는 것은 예쁘게 보이기 위해 목숨을 건 위험한 다이어트를 시도하는 것과 같다.

두 번째 쟁점은 한국군이 충분한 능력을 갖추었는가라는 것이었는데, 자주파는 우리 군이 감시정찰정보(ISR), 지휘통제통신(C4I), 정밀타격(PGM) 등에 많은 투자를 해왔기 때문에 그리고 이제는 한국의 국방비가 충분하기 때문에 전작권을 가져와도 문제가 없다고 주장했다. 이와 함께 내놓은 것이 노무현 정부의 「국방개혁 2020」이었다. 2020년까지 621조 원의 국방비를 투입하여 한국군을 획기적으로 발전시킨다는 것이었다. 여기에 대해 국제파는 2020년까지 그런 재원을 마련하기가 쉽지 않고 또한 현대화를 이룩한다 하더라도 미군의 능력을 따라잡을 수는 없다는 점을 강조했다. 전쟁예방에 결정적으로 중요한 감시정찰 분야에 있어서는 미래에도 많은 부분을 미군에 의존해야 한다는 점을 강조했다.

이 논쟁은 초등학교에 입학한 딸아이를 횡단보도를 건너게 할 것인가 육교를 건너게 할 것인가를 놓고 입씨름을 벌이는 것과 같다. 남편은 녹색 어머니회 회원들이 안내하기 때문에 횡단보도도 안전하다고 주장하고, 아내는 그래도 덜 미덥다면서 육교를 통해 등교시켜야 한다고 주장한다. 아이를 어떻게 등교시킬 것인가 하는 것은 아이에게 노란색 옷을 입힐 것인가 빨강색 옷을 입힐 것인가하는 것과는 다른 차원의 문제다. 옷

이란 예쁘게 보이면 좋고 덜 예뻐 보여도 그만인 것이지만, 찻길을 건너는 문제는 아이의 생명과 관련이 있기 때문에 좀 둘러가더라도 육교를 건너게 하는 것이 맞다. 우리 군의 능력도 웬만큼 믿을만하겠지만 미군의 능력이 더 우수하다면 미군 스스로 떠나기 전까지는 그들의 능력을 이용하는 것이 유리하다. 국방비 증액 문제도 그렇다. 2020년까지 621조 원을 투입한다는 노무현 정부의 구상은 처음부터 빗나가 매년 수조 원씩의 차질이 생기기 시작했다.

세 번째 쟁점에 대해서도 자주파는 "전작권의 환수가 한미동맹의 약화를 가져오는 것도 아니고, 유사시 미군이 투입되는 계획도 그대로 유효하다"는 주장을 내세웠다. 또한 연합사가 해체되어도 '연합군사협조센터(AMCC: Allied Military Cooperation Center)'를 설립하여 운영할 것이므로 작전협력에 문제가 없다고 주장했다. 반면, 국제파는 "연합사가 해체되면 동맹의 결속력이 약화되는 것이므로 유사시 미군이 파견될 가능성이 줄어들 것"으로 그리고 "군사협조센터가 운영된다 하더라도 한국군과 미군이 단일 지휘체제 하에 움직이는 연합사 체제만큼 효율적이지 못할 것"으로 반박했다. 양쪽 다 일리가 있는 주장이었지만, 필자가 보기엔 후자 쪽이 더 맞다.

한미 간에는 북한의 도발에 대비한 연합계획을 가지고 있는데, 일반에 알려진 것은 '작전계획 5026'부터 '개념계획 5030'까지 5개이다. 작계 5026은 북한의 핵시설 등에 대한 정밀 공습계획이며, '작계 5027'은 전면전에 대비한 계획이다. '작계

5028'은 우발사태에 대비한 계획이다. '개념계획 5029'는 북한의 붕괴에 대비한 계획이며, '개념계획 5030'은 전쟁예방을 위한 북한 후방지역 교란 계획이다. '작전계획'은 한미 간에 합의된 구속력이 있는 연합군사계획이며, '개념계획'은 정식 합의에 도달하지 않은 검토단계의 연합군사계획을 말한다.

이중 '작계 5027'은 북한의 도발로 전면전이 벌어졌을 때를 대비한 것으로, 미군이 대규모로 파병되어 북한군을 무찌르고 통일을 완수한다는 것이 골자이다. '작계 5027'은 '신속 억제 방안(FDO: Flexible Deterrence Option)', '전투력증강(FMP: Force Module Package)', '시차별 부대전개 제원(TPFDD: Time Phased Force Deployment Data)' 등으로 구성되어 있다. FDO는 전쟁 발발을 예방하기 위해 실행되는 외교·정보·군사·경제적 방안을 말하며, FMP는 전쟁억제 실패시 주요 전투부대 및 전투지원부대를 증원하는 조치를 말한다. 스텔스 폭격기·특수부대·무인정찰기·항모전투단 등 주요 전력이 포함되는데, 이런 전력을 시차적으로 전개하는 계획이 TPFDD이다. 알려진 대로라면 유사시 미국은 육해공군 및 해병대를 망라한 병력 69만여 명, 함정 160여 척, 항공기 2,000여 대를 보내게 되어 있다.

누가 뭐라고 해도 지금까지 전쟁을 억제해온 최고 공신은 '작계5027'이며, 연합사는 유사시 FMP, FDO, TPFDD 등을 수립·관리하고 단일 지휘체계를 통해 전쟁에 돌입하기 위해 만들어 놓은 체제다. 전작권이 환수되어 연합사가 소멸된다면 미국의 의무감은 그만큼 희미해질 수밖에 없다.

　여기서, 자동개입 문제를 되짚어볼 필요가 있다. 동맹조약이 얼마나 강력한가를 따질 때 핵심적인 변수가 되는 것이 자동개입 조항이다. NATO 조약이나 북중조약과는 달리 「한미상호방위조약」에는 자동개입 조항이 없다. 제3조에 "각자가 법절차에 따라 신속한 조치를 취한다"라고만 되어 있다. 그럼에도 한국인들이 전쟁이 나면 미군이 개입할 것으로 막연히 믿는 것은 세 가지 이유 때문이다. 첫째, 미국은 대통령이 바뀔 때마다 대한(對韓) 방위공약을 반복하면서 자동개입 의사를 확인해주었다. 둘째, 동두천에 주둔하는 미 2사단은 자동개입을 보장하는 장치이다. 미군이 직접 공격을 받는 경우 미국 대통령은 미국의 법에 따라 의회의 승인 없이도 60일간 전쟁을 수행할 수 있으며, 2사단은 북한군의 주공격로에 주둔하고 있다. 하지만 최근에 들어오면서 미국 대통령이 정례적으로 자동개입을 확인해주는 일은 없어졌으며, 2사단은 평택으로 이전하기로 결정되었다. 마지막 남은 세 번째 장치가 연합사이다. 한미군이 한 묶음으로 편성되어 있기 때문에 한국군이 전쟁에 돌입하면 미군도 끌려오게 되어 있다. 전작권의 분리로 이마저 해체되면 자동개입을 보장하는 장치들은 없어지는 것이며, '작계 5027'의 유효성이나 미국의 자동개입은 오로지 동맹의 건강성에 의존해야 한다.

　전시상황에서의 양국군의 협력 문제도 그렇다. 한국군과 미군을 한 지휘체계로 묶은 연합사 체제가 '2인 1체'라면, 한국군과 미군 사이에 협조기구를 두고 통역장교들을 배치하여 협력하는 AMCC 체제는 '2인 3각'에 해당한다. "AMCC로도 연합사 못지않은 효율성을 발휘할 수 있다"는 것은 2인3각으로도 혼자 뛰는 만큼 빨리 갈수 있다는 궤변에 가까운 주장이다.

전작권 환수에는 이 말고도 다양한 주변쟁점들이 있었다. 자주파로 알려진 모 정치인은 "북한이 붕괴하면 우리가 평화적인 수복을 주도해야 하는데 전작권이 분리되지 않으면 미군이 들어가서 살상과 파괴를 저지를 수 있다"는 주장을 내세웠다. 참으로 황당한 주장이었다. 북한 붕괴시 가장 신경을 써야 할 것은 중국의 군사개입 가능성, 북한내 핵무기의 안전한 관리, 북한군의 무력저항 가능성 등이다. 중국이 개입하면 통일은 물건너 가는 것이며, 핵무기, 화학무기, 생물무기, 미사일 등 대량살상무기들을 신속하게 통제하는 것도 절체절명의 과제다. 북한군이 무력저항을 시도하면 유혈극으로 발전하기 때문에 저항을 포기시키는 것은 평화통일을 위한 핵심과제다. 중국의 무력개입을 만류할 수 있는 나라는 미국뿐이며, 핵무기를 신속하게 처리할 수 있는 나라도 미국이다. 북한군이 무력저항을 엄두내지 못하게 하는 데에도 미국이 더 큰 힘을 발휘한다. 미국이 주도하는 전작권은 이런 사태들에 대비하는데 유리하다. "북한 수복시 우리가 주도권을 쥐어야 하기 때문에 전작권을 분리해야 한다"라는 것은, 정작 대비해야 할 상황들을 모두 배제한 채 중국과 북한군부가 한국군의 수복을 환영하면서 가만히 기다리는 상황만을 전제한 순진무구한 주장이었다.

　전작권 환수에 대한 반대가 거세지자 자주파들은 "미국이 조만간 전작권을 가져가라고 했을 것"이라는 항변을 내놓았다. 일리가 있는 말이다. 아들 부시 대통령 이후 미국은 해외 주둔 미군을 용이하게 이동·전개할 수 있는 방안들을 강구하기 위해 '전략적 유연성(Strategic Flexibility)'이라는 개념을 내놓았고, 한국에 대해서는 방위비 분담금을 늘리라는 요구를 반복했다. 자주파들의 주장대로 전작권 분리는 언젠가 미국이 들고 나올 문제였다. 문제의 핵심은 미국 스스로가 문제를 제기하기 전에 우리가 서두를 이유가 없다는데 있다. 그 기간이 얼마일지는 모르는 일이었지만, 미국의 우월한 능력을 최대한 활용하는 용미(用美)의 지혜를 발휘했어야 했다. 한비자(韓非子)의 책 삼학경(三學經)에는 '토불흘와변초(兎不吃窩邊草)'라는 말이 있다. "토끼도 자신의 굴 근처에 있는 풀을 뜯어먹지 않는다"라는 뜻으로 약자의 생존전략을 가르치는 말이다. 토끼가 멀리 가는 것이 귀찮다는 이유로 근처의 풀을 뜯어 먹는다면 굴이 노출되어 자신과 새끼들은 위험해진다. 세심하게 주의하고 신중하게 행동하는 것이 약자의 생존전략이다. 국가안보에 관한 한 부질없는 오기부림이나 체면치레보다는 조심하는 것이 상책이다.

　어쨌든 이런 과정을 거친 전작권 문제는 이명박-오바마 대통령의 합의로 일단락되는 것으로 보였다. 하지만 이후에 또 한번의 반전이 감지되고 있다. 2012년 6월 제임스 셔먼 주한 미군사령관이 "2015년 12월 전작권 전환에 맞춰 해체하기로 돼 있는 한미연합사를 존속시키고 사령관을 한국군 대장으로 임명하자"는 제안을 내놓은 것이다. 미군이 타국군의 지휘를 받은 적이 없는 상황에서 셔먼 사령관이 비슷한 언급을 한 것만으로도 놀랄만한 일이다. 이어서 한미 수뇌부가 평택으로 가기로 되어 있는 미 2사단을 연합사 체제로 재편하고 미2사단 소속 포병여단을 한강 이북에 잔류시키면서 주한미군 전력을 강화하는 방안을 협의하고 있다는 보도들이 이어졌다. 그 후에 셔먼 사령관이 오해가 있었다며 부인하는 통에 미국의 진심이 무엇인지 파악하기는 시기상조이지만, 어쨌든 미군을 평택으로 물러나게 하고 한국군에게 가급적 더 많은 책임을 넘기고자 했던 지금까지의 미국 전략에 변화의 조짐이 있는 것은 분명해 보인다.

만약 미국정부가 실제로 이런 변화를 고려하고 있다면, 대개 네 가지 이유가 있는 것으로 보인다. 첫째, 미국은 급부상하는 중국을 통제하지 않으면 패권국가의 지위를 상실할 수 있다는 위기감을 느끼고 호주, 필리핀, 미얀마 등 중국의 주변국들과의 군사관계를 강화하고 있는데, 이런 시기에 주한미군의 역할을 약화시키는 것이 최상위 국익에 부합하지 않는다고 판단하는 것 같다. 최근 중국은 '반접근.지역거부(A2/AD: Anti-Access/Area Denial)전략을 천명하고 있는데, 이는 중국으로부터 멀리 떨어진 곳에서 적을 저지하여 중국에 접근하는 것부터 막겠다는 것으로, 날로 강대해지고 있는 중국의 해군력을 염두에 둔 전략이라 할 수 있다. 이에 대해 미 국방부는 2012년

1월 5일 '신국방지침(Sustaining U.S. Global Leadership: Priorities for 21st Century Defense)'이라는 것을 발표했다. 이는 중국의 팽창주의적 전략에 대응하는 것으로서 "국방우선 순위를 현재 수행 중인 전쟁으로부터 미래의 도전에 대한 대비로 전환한다"는 표현을 통해 사실상 '아시아로의 회귀(return to Asia)'를 선언하고 있다. 요컨대, 미국은 중국을 염두에 둔 신국방지침을 실천하는 첫 단계로 주한미군 역할을 재강화하는 방안을 고려하는 것이다.

둘째, 다시 혈맹관계로 복원되고 있는 북중관계를 의식한 것으로 보인다. 미중간 세력대결 구도 속에 중국이 북한의 전략적 가치를 다시 인식하고 천안함-연평도 사태에서 북한을 두둔한 것이 직접적인 원인이 되었다는 뜻이다. 미국은 이에 대한 대응으로 '한국 중시'를 들고 나오는 것으로 보인다. 이러한 시기에 미국이 2사단 일부를 한강 이북에 잔류시킬 의사를 보이는 것은 한국 국민에게 확실한 자동개입 의지를 보여줄 필요가 있다고 느끼기 때문일 것이다. 세 번째 이유로는 미국이 이라크 전쟁을 끝내고 아프간 주둔을 마감하면서 아시아로 관심을 돌릴 수 있는 여유가 생기고 있다는 점을 들 수 있다.

넷째, 미국은 남북간 무력충돌시 확전을 우려한다. 한국전쟁 직후 미국이 한미동맹을 요구하는 이승만 대통령의 요구를 수용한 것은 주로 한국을 지켜준다는 것이 골자였지만, 이승만 정부에 의한 북진전쟁을 통제한다는 것도 또 하나의 이유였다. 마찬가지로, 천안함-연평도 사태 이후 한국군의 교전수칙이 강화되고 도발하면 즉각 응징한다는 정부의 다짐이 거듭되고 있는 상황에서 미국으로서는 국지적 무력충돌이 전면전으로 비화되어 또 다시 전쟁 속으로 빨려 들어갈 가능성을 우려할 수밖에 없다. 현재의 연합사 체제 하에서는 '전면전' 상황으로 판정되면 즉시 전시작전권이 미국으로 넘어가기 때문에 한국군의 대응을 어떤 수준 이하로 자제시키는 효과를 발휘하는 것이 사실이다.

한미연합사 체제 유지, 2사단 전력 강화, 미군 한강 이북 잔류 등 현재 언급되고 있는 한미 간의 새로운 기류가 어떤 방향으로 귀결될지는 예단할 수 없다. 어쨌든 2010년 이명박-오바마 대통령의 '전환시점 연기' 합의로 대단원의 막을 내렸던 것으로 인식되었던 전작권 관련 문제를 둘러싸고 새로운 생각들이 오가고 있음은 사실로 판명되고 있다. 그럼에도 분명한 것은 전작권 환수 자체를 재협상하는 것은 아니라는 점이다. 그렇다면 우리로서는 "그래, 어차피 이게 우리가 가야 할 길이야"라는 심정으로 2015년에 대비하여 열심히 독자능력을 키워나가야 한다. 군은 전쟁기획에서부터 지휘통제와 부대 운영에 이르기까지 모든 요소들을 점검해야 하며, 지휘통제, 조기경보, 감시정찰, 정밀타격, 정보 등에서 홀로 서야 한다. 유사시 미 지상군이 오지 않을 가능성에도 대비해야 하고, 지금까지 '보완전력(bridge capability)'으로 치부했던 것들, 즉 전쟁이 나면 미국이 가져오므로 당장 확보할 필요가 없는 것으로 간주했던 군사력을 구비해나가야 한다.

훈련도 그렇다. 과거 을지포커스 훈련은 연합전시증원(RSOI)
에서부터 반격북진 등 전쟁의 전 과정을 훈련했지만, 2008년부터
는 RSOI에 치중하면서 도상훈련에 의존하는 키리졸브 포올 이글
(key resolve-foal eagle) 훈련으로 바뀌었다. 훈련규모 축소와
함께 훈련의 주도권이 한국군에게 넘어오고 있음을 의미한다.
어차피 한국군이 주도해야 할 훈련이라면, 이제부터는 미군이
오지 않는 상황까지 가정한 훈련을 준비해야 한다.

시대착오적인 제약이 동맹을 약화시킨다

한국은 3축 체제의 구축을 위해서라도 「신미사일가이드라인」
을 조속히 재개정하여 미사일주권을 확보해야 한다. 이 부분
은 필자 개인적으로도 20년간 진저리가 나도록 주장해온 것이
기에 재론하는 것 자체가 불쾌하다. 이명박 정부가 취임초부
터 이 문제를 풀기 위해 노력해오고 있었기 때문에 개선책이
나올 것으로 기대했지만, 임기가 끝나가는 지금까지도 답이
나오지 않는 사실에 대해서는 답답함을 금할 수 없다. 북한이
미사일 강대국이 되어 한국을 위협하는 지금까지 미국이 '반확
산'이라는 명분에만 매달려 한국의 미사일 개발에 제동을 걸고
사실에 화가 치밀어 오른다.

미국이 케케묵은 과거를 들먹이면서 한국의 '평화적 핵주

권'을 제약하고 있는데 대해서도 분을 참기 어렵다. 현재 한미 양국은 2014년 유효기간이 만료되는「한미 원자력협력협정」의 개정을 위해 협상하고 있다. 이 협정이 처음 체결된 것은 1956년이었으나, 지금의 협정은 유효기간 40년으로 1974년에 개정된 것으로 평화적 원자력 산업의 강국으로 부상한 한국의 현실을 전혀 반영하지 못한다. '사전동의 조항'이라는 것이 있어서 한국이 재처리, 형상변경, 재이전 등의 활동을 수행할 경우 미국 정부의 사전동의를 받도록 하여 사실상 금지하고 있다. 미국으로부터 제공받은 핵심기술을 다른 나라에 이전할 때에도 허가를 받아야 한다. 말하자면 한국이 원자력에 대한 전문지식과 기술이 취약한 40년 전에 체결한 협정이다. 하지만 미국은 여전히 과거 박정희 정부시절 핵무기 생산을 시도했다는 사실이나 지난 2000년 한국이 레이저농축법을 이용하여 우라늄 농축을 시도했었다면서 한국이 원하는 개정을 막고 있다. 그러면서도 일본에 대해서는 1988년 '30년 포괄식 동의방식'을 허용하여 향후 30년 동안 자유롭게 농축과 재처리는 물론 플루토늄까지도 자유롭게 추출·비축할 수 있도록 배려하고 있다.

한국은 21개의 원자력발전소에서 매년 700톤의 사용후핵연료를 배출한다. 그동안 조밀화(reracking)를 통해 매번 중간저장시설의 용량을 증가시켜왔으나 2016년에는 포화(16,000톤)에 이를 것이어서 당장 무슨 방도를 취해야 한다. 그대로 땅속에 묻는다고 가정해보자. 안정적인 지반을 가진 광대한 지하

공간이 필요하지만 국토가 좁은 한국에게 쉬운 일이 아니며, 방사성이 통상수준까지 감소하기 위해서는 30만년이 소요된다. 그대로 파묻는 것이므로 사용후핵연료 내에 생성된 각종 자원을 재활용할 수 없음은 물론이다. 폐연료봉의 재처리(wet reprocessing)를 통해 부피와 발열량을 줄이고(減容·減熱) 각종 독성물질을 제거(消滅)한 후 땅속에 묻는다고 가정하면, 소요되는 지하공간은 수십 분의 일로 줄어들고 방사성이 통상수준까지 감소하는 데에도 1,500년 밖에 소요되지 않는다. 당연히, 재처리 과정에서 사용후핵연료 내에 잔류하는 자원들을 재활용 할 수도 있다. 잔여 우라늄(U235)은 중수로 연료로 활용할 수 있고, 각종 동위원소를 의료계와 산업계에 보낼 수 있다. 물론 플루토늄(Pu) 자체도 고속증식로 연료, MOX 연료 등 평화적 사용하는 길들이 얼마든지 있다.

중간쯤에 해당하는 건식재처리(Pyroprocessing: 고온야금 방식)라는 것도 있다. 이 방식으로 하더라도 역시 감용, 감열, 소멸 등이 가능하고 방사성 수준이 통상 수준까지 줄어드는 데에 300년 이하가 소요된다. 당연히, 사용후핵연료 내에 남은 자원들을 재활용할 수도 있다. 하지만 결정적인 차이점은 핵폭탄 물질인 플루토늄이 따로 분리되지 않고 여타 불순물과 섞인 상태로 처분되기 때문에 핵무기 제조에 사용될 수 없다는 점이다. 즉, 반확산성이 강한 재처리 방식이다. 현재 미국은 이런 상태에서 한국의 재처리 보유에 반대하고 있고, 건식재처리에 대해서도 공동으로 연구해보자는 논리로 한국이 단독으로 건식재처리 시설을 갖는 것을 막고 있다. 수십 년간 모범적인 핵투명성 국가로 IAEA의 핵사찰을 완전하게 수용하고 있는 한국에게 박정희 시대의 일을 들먹이는 것은 당치 않다.

한국의 농축실험에 대해 시비하는 것도 당치 않다. 전말은 이렇다. 사용후핵연료를 재처리함으로써 얻을 수 있는 원소 중에 가돌리늄(gadolinium: 64Gd160)이라는 것이 있는데, 이것은 중성자 흡수 분열물질(neutron-absorbing fission product)로서 카드늄, 흑연, 보론 등과 함께 원전 제어봉(nuclear reactor control rods)에 사용되며, 핵연료봉 제조시 혼합하면 장주기(18개월) 발전을 가능하게 하는 소중한 자원이다. 한국은 재처리를 못하기 때문에 수입에 의존한다. 그래서 한국원자력연구소(KAERI) 양자과학기술개발팀 과학자들은 1990년대부터 재처리 이외의 방법으로 가돌리늄을 얻는 방법을 연구하는 과정에서 레이저 기법을 시도했다. 모든 원소는 고유한 파장(wave length)을 가지고 있는데, 레이저가 이와 동일한 파장을 쏘아주면 해당 물질이 야기(Excitation)되어 이탈한다. 이런 방식으로 레이저 기술은 미세한 분량의 원소들을 분리하는데 널리 사용되며, 레이저에 의한 가돌리늄 분리실험은 미국, 러시아, 미국, 일본 등도 오랫동안 실시했다.

하지만 한국의 과학자들은 실험 결과 경제성이 없어, 만들었던 레이저 발사장치(klistron)를 해체하기로 결정했다. 그런데, 과학자들은 기왕에 설치된 레이저 발생장치를 해체하기에 앞서 2000년 1~2월 이를 이용하여 우라늄(U-235) 분리를 실험하여 U-235 0.2g을 추출하는데 성공했다. 그리고는 2001년 이 장치를 해체했다. 2000년 당시는 NPT의 추가의정서(Additional Protocol) 발효 이전으로 연구용/실험용 시설이나 관련활동은 IAEA 신고대상이 아니었고, 이때 만들어진 농축우라늄의 농축도는 10% 정도였다. 2004년 2월 한국이 NPT 추가의정서에 가입함에 따라 동 실험활동은 신고대상이 되었고, 한국은 8월 17일 IAEA에 신고서를 제출함으로써 IAEA 사찰이 실시되었다.

이상의 상황을 종합해보면 농축실험이라는 것은 별것도 아니었다. 신고과정에서 약간의 지연이 있었지만 정부가 숨긴 것도 아니고 위반한 것도 아니었다. 추가의정서 가입(2004년 2월) 직후가 아닌 8월 17에 신고했지만, 추가의정서는 '180일 내 신고'를 규정하고 있기 때문에 하자가 없었다. 실제로 IAEA 사찰팀도 2004년 8월 사찰을 실시한 후 만족을 표시했다. 최소 단위(히로시마급)의 우라늄탄을 만들기 위해서는 농축도 90% 이상의 고농축우라늄 15kg 정도가 필요한데, 농축도 10%의 우라늄 0.2g을 핵무기와 연관시켜 야단법석을 떨 필요가 없었다. 필자는 당시 『뉴욕타임즈』, 『파이낸셜타임즈』, 『아시안 월스트리트저널』, 『아사히』, 『요미우리』 등 외신들이 마치 한국이 중대한 범죄라도 저지른 것처럼 침소봉대(針小棒大)하는데 대해 분노를 금하지 못했다. 1991년에 노태우 정부가 비핵화공동선언에 서명하는 바보놀음을 하지 않았더라면 추궁을 당할 이유조차 없었다. 북한이 비핵화선언을 기만하고 핵실험까지 강행하는 마당에 우리 과학자들이 이 정도 실험도 못한다는 말인가.

필자는 통일이후까지 한미동맹을 유지·발전시켜나가야 한다고 생각하는 사람이다. 하지만 미국이 한국의 미사일 주권과 평화적 핵이용권에 대해 시대착오적인 제약을 지속한다면 동맹에 대한 판단은 혼란 속에 빠질 것이다. 일본에게는 농축과 재처리는 물론 플루토늄까지도 비축할 수 있게 하고 고체 로켓연료와 미사일 개발에 대해서도 무한정 허용하면서 한국의 원자력과 미사일 문제를 이런 식으로 차별대우 한다면, 동맹에 대한 한국인의 신뢰는 흔들릴 것이다.

노무현 정부 시절이던 2005년 필자가 '한미안보협의회'의 일원으로 워싱턴을 방문했을 때의 일이다. 한 미국 측 발표자는 "이제 한미동맹은 죽어서 관 속에 누워있고 관 두껑도 닫혔다. 남은 것은 못질하는 것뿐이다"라고 말했다. 필자는 절대로 그렇지 않다고 강변했다. 당시 미국인들은 한국정부의 북한 일변도 정책과 한국 내 반미운동이 커지는 것을 보면서 한미동맹의 균열을 개탄했다. 이명박 정부 이후에는 중국에 서운함을 안겨주면서까지 한미동맹의 복원에 노력했다. 이러한 때에 미국이 '한미원자력협력협정'과 '신미사일가이드라인'의 개정을 주저하여 양국간 신뢰를 해치고 있음은 유감스러운 일이다. 신뢰가 무너지면 동맹을 딛고 설 토양이 없어지는 것이다.

제6장 통일로 가는 길

동족인가, 안보위협인가

이제 통일로 가는 길을 한 계단씩 밟아가기 위해 처음으로 되돌아가 북한 속으로 들어가 보자. 내부엔 동족도 있고 주적도 있다. 굶주리는 주민은 보호해야 할 동족이지만, 대남도발을 명령하거나 실행하는 자들은 주적이다. 동족이 주적이 되고 주적이 동족이 되기도 한다. 영양실조에 시달리는 북한의 아이들은 도와주어야 할 동족이지만 자라서 인민군대에 들어가면 주적이 된다. 황장엽 선생은 북한에서 주체사상을 개발한 주적이었지만, 한국의 품에 안기면서 우리 국민이 되었다. 그러니 북한 전체의 모습은 언제나 동족이기도 하고 안보위협이기도 한 두 얼굴의 존재이다. 때문에 우리의 대북정책은 크게 보면 동족을 상대하는 '화해협력'이라는 수레바퀴와 안보위협을 상대하는 '안보'라는 수레바퀴가 함께 굴러가는 모습일 수밖에 없다.

'안보' 수레바퀴를 돌리는 일은 비교적 간명하다. 북한이 군사적으로 우리를 넘보지 못하게 하는 일, 무력도발을 엄두내

지 못하게 하는 일, 3축 체제를 구축하여 전작권 전환 이후에
도 확고한 억제태세를 갖추는 일 등이 안보가 담당해야 하는
영역이다. 그러나 '화해협력' 수레바퀴를 돌리는 일은 말만큼
간단하지 않다. 크게는 화해협력이지만, 그 안에는 질과 내용
에서 서로 다른 정책들이 혼재하기 때문이다.

'평화적 분단관리'인가 '북한의 변화'인가

이제는 화해협력 부분을 더 깊이 고찰해보자. 분명히 A시각으
로 보는 화해협력과 B시각으로 보는 화해협력은 다르다. A시
각으로 보는 화해협력이란 남북 정부 간 관계를 개선함으로써
'평화적 분단관리'를 꾀하는 것이며, B시각으로 보는 화해협력
이란 북한주민과 함께 나누는 화해협력으로 '북한의 변화'를 목
적으로 하는 것이다. 즉, 주민의 생각을 바꾸어 북한 전체의 변
화를 유도하고 개혁개방을 받아들이게 함으로써 잘 살게 만들자
는 것이며, 그 연장선에서 평화통일을 꾀하는 것이다. A시각으
로 보는 북핵과 B시각으로 보는 북핵이 일정부분의 진실을 대변
하듯, A시각의 화해협력과 B시각의 화해협력은 모두가 필요한
것이다. 그래서 '평화적 분단관리'와 '북한의 변화'라는 두 목표
사이에는 균형과 조화가 중요하다. 서독의 동방정책도 그랬다.
　우리는 남북한 정부가 사이좋게 지내면 남북관계가 개선되

었다고 한다. 대북지원을 보내고 정상회담이 열리면 텔레비전에 남북 인사들이 악수하는 장면이 나오게 되고, 무력충돌은 줄어들 수 있다. 국민이 피부로 느끼는 체감 안보지수도 좋아진다. 이것이 A시각의 화해협력인데, 대단히 쉬운 정책이다. 평양정부가 싫어하는 일은 하지 않고 좋아하는 것만 해주면 된다. 북한주민에게 외부 소식을 알리는 일을 자제하면 되고, 풍선 날려 보내기를 하는 단체들을 엄벌하면 된다. 북한의 인권문제도 거론하지 않으면 된다. 식량을 보내고는 투명성을 요구하지 않으면 된다. 즉, 지원이 필요한 주민에게 돌아가는지를 확인하겠다고 하지 않고 북한 정부가 분배권을 행사하도록 내버려두면 된다. 사회주의식 협동농장을 폐지하고 개인별 농업으로 전환하라는 식의 충고 같은 것도 할 필요가 없다. 하지만 이런 화해협력은 북한의 변화에 기여하지 못한다. 오히려 북한체제를 강화시켜준다. 먹을 것이 없어 평양이외 지역에서 배급제를 실시하지 못하는 평양정부에게 배급제를 부활하도록 도와주는 것이 되며, 개혁개방의 필요성을 느끼지 않게 만든다. 주민에 대한 평양정부의 통제력을 강화시켜주기 때문에 인권개선이나 민주화에 기여하지 못한다.

B시각의 화해협력을 위해서는 북한정부가 싫어하는 것들을 해야 한다. 대북지원의 투명성을 요구해야 하고, 북한주민에게 외부 세상을 알고 인권과 민주화의 의미를 자각하도록 도와야 한다. 북한정부에 대해서도 인권개선을 요구하고 변화를 촉구해야 한다. 그래야 변화를 위한 씨앗을 뿌리는 것이 된다.

하지만 정부간 관계는 껄끄러워지며, 도발도 증가할 수 있다.

독자로서는 '관계개선을 통한 평화적 분단관리'와 '북한의 변화'라는 두 개의 목표가 어떻게 다른지를 확실히 이해하는 것이 중요하다. 평화적 분단관리는 북한의 변화와 통일에 기여하지 못한다. 우리가 말하는 통일이란 '합의에 의한 남한주도의 평화통일'인데, 북한이 변화의 필요성을 느끼지 않고 북한의 비민주적 체제가 건재하도록 도와주면서 이런 통일을 운위하는 것은 모순이다. 또한, 관계개선이란 국민이 느끼는 체감 안보지수를 개선하는 효과를 가져 오지만, 북한이 이를 악용하면 실질안보는 오히려 더 나빠진다. 과거 한국정부가 햇볕정책 아래 북한에 많은 지원을 제공했을 때, 북한은 지원은 지원대로 받으면서 핵개발을 지속하고 군사력도 증강시켰다.

반면, 북한의 변화는 북한주민의 삶의 질이 개선되고 인권개선과 민주화를 가능하게 한다. 사상과 행동의 자유가 넓어지고 개인의 권리와 독자성을 표현할 수 있게 한다. 그 연장선에서 평화통일의 가능성이 존재한다. 그렇게만 된다면 통일에 이르지 못해도 나쁠 것이 없다. 북한이 현 체제에서 한 발 물러나 개혁개방을 받아들이고 주민의 복지를 중시하는 체제로 변모한다면, 북한주민에게 좀 더 인간답게 살 수 있는 터전이 만들어지는 것이며 북핵 문제도 자동적으로 해결된다. 주민의 복지를 중시하는 나라가 된다면 고립과 궁핍을 가져와 주민을 힘들게 만드는 핵무기 같은 것은 권해도 스스로 내려놓게 된다. 이 길의 연장선상에서 합의통일 가능성이라는 금상첨화

(錦上添花)가 꽃필 수 있다.

이쯤 되면 독자는 '평화적 분단관리'와 '북한의 변화'라는 것이 서로 다른 방향으로 움직이는 두 마리의 토끼와 같다는 사실을 이해할 것이다. 우리는 서독이 그랬듯 두 마리 토끼 모두를 잡기 위해 노력할 수밖에 없다. 어느 한 마리의 토끼만을 쫓는 것은 제대로 된 화해협력이 아니다. 인권부재의 참상을 외면하면서 북한정부와 사이좋게 지내기만 해서 될 일이 아니며, 그렇다고 해서 북한 정부의 심기를 무시해서 상황을 위태롭게 만들어서도 안 될 것이다. 그리고는 두 마리의 토끼를 놓고 완급(緩急)과 경중(輕重)을 따져야 한다. 완급과 경중은 시기와 여건에 따라 달라져야 하겠지만, 궁핍, 핵, 인권, 민주화 등 모든 북한문제의 해결과 통일로 가는 길이 북한의 변화로부터 시작된다는 점을 감안한다면, 북한의 변화를 추구하는 것을 배제한 대북정책은 대북정책이 아니다. 이런 변화를 관철시키기 위해 필요한 것이 대북 지렛대이다. 막강한 대동독 지렛대를 가지고 양자 사이의 완급과 경중을 적절하게 조절한 사례가 서독의 동방정책이었다.

이런 이치들을 이해한 독자라면 정치인들이 함부로 내뱉는 말 중에 정론과 궤변을 구분하는 것이 가능해진다. "북한 인권문제 개선을 시도하면 평화적 분단관리가 어려워진다"라고 하면 논리적으로 맞는 말이지만, "통일을 위해 인권개선을 언급하지 않아야 한다"라고 하면 궤변이 된다. 소위 '내재적 접근'이라는 것이 그런 것이다. "북한 내부에서 북한식으로 보면 식량난 문제는 있어도 인권문제는 없다"라는 식인데, 이런 방식은 평화적 분단관리에 유용할 수는 있어도 자유민주주의 통일에는 기여할 공간이 없다.

이명박 정부의 대북정책'은 강경책인가

이명박 정부는 본격적인 남북교류와 대북지원에 있어 북한에게 몇 가지 원칙들을 준수할 것을 요구했다. 북한이 거부함에 따라 남북관계는 경색되었다. 국내에는 '원칙 있는 대북정책'으로 칭찬하는 사람들도 있고 '남북관계를 경색시킨 고집스러운 강경책'으로 비판하는 사람들도 있다. 이명박 정부가 요구해온 원칙들을 정리해보면 대개 '4불(不)'로 압축된다. 첫째는 북핵 해결에 성의를 보이지 않으면 본격적인 교류협력을 하지 않는다는 것이고, 둘째는 북한을 방문하거나 북한에 머무르는 우리국민의 신변안전을 보장해주지 않으면 금강산 관광과 같은 대규모 경제협력을 하지 않는다는 것이다. 셋째는 남북 간 거래나 지원제공에 있어 국제적인 절차와 예의(global standards)를 지키라는 것이며, 마지막으로는 투명성이 제고되지 않으면 대규모 지원을 제공하기 어렵다는 것이다.

우선, 학술적으로 이명박 대통령의 대북기조를 '강경'으로 칭하는 것은 옳지 않다. 학술적인 용어로 구분하자면, 과거 군사정권 시절의 대북기조는 '적대봉쇄(hostile containment)'였고, 김대중-노무현 두 정부 동안은 '유화(appeasement)'였다. 그 사이에 두 가지가 더 있다. 하나는 적대하지는 않지만 상대하지도 않는 '무시(neglect)'이며 다른 하나는 가능한 한의 교류협력을 모색하는 '접촉유지(engagement)'이다. 이런 분류법을 사용한다면, 북한이 원칙들을 준수해준다면 과거보다 더 큰 폭의 교류협력을 추진하겠다는 이명박 정부의 기조는 '조건부 접촉유지(conditional engagement)'에 해당한다. 즉, 접촉유지 기조와 무시 기조의 중간에 있다. 이명박 정부의 대북기조를 두고 "지난 정부보다 더 강경하다"라는 표현은 맞지만, '강경'으로 분류하는 것은 옳지 않다.

남북관계 경색의 책임을 논하기 위해서는 이명박 정부가 요구한 원칙들이 합당한 것인가 무리한 것인가를 따져보면 된다. 북한이 계속해서 핵무기 개발에 열을 올리고 있는 것을 모르는 체 해야 하는가? 2008년 7월 금강산에 갔던 박왕자 아주머니가 총에 맞아 사망했는데도 아무 일도 없었던 것처럼 관광객을 보내야 하는가? 대북지원을 평화를 애걸하는 뇌물로 간주하고 걸핏하면 협박을 일삼는 북한에게 절차와 예절을 무시한 채 과거처럼 매년 때가되면 자동적으로 지원을 보내야 하는가? 일이 틀어졌다고 해서 한국기업의 투자자산을 몰수하는 행태를 그대로 둔 채 대북투자를 확대해야 하는가? 투명성을 거부하는 데에도 대북지원을 지속해야 하는가? 한국이 요구하는 원칙들이 국제적으로 보편타당한 것이라면 남북관계 경색의 책임은 이를 거부하는 북한에 있는 것이 자명하다.

그럼에도 이명박 정부의 대북정책은 어떤 목표에 비추어 보느냐에 따라 비판도 가능하고 칭찬도 가능하다. '평화적 분단관리'를 중시하는 사람, 즉 A시각을 가진 사람이라면 지나치게 남북관계를 경색시킨 정책으로 비판할 것이다. '북한의 변화와 통일'에 무게를 두는 사람, 즉 B시각을 중시하는 사람이라면 칭찬할 것이다. 평화적 분단관리만이 목표라면 대북정책은 매우 쉽다. 조건 없는 대북지원을 제공하고 정상회담을 통해 선물 보따리들을 안겨주면 된다. 풍선 날리기를 하는 시민단체들을 처벌하고, 국정원이나 검찰의 대공기능을 축소하여 간첩 색출을 포기하면 된다. 이렇게 하면 당장 기업인들이 보다 자유롭게 북한을 왕래하면서 사업을 할 수 있다. 지금 이 순간에도 금강산 지역에 투자했다가 관광이 차단되어 발을 동동 굴리는 기업인들이 많다. 이들은 원칙 준수를 요구하는 이명박 정부가 원망스러울 것이다. 그럼에도 한국이 손쉬운 선택들만 을 취하지 못하는 이유는 '북한의 변화와 통일'이라는 또 하나의 목표가 있기 때문이다.

배운 사람들이라면 비판을 하더라도 근거하는 논리가 분명해야 한다. 예를 들어, "이명박 정부가 대화와 협력의 창구를 좁혀 남북관계가 경색되었다"라고 비판만 제기한다면 논리적이지만 공정하지는 않다. 북한의 변화라는 측면에서 이룬 성과도 있기 때문이다. 원칙 있는 대북정책은 단기적으로 관계 경색과 불편을 수반했지만, 북한에게 "남한이 제시하는 원칙들을 지켜주지 않으면 원하는 것을 얻을 수 없다"는 일관된 메시지를 주었고, 대북 경제교류가 차단되면서 북한 전역에 지하 시장경제가 확대되는 변화를 가져온 측면이 있다. 마찬가지로, "이명박 정부의 원칙들은 북한의 변화를 추구하기 위해 불가피했다"라고 옹호하기만 한다면, 논리적이지만 공정하지는 않다. 남북관계 경색이라는 비용을 수반했기 때문이다.

때문에 진정 공정한 비판자라면 두 목표간 조화의 부재를 지적하는 것이 타당할 것이다. 즉, '평화적 분단관리'와 '북한의 변화'가 양립할 수밖에 없는 두 목표라면 원칙을 요구하는 중에도 남북대화는 이어져야하고, 남북이 활발히 교류협력을 하는 중에도 원칙들은 중시되어야 한다. 결과적으로 볼 때, 이명박 정부의 대북정책은 이러한 조화를 이루어내지 못했다. 하지만 이 문제는 결국 '대북지렛대 부재'로 귀결된다. 우리가 북한을 움직일 지렛대를 가리지 못하는 한, 어떤 정부가 들어서더라도 입맛에 맞는 조화란 존재하지 못할 것이다.

합의통일과 흡수통일

이제 시야를 좁혀 통일이라는 주제 속으로 들어가 보자. 통일 연구원에는 통일이 언제 가능할 것인가를 가늠하는 '통일예측시계'를 제작하는 연구과제가 있다. 북한의 변화와 동태에 대한 전문가들의 인식을 조사하여 통일이 가까워졌는지 또는 멀어졌는지를 가늠해보는 연구이다. 그런데 통일시계에는 두 가지가 있다. '합의통일 시계'와 '흡수통일 시계'이다. 합의통일이란 북한의 체제와 생활수준이 남한과 비슷하게 되는 과정을 거듭한 끝에 남한주도의 통일에 합의하는 것을 말한다. 흡수통일이란 북한정부와 체제가 작동을 중단하거나 더 이상 버틸 여력이 없게 되어 남한이 북한의 체제와 국가기능을 평화적으로 흡수하는 것을 의미한다. 양자 모두는 '평화통일'이며 '남한주도 통일'이다. 이것이 "대한민국은 통일을 지향하며, 자유민주적 기본질서에 입각한 평화적 통일정책을 수립하고 이를 추진한다"라고 규정한 헌법 제4조에 부합하는 통일인 것이다. 합헌적 통일방안으로 생각할 수 있는 것은 '합의통일'과 '흡수통일' 뿐이라는 얘기다.

재미있는 것은 합의통일 시계와 흡수통일 시계가 서로 반대로 움직인다는 점이다. 2010년 북한이 천안함-연평도 도발을 저지른 직후 대부분의 전문가들은 합의통일은 멀어진 것으로 그리고 흡수통일은 가까워진 것으로 분석했다. 도발이 증가한다는 것은 북한이 변화를 거부하고 체제수호에 안간힘을 쓴다는 것을 의미하기 때문에 합의통일이 멀어지는 것으로 본 것이며, 동시에 북한체제의 모순과 비합리성이 증가함을 의미하기 때문에 흡수통일로 귀결될 가능성이 높아지는 것으로 본 것이다.

또 하나 흥미로운 사실은 흡수통일의 사례는 있지만 합의통일의 사례는 없다는 점이다. 예멘은 19세기 말 터키와 영국에 의해 공산주의 체제인 남예멘과 자유주의 체제인 북예멘으로 분단되었지만, 1981년 교류협력을 시작하여 1990년 5월 합의를 통한 평화적 통일을 이루었다. 하지만 통합에 실패하여 내전으로 다시 분단되었으며, 결국 1994년 북예멘에 의해 무력으로 재통일되었다. 흡수통일의 사례는 간간히 존재한다. 역사적으로는 935년 신라의 경순왕이 나라를 고려에 바침으로써 흡수통일이 이루어졌으며, 동독국민이 서독을 선택함으로 이루어진 1990년 10월 3일의 독일통일 역시 서독이 동독을 일방적으로 흡수한 평화적 통일이었다.

2011년 11월 러시아 국책연구기관인 세계경제/국제관계연구소(IMEMO)가 발행한 특별보고서는 김정일 이후 북한이 권력엘리트 간 갈등에 휘말리고 2021~2030년에 한국에 의한 흡수통일이 이루어질 것이라는 내용을 발표했다. 유사한 흡수통일 예상은 국내외 다른 연구기관들에 의해서도 심심찮게 발표되었다. 우리는 이런 예상들을 믿고 흡수통일을 추구해야 하는가? 절대로 그렇지 않다. 우리가 추구하는 통일은 어디까지나 '합의를 통한 남한주도의 통일'이며, 아무리 역사적 사례가 없는 신기루와 같은 존재일지라도 이것이 우리의 목표이다. 흡수통일을 추구하기 위해서는 북한의 붕괴를 부추기는 정책을 취해야 하는데, 엄청난 위험부담을 수반한다. 이런 위험부담을 떠안으면서까지 흡수통일을 추구한다는 것은 어리석은 선택이다. 그럼에도, 흡수통일에 대해서 잊어도 좋다는 뜻은 아니다. 우리의 뜻과 무관하게 북한에서 예기치 않은 사태가 발생하는 경우 흡수통일의 가능성을 배제할 수 없다면 당연히 이런 통일에 대해서도 무신경할 수 없다. 합의통일은 추구해야 할 목표이며, 흡수통일은 대비해야 할 우발적 사태이다.

'점진적 상호동화'를 통한 합의통일

이제 초점을 합의통일에 맞추어 보자. 목표가 합의통일라고 해서 대북정책의 초점을 통일에만 맞추어야 하는가? 통일문제 연구를 주업으로 하는 통일연구원 같은 기관들은 그래야 하겠지만, 국가 전체로 보면 그렇지 않다. 분단국을 살아가는 우리에게 있어 통일은 민족적 염원이지만, 그래도 우리의 대북정책은 북한을 영속하는 주권국으로 전제하는 가운데 북한의 점진적 변화를 선도하는 것에 초점을 맞추어야 한다. 1991년 이래 남북한 모두는 유엔 회원국이 되었고, 실질적으로도 70년에 가까운 세월동안 남과 북은 서로 다른 체제를 가진 별개의 주권국으로 존재해왔다. 북한을 별개의 주권국으로 대접하는 것 말고 다른 방법은 없다.

관건은 북한의 변화이다. 우리가 민주주의와 인권을 부인하는 북한, 핵무기를 만들어 남한을 협박하고 무력도발을 자행하는 북한, 그리고 세계 핵질서에 도전하고 동북아 안보환경을 어지럽히는 북한이 무한정 현재처럼 존재하기를 원할 수는 없다. 우리는 북한이 정상적인 국가가 되어 국제사회의 책임있는 일원이 되기를 원하며, 북한 땅에 거주하는 동족이 인류보편적 권리를 누리기를 원한다. 그래서 우리는 북한의 변화를 원한다. 여기서 또 하나의 핵심은 완변(緩變)을 추구할 것인가, 급변(急變)을 추구할 것인가 하는 것이다. 결론부터 말한다면, 목표는 완변이지만, 급변에 대해서는 신경을 쓰지 않아도 되는 것은 아니다. 우리의 의사와 무관하게 도래하는 급변에 대해서는 후유증을 최소화할 수 있는 방안들을 마련함이 마땅하다. 완변을 추구하면서 급변에 대비하는 것, 그것이 우리가 가져야 할 기본자세이다.

그렇다면, 북한이 변화하여 개혁개방을 받아들이고 인권과 삶의 수준이 우리와 비슷해진다면 자동적으로 평화적 합의통일이 되는 것인가? 그런 것도 아니다. 그것만으로 통일이 가능하다면 같은 게르만 민족인 독일과 오스트리아, 동일한 정치경제 체제를 가진 호주와 뉴질랜드 그리고 미국과 캐나다는 오래전에 합의통일을 이루었어야 한다. 일단 정부가 구성되어 주권을 행사하기 시작하면 그 정부가 스스로 통치권을 포기하거나 나누어 갖는 것은 쉽지 않으며, 국제정치 역사에서도 사례가 없다. 그럼에도 우리가 통일을 위해 북한의 변화를 선도해야 한다는 것은, 상호간 이질적인 체제 하에서 적대하는 것보다는 비슷한 체제와 생활수준을 누리는 것이 통일에 상대적으로 유리하기 때문이다. 또한, 그렇게 해서 통일이 되지 않는다 하더라도 호주와 뉴질랜드 또는 미국과 캐나다가 그렇듯 남북이 같은 체제 하에서 사이좋게 협력하면서 자유롭게 교류할 수 있다면 그 자체만으로도 의미가 크기 때문이다. 전문가들을 이런 상태를 '사실상의 통일'이라고 부른다.

이제 좀 더 구체적으로 들어가서 어떤 과정을 통해 합의통일을 추구해야 하는가에 대해 논해보자. 역사적 사례가 있건 없건 또는 실현성이 크든 작든 우리가 추구해야 할 것이 평화적 합의통일이라면, 그 과정은 '점진적 상호동화(gradual mutual assimilation)'가 되어야 한다. '상호동화'라는 말은 서로가 서로를 닮아간다는 의미로 정치체제와 경제체제를 제외한 나머지 분야에서는 북한의 제도나 관습도 좋은 것들을 수용해야 한다는 뜻이다. 즉, 헌법이 자유민주주의와 시장경제 질서에 근거한 평화통일을 규정하고 있기 때문에 정치체제와 경제체제에 있어서는 북한으로부터 배워올 것이 없어야 하지만, 사회, 문화, 예술 등 기타 분야에 있어서는 '채장보단(採長補短: 상대의 장점을 수용하고 자신의 단점을 보완한다)'의 자세로 서로 닮아가는 과정을 거치자는 뜻이다. '점진적'이라는 표현의 의미는 북한의 지배층이 신변 불안을 느끼지 않고 안전하게 적응해나갈 수 있도록 시간적·공간적 여지를 허용하는 완변(緩變)을 추구하자는 뜻이다. 결국, '상호동화'는 그 자체가 목표일 수도 있고 더 큰 목표를 위한 중간과정일 수도 있다. 다시 말해, 상호동화를 통해 남북이 공생공영(共生共榮)하여 '사실상의 통일(*de facto* unification)'을 이룩한다면 그 자체로 좋은 일이고, 연장선에서 1국가 1체제의 '완전한 통일(*de jure* unification)'이라는 수퍼골을 달성한다면 더 좋은 일이다.

필자는 '점진적 상호동화에 의한 합의통일'이 우리가 목표로 하는 통일임을 분명히 밝힘으로써 "흡수통일을 꾀하고 있다"라는 오해를 불식시키고 활발한 담론을 통해 국민적 합의를 구해나가야 한다고 생각한다. 흡수통일이란 우리가 추구하는 대상이 아니고 대비하는 대상이라면 '흡수통일'이라는 표현 자체를 금기시할 필요도 없다고 생각한다. 사실대로 북한에게 설명하면 될 일이다. "합의통일이라는 것도 내용적으로는 결국 우리 식으로 흡수하는 통일이 아닌가"라는 반론이 있을 수 있는데, 이런 시비에 대해서는 분명히 답하고 싶다. 적어도 정치체제와 경제체제에 있어서 통일이란 실패한 체제가 성공한 체제를 닮아가는 과정일 수밖에 없다. 한국의 시장경제제도 역시 양극화 문제 등 해결해야할 과제들을 안고 있지만, 그렇다고 해서 주민에게 빵, 자유 그리고 안전을 제공하는데 실패한 북한의 체제를 따라가야 하겠는가. '점진적 상호동화를 통한 평화적 합의통일'은 현 상태에서 우리가 추구해야 하는 가장 바람직한 통일이다.

통일담론의 현주소

통일을 논한다는 것은 무슨 얘기를 한다는 것인가. 통일을 연구한다는 것은 무엇을 연구한다는 것인가. 많은 사람들이 통일을 운위하지만 구체적으로 통일담론의 주제가 어떤 것들인지에 대해 정리된 대답을 할 수 있는 사람은 많지 않다. 통일에 대한 국민적 합의를 위해서 건전한 통일담론이 반드시 필요하지만, 유감스럽게도 분단 70년이 되어가는 오늘날에도 한국의 통일담론은 왜곡되어 있거나 실종된 부분이 많고 국민적 합의도 부족하다.

통일담론에는 크게 세 가지의 주제가 있는데, 이것들이 통일을 연구하는 사람들의 연구주제이기도 하다. 첫 번째 주제는 통일의 당위성이다. 통일이란 추구할 가치가 있는 것인가, 통일이 제시하는 비전은 무엇인가 등에 대한 담론이다. 통일로 인해 지불해야 하는 비용과 통일이 가져다 줄 편익을 비교하여 통일이란 추구할 가치가 있는 것인지, 또는 비용과 편익을 넘어 무조건 추구해야 하는 것인지를 토론하고 국민적 합의를 구하는 과정은 반드시 필요하다. 통일의 기회가 왔을 때 이런 논의를 시작한다면 너무 늦기 때문이다. 하지만 이 주제에 관한 통일담론은 상당히 왜곡되어 있다. 오늘날 적지 않은 사람들이 "돈이 많이 드는 통일이라면 필요가 없다"고 주장하며, 일부 젊은이들은 "통일이 되면 후세가 좋은 것인데, 왜 내가 세금을 내야 하는가"라고 반박한다. 그 동안도 많은 사람들이 통일대비를 위해 통일세, 통일기금, 통일성금 등을 제안했지만, 매번 비용 문제에 막히고 있다. 통일이 가지는 세계사적·민족사적 가치는 돈 계산을 하는 반대자들에 의해 폄하되었으며, 통일이 가져다 줄 편익에 대한 논의는 제대로 이루어지지 못했다.

두 번째 주제는 통일의 방법과 내용에 관한 것이다. 이 담론에 관해서는 헌법이 자유민주주의에 근거한 평화통일만을 추구해야 한다고 명령하고 있건만, 어찌된 셈인지 안전하게 거론할 수 있는 것은 '평화통일' 뿐이다. 즉, 피 흘림을 수반하는 무력통일은 안 된다는 것이다. 초등학교 학생들에게 물어도 대답은 '평화통일' 뿐이고, 통일관련 단체들이 외치는 것도 평화통일이며, 동상이몽(同床異夢)이긴 하지만 남북대화에서 남북 대표단이 함께 외칠 수 있는 것도 '평화통일' 뿐이다. 이렇듯 평화통일은 누구나 합의하는 통일의 방법이지만 어떤 평화통일인가에 대한 담론은 함부로 거론해서는 안 되는 금역이 되고 있다.

이론적으로 평화통일에는 자유민주주의 통일, 적화통일, 중립화 통일 등이 있지만, 적화통일이나 중립화 통일이란 남한 국민이라면 생각해서 안 되는 평화통일이이다. 적화통일이란 남한 내 혁명역량으로 남한을 북한의 '장군님'을 경배하는 사회로 만든 후 북한주도의 통일을 이루는 것으로 북한식 평화통일이다. 당연히 헌법에 위배된다. 중립화 통일도 그렇다. 성공한 체제와 실패한 체제를 절반씩 혼합하는 통일이란 말이 되지 않으며, 역시 위헌이다. 물론 통일한국이 어느 진영이나 국가에 경도되지 않고 등거리 외교를 펼쳐야 한다는 의미의 중립국 논의는 여기서 말하는 중립화 통일과는 다른 것이다.

통일의 완성도를 기준으로 본다면, 1국가 1체제 통일(완전통일), 연방제통일, 남북연합 등으로 나눌 수 있다. 연방제 통

일이란 정치, 군사, 외교 등을 통일하되 나머지 분야에 대해서
는 남북의 각 정부가 지금처럼 주권을 행사하는 것이다. 하지
만 남북이 체제경쟁을 벌이는 가운데 양쪽의 군대가 대치하고
있는 상황에서 연방제 통일론은 궤변이며, 북한체제를 인정하
는 것이므로 이 역시 위헌이다.

남북연합은 남한이 완전한 통일로 가기 위한 중간과정으로
거론한 것으로서 통일 그 자체는 아니다. 연합(confederation)
이라고 하는 것은 연방(federation)과는 달리 각국이 정치, 군
사, 외교를 포함한 모든 주권을 행사하는 가운데 동아리와 유
사한 테두리를 씌우는 것으로, 영국연방을 들 수 있다. 우리
말 번역으로는 '영연방'이지만 전형적인 연합의 사례이다. 호
주, 캐나다 등은 영연방 국가들이지만 완전한 주권국이다. 결
국, 연합이란 각별한 국가들 간의 협력체일 뿐이다. 남과 북이
비슷한 체제와 생활수준을 가지게 되어 연합을 결성하게 되면
좋은 일이고, 그게 많은 사람들이 말하는 '사실상의 통일'일 수
도 있다.

'공동체 통일'이란 1989년 노태우 정부가 '한민족공동체 통
일방안'을 제안한 이래 한국정부가 사용하고 있는 공식 표현이
며, '3단계 통일방안' 역시 노태우 정부 이래 한국정부가 제시
하고 있는 통일방안이다. 노태우 정부에 이어 김영삼 정부도 '3
단계 민족공동체 통일방안'을 표방했고, 김대중-노무현 정부도
이 방안을 승계했다. 여기서, '한민족공동체'라는 것은 '화해협
력-남북연합-완전통일'이라는 3단계 통일방안에서 '사실상의

통일' 즉 남북연합을 지칭하는 것일 수도 있고 '완전한 통일' 이후를 지칭하는 것일 수도 있다. 이명박 정부가 표방한 '3대 공동체 통일구상'은 평화공동체, 경제공동체, 민족공동체 등이 단계적으로 차례대로 진행되는 것으로만 보지 않고 중첩적으로 진행될 수 있다고 본 것이지만, '공동체'의 의미는 앞 정부들이 말하는 것과 크게 다르지 않다. 요컨대, 한민족공동체란 통일로 가는 과정에서 거칠 수 있는 중간 목표일 수도 있고 최종 목표일 수도 있다. 즉, 통일의 방법과 내용 그리고 완성도를 구체적으로 나타내지 않고 안전하게 얘기할 수 있는 두루뭉술한 표현이다.

결국, 헌법에 부합하는 완전한 통일은 자유민주주의적 합의통일과 흡수통일뿐이다. 하지만 흡수통일은 한국사회에서 입에 담아서는 안 되는 민감한 표현이 되어버렸다. 북한이 발끈하는 것도 사실이지만, 이에 앞서 한국사회 내에서 "북한을 흡수 대상으로 보면서 어떻게 평화로운 남북관계를 이끌어낼 수 있는가"라는 비판이 먼저 쏟아진다. 러시아나 중국의 전문가들조차도 통일이 된다면 남한주도의 통일이 불가피하다고 인정하는 중에도, 정작 한국에서는 정치적으로 민감하다는 이유로 이런 논의가 불가능한 것이다. 통일을 제대로 준비하기 위해서는 국민적 공감대가 필요하고, 국민적 공감대를 이루기 위해서는 공개적인 논의가 불가피하지만, 한국에서는 공개적 논의 자체가 막혀 있다.

비슷한 맥락에서 북한 급변사태 대비와 관련한 논의도 금기시되어 있다. 최근 들어 정부가 북한 급변사태에 대비하고 있

다는 보도들이 이따금씩 있었고, 통일부, 국정원, 국책연구기
관 등이 이런저런 계획을 준비하고 있다는 소문도 있었다. '개
념계획 5029'에 대한 보도들도 있었다. 이 계획은 북한 급변사
태시 한미 양국군이 협력해야 할 사안들을 합의한 것인데, 미
국은 핵무기 등 대량살상무기를 통제하는 일에 그리고 한국은
난민 및 자연재해 지원 등 대북지원에 주력하는 식으로 업무분
장이 되어 있다는 보도들이 나온 적이 있다. 한미 양국은「개
념계획 5029」를 구속력이 있는 '작전계획'으로 격상시키기 위
해 협의를 해왔으나 노무현 정부 시절 청와대가 "북한의 주권
을 침해한다"는 이유로 중단시킨 것으로 알려져 있다. 어쨌든
급변 대비의 필요성이 거론되는 주된 이유는 북한의 사정이 복
잡하고 어렵기 때문이며, 발생할 가능성이 있다면 꾸준히 대
비하고 있어야 하는 것이다. 그럼에도 이 역시 북한을 자극한
다는 이유로 공개적 논의가 힘들다.

　통일담론의 세 번째 주제는 통일 이후 남북통합에 관한 것
이다. 통합을 논의한다는 것은 통일선언 이후에 어떻게 하면
신속하고 안전하게 남과 북을 합칠 것인가를 얘기하는 것이다.
이 담론은 통일의 방법이나 과정을 논하는 것이 아니기 때문에
정치적으로 민감하지 않다. 즉, 자유롭게 논의하고 연구할 수
있다. 문제는 과연 우리가 충분할 만큼 준비를 해 두었는가 하
는 것이다. 통일이 되면 남북한의 군대는 어떻게 통합하며, 교
육제도는 어떻게 합칠 것인가. 언어는 어떻게 통일할 것인가.
도로, 철도 등은 어떻게 연결할 것인가. 이런 문제들에 대한

연구들이 있어 왔지만, 한 마디로 '들쭉날쭉'이라 할 수 있다. 깊이 연구된 부분도 있고 빠진 부분도 있다. 당연히, 이런 연구와 준비는 지속적으로 보완되어야 한다. 이런 준비가 치밀하게 되어 있지 않다면, 힘들게 이룩한 통일이 다시 물거품이 될 수도 있다.

연방제 통일론의 유혹

한국에는 연방제 통일에 대해 달콤한 생각을 가진 사람들이 의외로 많다. 연방제를 제대로 논하기 위해서는 북한이 어떤 의도로 어떤 연방제를 주장했는지를 알아야 한다. 이승만 대통령이 '북진통일'을 주장하던 1950년대에는 북한도 '민주기지론'에 입각한 무력통일을 주장했지만, 1960년대에는 '남북연방제'를 그리고 1970년대에는 '고려연방제'로 표현하는 북한식 평화통일을 주장했다. 1980년대 제안한 '고려민주연방공화국'이나 1990년대의 '1민족, 1국가 2제도 2정부에 기초한 연방제' 등도 표현만 약간씩 달라졌을 뿐 모두가 연방제 통일방안이었다. 연방제 통일이란 중앙에 연방정부를 두어 정치, 국방, 외교 부문을 통일하고 나머지 분야는 현재처럼 남과 북이 자치적으로 통치하자는 것인데, 북한은 '고려민주주의연방공화국'으로 통일하고 연방정부에 해당하는 기구로 '최고민족연방회의'

와 그 상임기구인 '연방상설위원회'를 설치하여 정치, 군사, 외교를 담당하게 하자고 주장했다. 북한이 주장한 연방제에는 두 가지 큰 문제점이 있다. 첫째는 우리 헌법에 위배된다는 점이다. '자유민주주의 질서에 입각한 통일'을 명령하고 있는 헌법 제4조가 폐기되지 않는 한 이 점은 매우 분명하다. 두 번째 문제점은 북한의 진정성에 있다. 북한은 지금까지 '자주', '평화', '민족대단결'이라는 '조국통일 3대 원칙'을 표방해오고 있는데, 우리의 급선무는 이것들이 어떤 의미를 가지는지를 정확하게 아는 일이다.

북한이 말하는 '자주'란 통일은 외세에 의존하거나 외세에 간섭받지 않아야 하기 때문에 남한에 미군이 있어서는 안 된다는 뜻이다. 즉, 한미동맹 해체와 주한미군 철수를 요구하는 것이다. 북한의 철학사전에는 '공산주의 사회'를 '주체사상화를 통해 인민대중의 자주성이 완전히 실현되는 사회'로 정의하고 있다. 때문에 북한이 말하는 '자주'란 외세 배격과 민족해방 인민민주의 혁명을 통해 남한을 주체사상을 신봉하는 사회로 만들어야 한다는 뜻이다. 이런 무서운 의미를 모르고 우리말 사전에 적힌 "남의 도움이나 간섭을 받지 않고 스스로 자기 일을 처리하는 것" 정도로도 생각하고 "자주란 무조건 좋은 것"이라고 믿는다면 이는 매우 순진하고 위험한 발상이다.

북한이 말하는 '평화'란 평화통일을 실현하기 위해서는 전쟁 당사국인 북한과 미국이 평화협정을 체결하고 미군 핵무기 철수, 군사훈련 중지 등이 이행되어야 한다는 뜻이다. 1953년 한국전쟁 휴전 당시 이승만 정부는 휴전에 반대하여 정전협정에 참가하지 않았는데, 이를 두고 북한은 한국은 정전협정 당사국이 아니므로 평화협정에 참가할 자격이 없다고 주장한다. 결국 북한이 말하는 '평화'란 한국을 배제하고 북미간 평화협정을 이끌어 냄으로써 한미동맹이나 주한미군의 존재를 부정하기 위한 논리다. 이런 '평화'를 두고 '전쟁이나 갈등이 없이 평온하고 화목한 남북관계' 정도의 사전적 의미만을 생각한다면 매우 곤란하다.

북한이 말하는 '민족대단결'이란 통일을 하기 위해서는 남한이 국가보안법을 철폐하고 공산당을 합법화하여 사상과 이념 그리고 제도의 차이를 초월하여 대화해야 한다는 뜻이다. 북한이 늘 주장하는 '우리민족끼리'도 비슷한 맥락에서 사용되는 표현이다. 하지만 이것은 자신들의 주체사상과 체제는 그대로 둔 채 남한의 체제보위 수단들을 해체하여 사회주의 혁명이 가능하게 만들겠다는 의미인 것이다. 즉, 북한이 말하는 '민족'이란 남과 북에 살고있는 북한체제를 추종하는 사람들, 즉 '김일성 민족'을 의미한다. 그럼에도 한국사회에는 이런 무서운 의미를 모른 채 "같은 민족이 한 덩어리가 되자는 것인데 나쁠 것이 없지 않는가"라는 정도로 생각하는 사람들이 많다.

북한에서는 노동당 규약이 헌법보다 상위에 존재한다. 이 노동당 규약에는 조선로동당의 당면 목적을 '북반부에서의 사회주의의 강성대국 건설'과 '전국적 범위에서의 민족해방 민주주의 혁명과업'으로 정하고 있으며, "최종목적은 온 사회를 주체사상화하여 인민대중의 자주성을 완전히 실현하는데 있다"라고 명시하고 있다. '전국적 범위', '온 세상' 등의 표현을 통해 남한을 적화하여 한반도 전체를 북한식 사회주의 체제로 통일하겠다고 명시한 것이다. 북한이 견지해온 조국통일 3원칙과 노동당 규약을 종합하면, 북한이 원하는 통일방식이란 남한에서의 외세 배격(미군 철수, 한미동맹 해체) → 민족자주정권 수립을 통한 민족해방(남조선 혁명 완수) → 남북합작(평화적 방도, 비평화적 방도) → 남한체제 보위수단(국보법, 공산당 불법화 등) 해체 → 사회주의 통일 등의 순서로 이루어지는 통일인 것이다. 연방제 통일이란 '평화적 방도의 남북합작'에 해당하는 과정이다. 연방제 주장이 위험한 이유는 그것이 북한의 최종 목표인 '전국적 범위에서의 민족해방 민주주의 혁명 완수'로 가기 위한 중간과정이라는 점이다. 일단 연방제 통일이 합의되고 나면 그 다음 수순은 불 보듯 뻔하다. "이제 한 나라가 되었으니 한미동맹과 미군은 필요없고 국가보안법도 폐지해야 한다"는 주장이 이어질 것이다.

한국의 젊은이들이 또 하나 분명히 알아야 할 것은 북한이 주장하는 연방제와 미국의 연방제와의 차이점이다. 미국은 광활한 국토와 지역별 특성을 감안할 때 각 주가 일정수준의 자치권을 행사하는 것이 좋겠다고 판단하여 연방제를 택한 것이다. 하지만 다른 이데올로기를 가진 두 개의 주권국이 통일로 가기 위한 방법으로 연방제를 채택하여 통일에 성공한 사례는 없다. 이런 사례는 비슷한 체제를 나라 간에도 존재하지 않는다. 1958년 이집트와 시리아가 범아랍주의의 기치아래 '통일 아랍공화국'이라는 연방제 통일에 합의했지만 1961년 시리아가 탈퇴함으로써 단막극으로 끝난 것이 전부다. 정치, 국방, 외교 등의 분야에서 첨예하게 대립하는 두 체제가 군사적으로 대치하는 한반도를 연방제로 통일하자는 것은 소설에서나 가능한 얘기다. 도발을 하는 군대와 도발을 막는 군대에게 같은 군복을 입혀서 어떻게 하겠다는 것인가. 수령체제의 수호와 남조선 혁명을 위해 존재하는 북한 군대와 자유민주주의적 가치를 지키기 위해 존재하는 남한 군대에게 같은 계급장을 달아주고 하나의 지휘체계 하에 묶어서 무엇을 어떻게 하자는 것인가. 연방제란 헌법에도 위배되고 현실성도 없는 허망한 통일론이다.

'낮은 단계의 연방제'라는 말도 있다. 이것은 2000년 김대중 대통령과 김정일 국방위원장이 합의한 6·15 공동선언에서 비롯된다. 6·15 공동선언은 제1항에서 "남과 북은 나라의 통일문제를 그 주인인 우리 민족끼리 서로 힘을 합쳐 자주적으로 해결해나가기로 하였다"라고 그리고 제2항에서는 "남과 북은 나라의 통일을 위한 남측의 연합제와 북측의 낮은 단계의 연방제안이 서로 공통성이 있다고 인정하고 앞으로 이 방향에서 통일을 지향시켜 나가기로 하였다"라고 합의했다. 여기에 대해 보수론자들은 '낮은 단계의 연방제도 연방제이므로 헌법에 위배된다"는 입장을 밝히고 있으며, 일부 진보론자들은 '낮은 단계'라는 표현을 통해 북한이 사실상 연방제 통일방안을 철회하고 우리가 말하는 남북연합을 수용한 것이므로 위헌문제는 없다는 입장이며, 남북연합이란 완전한 통일로 가는 과정에서 거칠 수 있는 바람직한 중간형태이므로 북한과 좀 더 진지하게 협상을 했어야 옳았다는 주장을 펴고 있다.

솔직히 말해, 필자는 북한이 어떤 내용을 염두에 두고 '낮은 단계의 연방제'를 거론했는지 모른다. 진보학자들의 주장을 그대로 받아들여 그것이 남북연합을 수용한 것이라고 쳐보자. 다시 말해, 남북한 정부가 정치, 군사, 외교를 포함한 모든 부분에 대해 현재처럼 주권을 행사하는 별개 국가로 존재하는 가운데 '남북연합'이라는 테두리를 하나 더 씌운다고 가정해보자. 그리고는 남북 사이에 북한이 말하는 '민족통일기구'라는 것을 설치하여 공동의 이익을 위한 조절자 역할을 하게 한다고 가정해보자. 젊은 사람들은 올림픽 단일팀을 내보내는 것이 쉬워지는 등 통일효과를 누릴 수 있으니 좋지 않으냐 라고 반길 수 있다. 남북이 체제를 섞는 것도 아니고 통일도 아니기에 당연히 위헌문제도 없다. 2000년 당시 김대중 대통령도 통일에 한 발짝이라도 더 다가서는 기분이라도 느끼고 싶다는 선의의 의욕으로 '낮은 연방제'라는 표현에 합의했을 수 있다.

하지만 문제는 순서다. 남과 북이 연합을 할 수 있는 정도의 동질성과 친밀성을 성취한 단계가 되면 남북연합을 해도 좋고 안 해도 좋다. 그런 상태를 두고 '사실상의 통일'이라 해도 무방하다. 현재 '영연방(British Commonwealth)'으로 불리는 연합체제에 속한 영국, 캐나다, 호주, 뉴질랜드 등은 같은 이념과 체제를 가진 나라들로 사이좋게 지내고 있다. 이들은 '영연방'이라는 테두리가 없다고 하더라도 어차피 사이좋게 지낼 나라들이다. 교류협력, 방문, 투자 등에 있어 매우 자유롭고 호주와 뉴질랜드는 공무원들이 교차 근무를 할 정도로 가깝게 지낸다. 남북한도 그렇다. 체제와 이념이 같아지고 경제수준도 비슷하여 자유롭게 교류협력을 누리는 단계가 되면 남북연합을 안 해도 좋고 하면 더 좋다. 한국정부가 3단계 통일방안의 중간 과정으로 남북연합을 제안하고 있는 것도 이런 맥락인 것이다. 하지만 이런 여건을 성숙시키지도 않은 현 상태에서, 즉 극단적으로 상이한 이데올로기와 체제로 대립하는 중에 걸핏하면 무력충돌이 발생하는 현 단계에서 연합이라는 테두리부터 합의하자는 것은 사귀어보지도 않은 남녀에게 약혼식을 올리라고 요구하는 것과 같다. 이런 발상은 무의미할 뿐 아니라 남한에게 위험하다. 많은 사람들에게 설익은 통일기분을 느끼도록 만들어 남한 사회를 정신적으로 무장해제시키기에 안성맞춤이다. 남북이 연합제를 원한다면 연합제 합의를 서두를 것이 아니라 연합제를 해도 좋을 만큼 남북관계를 발전시키는 방안을 두고 무릎을 맞대야 한다.

독일통일을 가능하게 한 6대 요인

독일통일이 최근 역사에서 유일한 평화통일 사례라는 점에서

전문가들은 독일통일부터 많은 교훈을 얻을 수 있다는 사실에
이설을 달지 않는다. 이런 의미에서 독일통일을 가능하게 만
들었던 6대 요인들을 정리해보기로 하자.

독일통일의 단초이자 첫 번째 요인은 동독 국민의 통일역량
과 결단이었다. 1989년 5월 헝가리의 국경개방으로 대탈출을
시작한 동독주민들은 11월 9일에 마침내 베를린 장벽을 무너
뜨렸다. 동독 내에서는 대규모 시위가 발생하여 정부를 무력화
시켰으며, 1990년 3월 18일 동독에서 처음이자 마지막으로 실
시된 자유 총선거에서 '즉각적 통일'을 내세운 정당이 압도적
으로 승리했다. 이 모두는 동독 국민들의 결연한 통일의지가
있었기에 가능했다. 동독은 급속도로 서독으로 빨려들었고,
1990년 10월 3일 마침내 독일은 통일되었다. 동독주민이 서독
을 선택하고 통일을 위해 행동하는 결단을 보였기 때문에 독일
은 통일된 것이다.

두 번째 요인은 동독 국민으로 하여금 통일을 염원하게 만
든 서독의 '동방정책(*Ostpolitik*)'이었다. 1969년 빌리 브란트
총리가 구상한 동방정책은 교류와 협력을 통해 동서독에 사
는 게르만 민족의 동질성을 회복하는데 결정적인 역할을 담
당했다. 동방정책은 양독 정부 간 관계 개선만을 목표로 하는
단순한 화해협력 정책이 아니었다. 동방정책의 내부에는 동독
의 변화를 촉구하는 전략이 담겨져 있었는데, 특히 헬무트 콜
(Helmut Kohl) 총리 이후 '3불(不) 원칙'을 통해 표출되었다.
이는 "동독이 요구하기 전에는 주지 않는다", "대가를 받지 못

1989년 동독주민들에 의해 붕괴된 베를린 장벽

하면 주지 않는다", "투명성이 보장되지 않으면 주지 않는다" 등
의 원칙을 말하는 것으로, 서독은 일관성 있게 이 원칙들을 적용
하여 지원의 대가로 동독을 개방시켰다. 즉, 3불 원칙이란 동독
주민의 인권을 개선하고 동독주민과 동독정부를 분리시키는 전
략이었으며, 돈을 주고 정치범이나 피랍자들을 데려온 '석방거
래(*Freikauf*)'는 인권중시 정책의 절정이었다. 이런 식으로 서
독은 1962년부터 89년까지 동독이 억류했던 정치범 3만4천여
명과 가족 25만 명을 서독으로 데려와 자유를 누리게 했다. 또한
정부간 협정을 통해 동독주민들이 서독을 보고 듣게 했다. 동독
영토 한 가운데 위치한 서베를린은 서독을 알리는 창구였고, 동
독주민들을 TV시청과 왕래를 통해 서독을 알고 동경했다.

서독의 동방정책과 김대중-노무현 정부의 햇볕정책은 매우 다른 정책이다. 햇볕정책이 북한정부의 심기를 건드리지 않기 위해 인권문제를 거론하지 않고 투명성을 요구하지 않는 무조건적인 대북지원을 제공함으로써 북한정부와의 화해협력을 추구한데 비해, 서독의 동방정책은 양독 정부 간의 교류협력에 더하여 동독주민의 인권개선을 통해 동독을 변화시키면서 통일의 씨앗을 뿌리는 전략을 구사했던 정책이다. 이런 전략은 결정적인 시기에 극적인 효과를 발휘했다. 베를린 장벽이 무너지고 동독주민의 대탈출이 가속화되었을 때 서독 내에도 동독 정부의 심기를 건드리지 않기 위해 탈출자들을 수용하지 말고 동독에 경제지원을 해야 한다는 야당의 주장이 있었지만, 서독 정부는 정반대의 결정을 내렸다. 동독의 반발을 묵살하고 수십만 명의 탈출자들을 받아들였으며, 동독정부에 대한 경제지원도 거부했다.

세 번째 요인은 서독의 압도적인 힘의 우위와 확고한 안보태세였다. 서독 정부의 전략이 담긴 동방정책이 동독정부를 무력화시킨 측면이 크지만, 그것만으로 동독정부가 저항을 포기했을까 하는 점이다. 그래서 주목해야 하는 것이 기독교민주당 정부와 펼친 힘의 우위 정책과 확고한 안보태세이다. 아데나워(Konrad Adenauer)총리(1949~1963년)는 "우리가 강하면 상대가 끌려온다"라는 '자석이론'을 주창했고, 헬무트 콜 수상이 이를 계승했다. 서독은 미국과의 동맹을 확고히 한 상태에서 북대서양조역기구(NATO)의 강력한 군사력을 배경으로 삼고 있었다. 10배에 달했던 경제력에 격차도 십분 활용했다. 동독으로서는 서독은 도저히 넘을 수 없는 산이었다. 동독정부는 안으로는 자국 국민으로부터 외면을 당했고, 밖으로는서독의 힘과 안보태세에 압도당했다. 만약 동독정부가 탈출자들을 무력으로 제지하는 등 저항을 취했다면 통일은 무산되었거나 지연되었을 것이다.

네 번째 요인은 냉전종식이라는 우호적인 외부환경을 적극활용한 서독의 성공적인 통일외교와 미국의 중재였다. 서독은제1,2차 세계대전을 도발한 전범국이었다. 제2차 세계대전 패전 이후 서독이 서방국의 일원이 되었지만, 주변국들은 게르만이 재통일하는 것을 달가워하지 않았다. 통일의 징후가 나타나기 시작하자 폴란드, 프랑스, 영국, 이태리 등은 반대의사를 표시했다. 이들이 끝내 반대했더라면 독일통일은 이루어지지 못했을 것이다. 여기서 다시 한 번 주목해야 하는 것은 브란트 총리가 시작한 동방정책의 큰 그림이다. 1969년 10월에 집권한 브란트 정권은 아데나워 이래의 외교원칙이던 '할슈타인원칙', 즉 동독을 정식국가로 승인한 나라와는 외교관계를 갖지 않는다는 원칙을 포기하고 동유럽에 대해 적극외교를 펼치기 시작한 것이다. 루마니아·유고슬라비아와 국교를 회복했고, 1970년 8월에는 소련과 그리고 12월에는 폴란드와 '동방조약'을 체결했다. 1972년 6월에는 제2차 세계대전 전승 4대국(미국·소련·영국·프랑스)에 의한 「베를린 협정」을 그리고 12월에는 역사적인 「동서독 기본조약」을 체결했다. 1973년 12

월에는 체코슬로바키아와 국교정상화 조약을 끌어내고 불가
리아·헝가리와도 국교를 회복했다. 한 마디로 동유럽과의 외
교개선이 이루어졌다.

　요컨대, 서독은 1970년대 중반까지 주변국들과 공생할 수
있는 국가라라는 사실을 홍보함으로써 통일에 우호적인 국제
적인 분위기를 착실하게 조성해왔으며, 여기에 더하여 미국과
의 동맹을 획기적으로 강화했다. 서독은 1970년대 서독 국민
의 반대를 무릅쓰고 미국 핵미사일의 주둔을 허락했고, NATO
의 전초기지로서 미국과 환상적인 콤비를 이루었다. 미국은
서독을 믿었고, 그 신뢰를 바탕으로 주변국들에게 독일이 통
일되어도 위험한 국가가 되지 않을 것으로 설득했다. 행운도
따랐다. 당시 동독에는 40만 명의 소련군이 주둔하고 있었지
만, 소련은 미국과의 핵무기 경쟁으로 경제가 파탄난 상태에
서 고르바초프의 개혁·신사고 운동이 전개되고 있었다. 미국
의 레이건 대통령에게도 기가 막힌 타이밍이었다. 독일통일을
통해 소련을 압도할 수 있는 절호의 기회였다. 미국은 서독을
지원하면서 주변국들에게는 통일을 시켜주어야 한다고 설득
했다. 소련은 무기력하게 지켜보기만 했고, 동독에 주둔하던
소련군은 아무런 저항을 하지 못했다.

　다섯 번째의 요인은 서독 국민의 통일의지였다. 이상에서
설명한 네 가지 요인이 모두 충족된 상태라 하더라도 서독 국
민이 통일에 대해 망설임을 가지고 있었다면 또는 국민여론이
분열된 상태였다면, 통일의 기회는 전광석화와 같이 지나가

버렸을 것이다. 하지만 게르만 민족은 달랐다. 베를린 장벽이 무너진 후 통일에 이르기까지 무려 60만 명의 탈출자들이 밀려왔지만 서독 정부는 이들을 모두 수용했고, 서독 국민은 반대하지 않았다. 오히려 무한정 받아들일 기세였다. 통일이라는 것이 막대한 사회적 문제와 비용을 수반한다는 사실을 뻔히 알면서도 통일기회를 놓치지 않아야 한다는데 한 마음이 될 수 있었던 기저에는 게르만의 자존심이 작용했다. 비록 잘못된 방향으로 힘을 사용하여 전범국이 되었지만, 그들은 자신들이 두 번씩이나 세계를 상대로 싸울 만큼 강대한 국가였다는 사실을 가슴에 품고 있었으며, 어떠한 희생을 무릅쓰더라도 다시 한 번 통일국가를 건설해야 한다는 속심을 품고 있었다. 1989년 10월 베를린 장벽이 붕괴되기 2주전 노태우 대통령을 예방한 빌리 브란트 전 서독 총리는 시사저널과의 인터뷰에서 "독일 통일은 시간이 많이 걸릴 것이며, 한반도 통일이 먼저일 것"이라고 말했다. 하지만 곧이어 베를린 장벽이 무너졌고, 게르만 민족은 그 기회를 놓치지 않았다.

독일통일을 가져온 여섯 번째 요인은 빌리 브란트, 헬무트 콜, 한스-디트리히 겐셔 등과 같은 통일지도자의 존재였다. 브란트가 동방정책을 통해 통일의 초석을 닦은 지도자라면, 콜은 동방정책의 꽃을 피운 인물이며, 겐셔는 동방정책의 결실을 거두기 위해 현장에 뛰어든 야전군 사령관이었다. 콜은 기독민주당 국회의원을 거쳐 1982년 중도우파 연립내각의 총리로 취임했다. 그는 통일에 대해 강한 신념과 깊은 전략을 간직

한 인물이었다. 콜 총리는 1987년부터 동독의 호네커 국가평
의회의장과 정상회담을 가지고 지원을 제공하는 등 관용적인
자세로 동독을 대했지만, 동독을 변화시킴에 있어서는 얼음장
처럼 차가운 전략들을 구사했다. 경제지원의 대가로 합동경제
위원회의 설치와 여행제한 완화를 얻어냈으며, 동독주민들의
가슴에 통일열기를 불어넣는 일을 진행했다. 그는 결국 1990년
12월 통일독일의 총선거에서 재선되어 통일독일의 첫 총리가
되는 영예를 안았다. 콜 총리는 공식적으로는 통일에 대한 전략
과 집념을 잘 드러내지 않았지만, 그의 수행자들이 전하는 바에
따르면 늘 "나는 우리가 통일을 이룰 수 있다고 생각합니다. 하
느님이시여 조국 독일을 축복하소서(Ich denke wir schaffen
die Einheit. Gott segne unser deutsches Vaterland)"
라고 기도했다고 한다.

겐셔(Hans-Dietrich Genscher)는 1972년에서 1994년까지
16년간 외무장관을 역임했으며, '反인도주의 범죄'를 주제로
박사논문을 쓸 정도로 인권 문제에 조예가 깊었다. 겐셔는
1975년 「헬싱키 선언」을 만들어낸 주역 중의 하나였다. 헬싱키
선언은 34개 유럽국과 미국이 서명한 인권선언으로서 주된 내
용은 사람과 사상의 자유로운 교류와 기본적 자유를 보호한다
는 것과 기존의 국경선을 존중한다는 것이었다. 1956년 소련의
헝가리 봉기 탄압과 1968년 체코 자유화 운동 탄압이 되풀이되
어서는 안된다는 취지에서 유럽국가들이 제안한 것이었으며,
소련은 제2차 세계대전으로 획득한 영토를 서방이 인정한다는

데 고무되어 이 선언에 서명했다. 하지만 이 선언은 동구와 소
련에서 인권의식을 싹트게 만들었고 결국은 동구의 해방과 독
일의 통일 그리고 소련연방의 와해를 가져왔다. 겐셔는 헬싱키
선언을 협상한 주역이기도 하지만, "평화적 방법에 의한 국경
선 변경은 합법"이라는 단서를 다는 데에도 성공했다. 이 단서
로 말미암아 소련은 독일통일에 대해 침묵할 수밖에 없었다.
겐셔는 이산가족 상봉, 가족의 재결합, 사랑하는 사람들 간의
결혼 등을 가장 기본적인 인권으로 간주하여, 이를 동방정책에
적극 반영했다. 독일은 브란트, 콜, 겐셔 등과 같은 통일지도
자들을 가졌고, 소속정당이 다른 여야 지도자들과 국민은 이
들을 따라주었으며, 독일은 통일이라는 축복을 받았다.

통일을 가로 막는 6대 장애물

독일통일을 가져온 6대 요인을 한반도에 적용해본다면, 남한
주도의 통일이 가능하기 위해서는 북한 주민의 통일열망, 북
한 주민의 통일열망을 불어넣는 대북정책, 압도적인 힘의 우
위와 확고한 안보태세, 주변국들의 통일지지와 미국의 지원,
한국 국민의 통일의지와 대비, 통일 지도자의 등장 등 6대 요
인이 충족되어야 한다. 우리는 이런 요인들을 가지고 있는가.
한마디로, 통일당시 독일과 현재 한반도 사이에는 하늘과 땅

의 차이가 있다.

첫째, 북한 내부의 통일역량을 가늠해보자. 북한에는 주체사상에 충성하는 120만 명의 군대가 있다. 이들은 선군정치의 최대 수혜자이며 북한의 핵보유에 열광하는 수구적인 세력이다. 그렇다고 주민들의 통일열망이 군을 압도하는 것도 아니다. 북한에는 휴대폰 소지자가 80만 명에 이르고 있고, 한국의 드라마와 노래가 인기를 누린다고 한다. 한국에 나와 있는 2만 4천여 명의 탈북자중 상당수가 이런저런 경로를 통해 북한 주민들과 교신하고 있는 것도 사실이다. 하지만 동독 국민들이 방에 앉아서 서독 TV를 보고 왕래까지 했던 통일 당시 동독과 비교하면 '새 발의 피'다. 아직도 대부분의 북한 주민들은 외부와 차단당한 채 살고 있고, 한국 드라마를 보다가 들키면 처벌을 받는다. 휴전선 일대의 북한군 병사들에게 큰 영향력을 미쳤던 대북방송은 2004년 남북 간 합의에 따라 중단된 상태이며, 풍선 날리기 등을 통한 외부세계 알리기도 쉽지 않다. 이런 상태에서 북한 주민의 가슴 속에 과연 얼마만큼의 통일열망이 축적되어 있을지 의문이다.

둘째, 서독이 동독을 향해 '양독 정부 간의 관계개선'과 '동독의 변화'라는 두 개의 목표를 조화시키면서 화해협력 정책을 일관성 있게 펼친데 비해 한국의 대북정책은 갈지(之)자를 걸어왔다. 과거 군사정부 시절 한국의 대북정책은 '적대봉쇄(hostile containment)' 기조였지만, 김대중-노무현 정부에 이르러 '유화(appeasement)'로 바뀌었으며, 이명박 정부에서는 '조건부 접촉유지(conditional engagement)' 기조의 대북정책이 펼쳐졌다. 게다가 한국은 '이것 아니면 저것' 식의 이분법적 논리가 지배하는 전통을 가지고 있다. '진보'라고 하는 사람들은 '평화적 분단관리'에만 집착하여 '북한의 변화'를 촉구하는 사람들을 '수구'로 매도하는 경향을 보이고 있으며, '보수'라고 하는 사람들은 '북한의 변화'에만 집착하여 평화적 분단관리를 중시하는 사람들을 '종북'으로 몰아붙이는 고약한 전통을 이어가고 있다. 정당들이 서로의 장점을 취합하기보다는 상대정당의 대북정책을 '총체적 실패'로 몰아붙이는 가운데 정부가 바뀔 때마다 대북기조는 양극단을 오간다.

정치지도자들의 당리당략을 앞세운 궤변이 국민을 혼란스럽게 만들어온 점도 간과할 수 없다. 남북 정부 간 관계개선, 즉 평화적 분단관리에 목표를 둔 정부간 화해협력을 주장하면서도 "이것이 평화통일로 가는 길"이라고 주장하는 정치인들이 넘쳐나는 곳이 한국이다. 북한주민을 변화시키기 위해 북한에게 원칙을 요구하는 것에 대해 '반통일'로 매도하는 시민단체들도 넘쳐난다. 이런 단체들의 명함에는 대개 '통일'이라는 표현이 들어있다. 북한에게 원칙을 요구하는 것은 북한을 변화시켜 평화통일로 가기 위한 정책이고 정부간 관계 개선을 중시하는 것은 평화적 분단관리에 초점을 맞춘 정책이지만, 일반국민은 이런 차이점을 잘 구분하지 못한다. 이런 상황에서 북한을 움직일 수 있는 일관성을 기대하기는 무리이다.

셋째, 한국은 서독이 향유했던 힘의 우위와 그에 근거한 압도적 안보태세를 구가하고 있는가? 전혀 그렇지 않다. 남한의 경제력이 북한의 40배에 달하여 동서독 간의 10대1 경제력 격차를 상회하지만, 북한은 군사력의 양적 우위, 핵무기 등 비대칭 위협, 공세적인 대남 전략 등을 앞세워 오히려 남한을 위협한다. 북한은 핵무기를 개발하면서도 김대중-노무현 정부로부터 무조건적인 지원을 얻어왔으며, 이것이 오히려 남한을 군사적으로 위협하면 지원을 얻어낼 수 있다는 그릇된 판단을 하게 만든 측면도 없지 않다. 당시 동독은 범접할 수 없는 서독의 힘의 우위와 안보태세에 압도당해 있었지만, 오늘날 북한은 경제적 궁핍에도 불구하고 핵무기를 통해 남한을 위협할 수 있다고 믿고 있으며, 실제로도 핵위협을 앞세우고 천안함과 연평도를 공격하고 있다. 이런 상황에서 북한 정부가 스스로의 체제를 포기하고 나라를 남한에 넘겨주리라고 믿는다면 착각이다.

넷째, 통일외교 현장은 더욱 열악하다. 독일은 고만고만한 나라들에 의해 둘러싸여 있었지만, 한반도를 둘러싼 4국은 세계 최강국들이다. 이들을 설득하는 것은 서독이 프랑스와 폴란드를 설득했던 것과는 차원적으로 다르다. 한반도 통일을 지지해줄 나라도 마땅치 않다. 한반도 분단의 수혜국인 일본은 말로만 통일을 지지할 가능성이 높고, 러시아는 한반도 통일에 반대할 이유가 없지만 큰 관심을 가지기 어렵다. 북한을 전략적 완충지대로 여기는 중국은 한반도 통일의 최대 걸림돌이 될 가능성이 있다. 그나마 통일을 지지해줄 가능성이 있고 중국의 방해를 억제해줄 능력이 있는 나라는 미국뿐이지만,

미국이 '정책적 반미'를 넘는 '이념적 반미'세력이 우글거리는 한국을 위해 무엇을 얼마나 해줄 것인지 의문스럽다. 한국 대학생들이 광화문 네거리에 성조기를 깔아놓고 밟고 지나가는 퍼포먼스를 보고 눈물을 흘린 미국인들이 한반도 통일을 위해 피를 흘려주겠는가.

운도 따르지 않는다. 독일통일은 미소 냉전의 끝자락에서 소련이 영향력이 끝없이 추락하던 시기에 이루어졌지만, 현재 한반도 인근에는 중국이라는 G-2 세력이 급부상 중이다. 한국보다 GDP 규모가 작았던 1980년대의 그 중국이 아니다. 세계 2위의 경제대국이면서 군사강국으로 변모중인 중국은 사사건건 미국과 경쟁하면서 새로운 강자로 부상 중이다.

다섯째, 한국 국민의 통일의지는 과연 어느 정도일까? 이 질문에 대한 답은 더욱 부정적이다. 정부의 통일정책이 힘을 받기 위해서는 국민적 합의가 뒷받침되어야 하고, 국민적 합의를 이루기 위해서는 공개적인 통일논의가 선행되어야 한다. 그래야 통일에 대비한 세금을 거둘 수도 있고 통일기금을 마련할 수도 있지만, 한국의 통일논의는 미완성에 머물고 있다. 통일의 당위성과 관련해서는 적지 않은 사람들이 "돈이 많이 드는 통일은 필요하지 않다"는 반응을 보이고 있으며, 통일의 방법과 내용에 있어서는 안심하고 언급할 수 있는 것은 '평화통일' 밖에 없다. 구체적인 통일의 방법과 내용은 거론조차 어려워 통일담론의 '실종된 연결고리(missing link)'로 남아 있다. 통일 후 이질화된 남과 북을 통합하는 문제는 정치적 민감성이

없는 사안이지만, 아직은 더 많은 연구와 대비가 필요한 상태
이다. 이렇듯, 한국에는 통일을 연구하는 전문가들은 있지만
'국민적 합의'라는 것은 없다.

마지막으로, 한국에 통일지도자가 있는가? 이 질문에 대한
답은 모든 독자들이 이미 가지고 있을 것이다. 한국의 정치문
화에서 콜 총리와 같은 통일지도자가 출현하기란 '하늘에 별
따기'라고 해야 옳다. 정당들이 통일을 위해 협력하기는커녕
서로에게 삿대질을 하기에 바쁜 한국의 정치풍토에서 여야(與
野)가 공히 믿고 따르는 통일지도자가 나오기를 기대하는 것은
연목구어(緣木求魚)가 아닐까. 즉, 나무에서 물고기가 열리기
를 기대하는 것만큼이나 어렵지 않을까. 선거풍토 또한 고약
하다. 한국에서 정치지도자가 되기 위해서는 경제, 안보, 통
일, 문화 등에 깊은 경륜을 쌓는 것보다는 카타르시스를 제공
하는 인기인이 되는 것이 급선무이다. 언론에 잘 보여야 하고
당내에서 세력을 거느려야 후보자가 되어 대선에 출마할 수 있
다. 혼탁한 선거를 치러야 하기에 정책적 소신이나 철학을 함
양하면서 내공을 닦은 사람들이 범접하기 힘든 곳이 한국의 선
거판이다. 이런 풍토에서 운좋게 한민족의 미래를 책임져줄
통일지도자들을 선출했다고 치자. 그들이 북한을 변화시키기
위한 생각 깊은 전략들을 실행할 수 있을까. 상대 정당의 정책
을 '총체적 실패'로 매도하는 한국의 정당정치 풍토에서 북한
주민을 꾸준히 변화시키는 정책이 나올 수 있을까.

요약컨대, 현재 한반도의 통일여건은 1989~1990년 당시

독일의 그것에 비해 매우 열악하다. 그렇다면 통일을 위해 우리가 넘어야 할 6대 장애물도 자동적으로 식별된 셈이다. 우리에게 있어 첫 번째 장애물은 아직 무르익지 않은 북한 주민의 통일역량이며, 두 번째 장애물은 대북정책의 혼란과 적전분열(敵前分裂)이다. 세 번째 장애물은 압도적인 경제력 우위에도 불구하고 북한의 비대칭 위협에 안절부절해야 하는 우리의 해괴망측한 안보 입지이며, 네 번째 장애물은 불리한 주변환경과 걸음마 단계에 머물고 있는 통일외교 현실이다. 다섯 번째 장애물은 통일의 향한 단합된 통일국론의 부족이다. 여섯 번째의 장애물은 통일지도자들의 부재와 통일지도자의 출현을 불가능하게 하는 한국의 정치풍토이다. 그러면, 우리는 통일의 꿈을 접어야 하는가? 그렇지 않다. 이제부터라도 우리 앞에 놓인 통일과제들을 하나하나 정리해보자. 뒤늦었지만 모두가 합의하는 통일과제들을 식별하고 실천하도록 노력해보자. 그래야 합의통일이든 흡수통일이든 가능해진다.

통일과제 1: 국민적 통일의지

우리에게는 건전한 통일담론이 부족하고 합의된 통일의지도 형성되어 있지 않다. 통일의 당위성에 대한 담론은 "돈이 많이 드는 통일은 필요가 없다"라는 반론에 부딪쳐 주춤거리고 있으며, 통일의 방법과 내용에 관해서는 그저 "평화통일을 하자"는 말밖에 없다. 구체적인 방법과 내용에 대해서는 모두가 함구하는 형상이다. 통일 이후 남북을 통합하는 문제에 대해서도 중구난방(衆口難防)이다. 정부 부처와 전문가들이 이런저런 연구를 진행해왔지만, 산발적인데다 중앙에서 큰 그림을 그리는 사람들이 없다. 통일대비를 위해 재원을 마련하는 일도 지지부진하기는 마찬가지이다. 2012년 초 통일부가 민간기금을 모으기 위한 '통일항아리법'을 제안했지만, 국회는 거들떠보지도 않았다. 모두가 국민적 의지가 부재하기 때문에 생긴 현상들이다.

하지만 이제부터는 국민적 통일의지를 모으기 위해서 통일논의를 활성화시켜야 한다. 통일의 당위성에 대해 왕성한 토론이 이루어져야 하며, 통일의 방법과 내용에 관한 논의도 활발하게 진행되어야 한다. 통일에 대한 준비는 반드시 국민적 합의 위에서 이루어져야 하고, 북한의 급변사태에 대비하거나 통일준비를 위해 재원을 마련하는 것도 국민적 합의 위에 가능하다. 요컨대, 지금은 왕성한 통일담론을 통해 통일의 당위성, 통일의 방법과 내용, 통일 후 통합 방안, 급변사태 대비 등에 대한 국민적 합의를 수렴해야 할 때이며, 이것이 통일로 가는 길을 열기 위한 첫 번째 통일과제이다.

통일과제 2: 통일재원 마련

2010년 8.15 광복절 경축사에서 이명박 대통령은 통일재원 마련을 위한 '통일세'를 제안했다. 그 전에도 이 대통령은 수차례에 걸쳐 통일에 대비해야 한다는 취지의 언급을 해오던 중이었다. 하지만 즉각 반대론에 부딪쳤다. 반대하는 사람들의 주장은 항상 통일비용에 초점이 맞추어져 있다. 지금도 적지 않은 사람들이 "통일도 잘 살자고 하는 것인데, 돈이 많이 드는 통일이라면 추구해야할 이유가 없다"는 주장을 굽히지 않는다. 개탄스러운 현상이다.

비용이라는 측면을 한번 살펴보자. 통상 통일비용이라는 것은 통일 후 북한주민의 생활수준이 남한의 수준과 같아지기까지 투입되어야 하는 재원을 말하는데, 여기에는 경제, 정치, 사회, 문화 등 제 분야에 소요되는 재원들이 망라된다. 그동안도 전문가들이 다양한 액수의 통일비용을 예상해왔다. 독일의 경우를 적용한다면 한국이 물어야 하는 비용이 3,000조 원에 달할 것이라는 예상도 있었고, 미국의 랜드연구소(RAND Corporation)는 북한주민의 생활수준이 남한의 60% 수준에 이르게 하는데 2,000조 원의 비용이 들 것으로 예상했다. 통일이 필요 없다고 말하는 사람들은 이런 수치들을 인용하기를 즐긴다. 하지만 필자는 여섯 단계의 반론을 제기하고자 한다.

첫째, 통일비용이란 어떻게 정의하느냐에 따라 고무줄처럼 늘어나기도 하고 줄어들기도 하는 것이다. 한국에서 복지 포풀리즘이 확산된다면 통일비용은 3,000조 원 이상으로 늘어날 수도 있지만, 북한주민의 생활수준 목표치를 낮추면 드는 비용도 그만큼 줄게 된다. '북한주민에게 심리적 안정을 주는데 소요되는 경비'로 재정의해도 무방하다. 자고로 통일비용이란 형편에 맞게 책정하면 되는 것이다.

둘째, 통일에 대한 열정이 통일비용을 상회한다면 비용은 부차적인 문제일 뿐이다. 열렬하게 사랑하는 남녀가 있다고 가정해보자. 이들이 결혼하여 서울 변두리에서 조그마한 아파트를 구입하여 신혼살림을 차리는데 3억 원의 비용이 필요하다고 가정해보자. 하지만 3억 원을 모으기 전이라도 이 커플은 얼마든지 결혼할 수 있다. 사랑하는 사이라면 전세방이나 월세방에서도 신혼살림을 차릴 수 있다. 사랑의 강도가 결혼비용을 상회한다면 비용의 많고 적음은 걸림돌이 되지 않는다. 통일도 마찬가지다.

셋째, 분단으로 인해 지불하고 있는 분단비용을 고려하지 않고 비용에 대해서만 우려하는 것은 공정하지 않다. 우리는 이미 많은 분단비용을 물고 있다. 한국전쟁 자체가 분단비용이었고, 과중한 국방비도 분단비용이며, 천안함-연평도 도발로 희생된 장병들의 목숨도 분단비용이다. 남북 간에 만연하는 상호비방이나 북한 문제를 둘러싼 우리사회의 보혁갈등도 분단비용이다.

넷째, 통일로 인해 얻어지는 통일편익이 통일비용보다 훨씬 더 크다. 남한의 자본과 기술이 북한의 자원과 노동력과 합쳐지면서 엄청난 경쟁력을 발휘하게 될 것이라는 사실을 의심하는 전문가는 없다. 한반도에 매장된 지하자원의 90% 이상이 북한에 치우쳐 있는데 남한이 이를 활용한다면 산업경쟁력은 크게 강화될 것이다. 한국의 제철소들이 막대한 양의 철광석을 호주에서 수입하고 있지만, 아시아 최대의 철광산 무산의 원광석은 중국기업이 50년 개발계약을 맺어 무한정으로 퍼가고 있다. 한국은 다수의 비철금속들을 일본에서 수입하고 있는데 일본은 상당수의 비철금속을 북한으로부터 수입하고 있다. 눈에 보이지 않는 편익도 다양하다. 통일이 되면 남한의 중고생들은 금강산이나 묘향산을 수학여행지로 삼을 수 있으며, 이산가족들은 망향의 한을 풀 수 있다. 무엇보다도, 통일비용은 통일을 전후한 시점으로부터 일정기간 동안 들어가는 것이지만 통일로 인해 얻어지는 편익은 자손만대로 이어진다는 사실을 간과해서는 안 된다. 독일의 경우에도 통일 후 15년까지 동독을 위해 1.7조 유로를 퍼부어야 했지만, 이후부터는 통일의 상승효과가 나타나기 시작하여 오늘날 독일경제는 다른 유럽국들이 비실대는 중에도 혼자 펄펄 날고 있다. 동독은 경제성장의 산실이 되고 있다.

다섯째, 한반도 통일의 세계사적·민족사적 의미를 감안한다면, '비용 대 편익'이라는 셈법을 통해 통일에 대한 찬반을 결정하겠다는 발상 자체가 한심한 것이다. 역사학자 폴 케네디는 15~17세기를 지중해 세력의 시대로 그리고 18~20세기를 대서양 세력의 시대로 정의하고 21세기를 아시아-태평양 세력의 시대로 예상한 바 있다. 그리고는 한·중·일이 아태시대의 중심국가가 될 것이라고 예고했다. 이 말을 그대로 믿는 것은 아니지만, 불과 40년 전만 해도 아무도 거들떠보지 않던 대한민국이 조선 세계1위, 디스플레이와 메모리 반도체 1위, 휴대폰 2위, 석유화학 5위, 자동차 5위, 철강 6위, 섬유 7위의 국가가 되었고, 많은 중소기업 제품이 세계1위의 자리를 누리고 있다. 이제 한국은 세계사 속에서 아무도 얕보지 못하는 유의미한 존재가 된 것이다. 한국이 통일국가를 이루어 세계사 속에 길이 빛날 선진강대국으로 발돋움할 수 있게 된다면 이는 분명 비용차원을 넘는 문제다.

민족사적으로 보더라도 그렇다. 한반도는 고려왕조(939~1392)와 이조(1392~1910)를 거치면서 992년간 통일국가로 존재했었고, 일제식민지 시절(1910~1945)에도 하나였다. 북한에 수령독재 체제가 등장하여 70년 동안 분단을 강요하고 있지만, 일천 년에 걸친 통일 한반도의 역사에 비추어 보면 이런 분단은 부자연스러운 일시적 현상일 뿐이다. 민족이 이 부자연스러움을 벗고 원래의 통일상태를 회복하는 일을 놓고 돈타령을 한다면 잘못되어도 한참 잘못된 일이다.

여섯 번째, 기회의 희소성 차원에서 보더라도 그렇다. 통일이란 남북한 간 여건이 성숙된다고 해서 이루어지는 것이 아니다. 통일은 주변국들과 국제사회가 동의하고 지지해야 가능하며, 미국과 중국의 역할은 가히 결정적이다. 이는 거대한 역사의 톱니바퀴들이 맞물려서 돌아가는 상황에 비유된다. 톱니바퀴들이 구멍을 하나씩 가지고 있다고 가정해보자. 어쩌다가 한번 모든 구멍들이 일직선상으로 정렬하게 되었다고 가정해보자. 즉, 기회의 창(window of opportunity)이 열렸다고 가정해보자. 그 때 쇠꼬챙이를 끼우면 관통할 수 있다. 그런데, 어떤 이유로든 망설이게 된다면 다음 기회는 언제가 될지 아무도 알 수 없다. 500년 후일 수도 있고 영원히 오지 않을 수도 있다. 이토록 희소한 통일기회를 비용문제를 이유로 뒤로 미루자고 한다면 이는 반역사적 개인주의의 극치라 하지 않을 수 없다.

독일은 다가온 통일기회를 결코 놓치지 않았다. 통일 이후 한참동안 통일비용 문제로 고통을 호소했지만 통일을 후회하는 독일국민은 없다. 한국의 통일반대론자들은 통일 이후 얼마동안 독일인들이 겪은 고통을 가리키면서 "그 봐라"라고 했지만, 20여년이 지난 오늘날 독일은 정반대의 논리를 위한 증거가 되고 있다. 동독지역은 이미 서독지역 경제 생산성의 80%에 도달했으며, 독일 경제성장의 산실이 되고 있다. 오늘날 통일독일은 인구 8,200만 명에 3조3천억 달러의 GDP를 자랑하는 세계 제4위의 경제대국이자 일인당 GDP 4만 달러를 돌파한 최선진국이며, 세계 제2위의 수출대국이다. 통일독일은 유럽연합 27개국의 총 GDP 가운데 28%를 차지하는 유럽의 맹주로 다시 우뚝 섰으며, 유럽국들이 금융위기로 비틀거리는 중에도 4%에 육박하는 경제성장을 기록하면서 유럽경제를 이끄는 기관차가 되고 있다. 과거 '라인강의 기적'을 이루어 통일의 경제적 기반을 닦았던 게르만이 이제는 '엘베강의 기적'을 만들어내고 있다.

그럼에도 한국에서는 적지 않은 사람들이 통일비용을 앞세워 통일에 반대하고 있으며, 일부 젊은이들은 통일의 편익이 비용보다 커다는 점을 인정하면서도, "왜 후세를 위해 지금 내가 세금을 내야 하는가"라고 불평한다. 진실로 말하건대, 이것은 자신들을 위해 희생한 부모 세대를 욕보이는 말이다. 이런 현상에 대해 한국의 기성세대는 무한한 책임감을 느껴야 한다. 자식들에게 무엇을 가르치며 살아왔는지 되돌아 봐야 한다. 지금은 국민적 합의 위에 조용히 통일재원을 마련해야 할 때이다. 액수의 과다를 따지지 말고 일단 지체 없이 재원을 모으기 시작해야 한다.

이런 의미에서 18대 국회가 '통일항아리법'을 처리해주지 않은 것은 유감스러운 일이다. 현 남북협력기금법 내에는 '남북협력 계정'이라는 것이 있다. 남북 교류협력과 대북지원을 위해 쓰기 위한 예산을 말한다. 통일부는 여기에 더하여 별도의 '통일 계정'을 만들어 56조 원 가량의 통일대비 재원을 마련하자는 안을 제시하고 남북협력기금법의 개정을 추진하고 있다. 이것이 '통일항아리법'이다. 남북협력 계정과 달리 통일항아리는 통일이 되어야 쓸 수 있는 재원이며, 기업으로부터 돈을 받자는 것이 아니라 자발적인 민간 출연금이 주가 될 것이기 때문에 준조세도 아니다.

하지만 '통일항아리법'에 대한 반론도 만만치 않다. 일부 경제학자들은 "김정은 체제가 탄탄해 보이는데다 우리가 빠른 통일을 추구해서는 안 되므로"라는 이유를 들어 돈을 항아리

류우익 통일부장관이 추진하는 '통일항아리'는 단순히 돈만을 담아내기 위한 그릇이 아니다. 통일을 향한 국민의 의지와 관심을 담아내는 장치이다.

에 담아 둘 필요가 없다는 주장을 제기하고 있다. 하지만 필자가 보기에 이들은 통일재원 비축 시도를 '효율성'이라는 경제적 잣대만으로 폄하하는 오류를 범하고 있다. 통일대비 문제는 경제학 만의 영역이 아니다. 진정 통일준비에 공감하는 사람들은 56조 원이라는 목표금액보다는 통일항아리가 담아낼 '비경제적' 요소들에 주목한다. 그들은 금액의 과소를 떠나 기부자들이 통일에 대해 새로운 관심과 사명감을 가져줄 것을 기대하며, 궁극적으로 통일항아리가 국민의 통일의지를 결집시키는 단초가 되기를 원한다. 통일외교의 지평을 넓힐 계기가 될 것이라는 기대감도 있다. 즉, 국제사회가 한국 국민의 통일의지를 확인하고 '언젠가는 다가올' 통일에 대해 지지해줄 것을 기대한다. 통일항아리는 결코 '돈'만을 담아내는 그릇이 아

니다. 또한, '빠른 통일'이란 우리가 추구해서는 안 되는 것이
지만, 원하지 않는다고 해서 거부할 수 있다는 보장은 없다.
역사의 물결에 떠밀려 의사와 무관하게 떠맡아야 하는 부담으
로 다가올 수도 있다.

이제 어떤 이유로든 통일재원의 비축은 더 이상 미루어서는
안되는 처지가 되었다. 통일대비는 결코 정쟁(政爭)의 대상이
아니다. "나라의 살림살이가 어려운데 무슨 통일재원 타령이
냐"라고 타박하거나 '돈의 경제학'으로만 통일대비 노력을 폄
하하는 것은 필부필부(匹夫匹婦)나 갑남을녀(甲男乙女)들의 언
행이지 국가를 책임진 지도자들이 보여야 할 덕목은 아니다.

통일과제 3 : 안보혼이 담긴 대북정책

세 번째 통일과제는 대북정책에 '안보혼(安保魂)'을 담아내는
일이며, 당연히 압도적인 정치적·경제적 우위가 전제되어야
한다. 앞에서도 설명했지만, 대북정책의 출발점은 '북한을 바
라보는 두 개의 안경'이다. A안경으로 보는 북한은 더불어 번
영해야 하는 파트너이자 더불어 통일을 이루어야 할 동족이
다. B안경으로 보는 북한은 한국전쟁을 도발했고 이후에도 무
수한 도발을 자행해온 그 북한이다. 그래서 우리의 대북정책
은 기본적으로 '안보'와 '화해협력'이라는 두 개의 수레바퀴로

굴러가는 것이 되어야 하며, 두 수레바퀴 사이에는 적절한 균형과 조화가 존재해야 한다. '적절한 조화'를 위해서는 안보와 화해협력 간의 관계를 정확하게 이해해야 한다. 화해협력이 없는 안보는 있을 수 있어도 안보가 없는 화해협력이란 존재할 수 없다.

화해협력과 안보라는 두 수레바퀴는 시대와 여건에 따라 어느 한쪽이 앞설 수도 있고 뒤쳐질 수도 있지만 북한이 비대칭 위협을 앞세우고 도발을 일삼는 상황에서 안보는 '기본과목'이다. 엄밀히 따져보면, 건전한 남북관계, 남북 화해협력, 통일 등은 모두 확고한 안보 위에 가능한 것이다. 모든 것의 출발점은 내 나라와 내 국민을 확실하게 지켜내는 것에서 출발한다. 이런 자세, 이런 정신이 바로 안보혼이다. 확고한 안보는 첫 단계에서 북한의 군사도발을 불식시켜 나라와 국민을 지키고 건강한 남북관계와 화해협력을 위한 기반을 닦는 것이며, 두 번째 단계에서는 대북 지렛대를 통해 북한을 변화시키는 원동력 중의 하나이다. 세 번째 단계에서는 통일의 기회가 다가왔을 때 북한의 저항을 포기시킴으로써 평화통일을 이끌어내는 견인차 역할을 하며, 네 번째 단계에서는 통일 이후에도 강대국들에게 둘러싸인 채 생존해야 하는 통일 대한민국의 생존수단이다. 안보가 무너지면 평화도 통일도 통일 후 국가생존도 모두 토붕와해(土崩瓦解)되고 말 것이다. 지반이 무너지는데 어찌 그 위에 짓는 집이 온전하겠는가.

북핵이 현존하는 최대의 안보위협이라는 사실도 직시해야

한다. 북핵의 ‘예쁜 얼굴’보다는 ‘미운 얼굴’을 중시하면서 북한의 ‘핵그림자 전략’을 확실히 분쇄해야 한다. 이를 위해서는 3축 체제, 무인 시스템에 의한 북방한계선 방어 등 도발을 엄두내지 못하게 하는 조치들을 강구해야 한다. 열배의 경제력을 가졌던 서독이 동독을 압도하는 안보태세를 구축했다면, 수십 배의 경제력을 가진 대한민국이 그렇게 하지 못할 이유는 없다. 국방개혁을 제대로 수행해나간다면 얼마든지 그렇게 할 수 있다. 평화적 핵주권을 확보하는 것이나 미사일 주권을 회복하는 것은 당연한 수순이다. 안보는 부동여산(不動與山)의 자세, 즉 큰 산이 미동하지 않듯 확고한 자세로 임해야 한다.

부동여산의 안보태세를 구축하는 것은 결코 군만의 과제가 아니다. 국민과 군은 어항과 금붕어의 관계에 있다. 금빛 비늘을 자랑하는 금붕어도 어항에 물이 떨어지면 금방 말라죽고 만다. 국민이 관심을 끊으면 군은 말라죽는다. 우리나라에는 군의 역할이니 국방비니 하는 말만 들어도 본능적으로 알레르기 반응을 보이면서 “전쟁을 하자는 것이냐”라면서 대드는 사람들이 있다. 그들에게는 다섯 시간 동안 뱃멀미에 시달리면서 백령도에 가서 영하 수십 도의 혹한 속에 하룻밤만 보초를 서보라고 권하고 싶다. 비좁은 잠수함 안에서 또는 폭음이 쏟아지는 군함의 기관실에서 하루만 지내보라고 권하고 싶다. 땡볕 더위 속에 탱크 안에서 반나절만 보내보라고 권하고 싶다. 공군 조종사들이 받는 중력 훈련이나 산소호흡 훈련을 한번만 받아보라고 권하고 싶다. 정상적인 사람이라면 미안한 생각이

들지 않을 수 없을 것이다.

　필자는 군부대에 특강을 자주 다니는 사람이기에 군을 둘러볼 기회가 많았는데, 매번 미안하다는 생각을 금할 수 없었다. 한번은 진해에 있는 잠수함 전대에 갔다가 209급 잠수함을 둘러보았다. 방귀조차 제대로 낄 수 없는 비좁은 공간에 놀랐고, 최고 지휘관인 함장에게 주어진 공간이 승용차 내부만한 함장실 뿐이라는 사실을 알고 미안한 생각을 금할 수 없었다. 열악한 복무환경 때문에 잠수함 근무 명령을 받는 부사관들이 심심찮게 전역을 신청한다고 한다. 남의 이야기가 아니다. 공군의 초청으로 전투기를 타기 위해 중력테스트를 받은 적도 있었다. 메스꺼움과 어지러움의 극치였다. 산소호흡 테스트에서 포기하고 말았다. 지금은 하늘을 나는 공군기를 보면 예사롭지가 않다. 답답한 산소마스크를 끼고 어지러움과 싸우면서 조종간을 잡고 있을 조종사가 연상되기 때문이다. 군장병들은 모두 우리의 형제자매들이고 자식들이다. 국민이 그들에게 관심과 격려를 베풀지 않는다면, 부동여산의 안보태세는 없다. '하늘사랑장학재단'이라는 곳이 있다. 꽃다운 나이에 순국한 공군 조종사들의 자녀들을 돌보기 위한 장학재단이다. 각 군에 유사한 재단들이 있을 것이다. 부자들이 앞 다투어 이런 재단에 기부금을 내는 모습을 보고 싶다.

통일과제 4 : 변화혼과 통일혼이 담긴 대북정책

네 번째 통일과제는 대북정책에 변화혼(變化魂)과 통일혼(統一魂)을 담아내는 일이다. 대북정책의 두 축을 '화해협력'과 '안보'라고 할 때, '화해협력'에는 '평화적 분단관리'를 위한 정부 간의 관계개선뿐 아니라 '북한 변화'를 이끌어내기 위한 북한주민과의 화해협력도 포함되어야 한다. 당연히, 북한 정부와 북한 주민 양자를 모두 상대해야 한다. 북한 주민은 우리가 보호해야 할 대상이지만, 북한 정부는 직접 그들을 지배하고 결정권을 행사하는 주권적 주체이다. 싫든 좋든 양쪽 모두를 상대해야 하며, 서독정부가 그랬듯 북한 정부가 반대하는 일들도 해야 한다. 북한 정부에게는 민주화, 인권, 개혁개방을 향한 변화를 권유하면서 점진적인 변화를 선도해야 한다. 북한 정부가 국제적인 절차와 예절을 지키도록 압박해야 하며, 인간의 존엄과 가치를 중시하도록 선도해야 한다.

북핵은 우리의 안보를 위협하는 존재일 뿐 아니라 북한의 변화와 개혁개방 그리고 통일로 가는 길마저 가로막고 있다. 핵무기를 수호신으로 믿는 한 북한 정부는 외부의 개혁개방 압력에 굴복할 필요성을 느끼지 않을 것이며, 남한주도의 통일을 분쇄할 수 있다고 믿을 것이다. 북한이 핵무기를 포기하고 책임있는 국제사회의 일원이 되도록 압박해야 함은 이 때문이다. 요컨대 대북 화해협력 정책은 단순히 북한을 돕는 정책이 아니라 북한을 변화시키기 위한 지렛대로 활용되어야 한다.

물론, 단번에 되지 않는다. '수적천석(水滴穿石)'의 자세로 북한의 체제를 개선하도록 노력해야 한다. 물방울이 하나 둘 떨어져 결국 바위에 구멍을 내듯, 북한의 지배층이 안전을 느낄 수 있는 정도의 시간적·공간적 여유를 허용하면서 점진적 체제개선을 유도해야 한다. 북한은 핵을 필요로 하지 않는 체제로 바뀔 때에만 핵무기를 영구히 포기할 것이다. 북한의 핵포기를 원한다면 북한을 변화시켜야 한다.

이 과정에서 국제공조도 필수적이다. 세계 핵질서와 북핵 문제를 A안경으로만 보는 사람들에겐 '민족공조'가 만능으로 보일지 몰라도, B안경으로 본 핵세계의 현실과 북핵 문제의 본질은 다르다. 체제존속을 위해 핵무기에 목을 매고 있는 북한정권은 사실상 '핵무기의, 핵무기에 의한, 핵무기를 위한 정권'이 된지 오래다. 한국의 설득으로 핵무기를 포기할 수 있는 선을 넘어선지 오래다. 또한, 본질적으로 북핵 문제는 한반도 문제이기도 하지만 세계 핵질서에 큰 파장을 미치는 세계의 문제이기도 하다. 이런 상황에서 북핵 해결을 위해 우리보다는 더 강한 대북 지렛대를 가진 미국이나 국제사회와 공조하는 것은 불가피하며, 중국을 국제공조의 대열에 합류시키는 것이 절실하다. 국제공조를 통해 이제부터는 '당근과 채찍'이 아닌 '빵과 망치'를 내보여야 한다. 핵무기를 포기하기만 하면 과거에 제시한 반대급부보다는 훨씬 더 큰 대가를 제공한다는 점과 반대로 핵을 고수할 경우 훨씬 더 강력한 국제제재에 직면하게 된다는 사실을 증명해주어야 한다.

협력적위협감소(CTR: Cooperative Threat Reduction) 프로그램이라는 것이 있다. 이것은 미국이 넌-루가(Nunn-Lugar) 법을 통해 실시한 신생국의 핵포기 프로그램이었다. 미국은 넌-루가법을 통해 1991년부터 40억 달러를 투여하여 구소련으로 부터 독립한 신생국들로부터 7,000기의 탄도미사일, 500개의 탄도미사일 발사대, 400기의 잠수함 발사 핵미사일, 25척의 전략잠수함, 200여 곳의 핵실험 터널 등을 해체 또는 폐기하는데 성공했다. 소련으로부터 분리 독립하면서 졸지에 2,000 기의 핵무기를 가진 제3위 핵보유국이 되었던 우크라이나도 순순히 핵을 포기했다. 필자는 이를 '우크라이나 모델'로 명명했다. 한국은 이 방식으로 북핵 문제를 풀기 위해 국제사회와 공조해나가야 한다. 북한의 핵무기 산업은 반세기가 넘는 역사와 방대한 인프라 그리고 많은 고용인을 거느리는 거대산업이다. 이들 인력을 위한 직업 재배치와 이주 계획까지 포함된 한반도판 위협감소프로그램(KCTR)을 준비해야 한다.

대북정책에 통일혼(統一魂)도 담아내야 한다. 통일혼이란 서독의 콜 수상이 그랬듯 있는 듯 없는 듯 담아내는 것이 좋다. 어떤 것이 통일혼을 담아내는 화해협력 정책인가? 이런 질문에 답하기 위해서는 평화적 분단관리를 위한 화해협력과 북한의 변화를 끌어내기 위한 화해협력 정책이 같지 않다는 사실을 상기해야 한다. 통일로 가는 길이 북한 변화의 연장선상에 있기 때문에, '변화혼'을 담아내는 대북정책이 곧 통일혼을 담아내는 정책이라는 점을 유념해야 한다. 북한 달래기를 통해 분단을 평화적으로 관리해나가는 것은 언제나 필요하지만, 통일혼이 담긴 정책은 아니다.

통일혼을 담아내는 대북정책을 펼치기 위해서는 서독의 콜 총리와 그를 둘러싼 지도자들이 동방정책에서 '3불' 원칙을 고수했던 이유를 직시해야 한다. 집권정당이 바뀌고 연립내각이 들어서는 등 집권세력의 변화에도 불구하고 3불 원칙을 고수함에 있어서는 이심전심의 단결력을 발휘했던 게르만으로부터 교훈을 얻어야 한다. 독일 사람들에게 동독을 변화시키고 통일을 이룩한 서독의 동방정책에 대해 가장 기본적인 것 한 가지만 훈수해달라고 하면 어떻게 답할까? 정부가 바뀔 때마다 대북정책을 놓고 "퍼주기냐 수구골통이냐"를 놓고 논쟁을 벌이는 한국을 보고 독일 사람들은 뭐라고 훈수를 할까? 아마도 "바보야, 문제는 투명성이야"라고 말할 것 같다.

김영삼 정부시절 시작된 대북지원은 기복을 거치면서도 꾸준히 지속되었다. 김대중-노무현 정부동안 햇볕정책이 표방되면서 대북지원은 크게 늘어났고, 이명박 정부에서는 천안함 침몰과 연평도 포격을 겪으면서 크게 축소되었다. 어쨌든 그동안 적지 않은 양의 달러, 식량, 비료, 의료품 등이 북한에 건네지면서 많은 논란이 일어났는데, 이 논란의 한 복판에 존재하는 질문이 "대북지원이 북한의 변화를 가져오는가"와 "대북지원이 평화통일에 기여하는가"이다. 이 질문에 대한 답변의 핵심은 투명성이다.

분배의 투명성이 없는 대북지원, 다시 말해 수혜자 개개인에게 전달되는 과정을 확인할 수 없는 상태에서 북한 정부가 원하는 대로 북한 정부에게 지원을 제공한다고 가정해보자. 정부 간 관계를 개선하고 군사도발을 불식시킬 수 있기 때문에 평화적 분단관리에 기여하다고 한다면 틀린 말이 아니다. 하지만 단기적인 효과일 뿐이다. 멀리 보면, 우리의 안보능력이 압도적이지 않고 안보태세가 확고하지 않은 상황에서 투명성이 없는 대북지원만을 통해 분단을 관리한다면 북한은 '뇌물'로 간주할 것이며, 이런 평화적 분단관리는 항구적이지도 않고 안정적이지도 않다.

투명성이 없는 대북지원은 북한의 변화에 기여하지 못한다. 지금까지 진보인사들은 대북지원을 꾸준히 지속해야 민족적 동질성도 유지하고 북한의 변화도 가능하다고 주장해왔다. 이에 대해, 보수인사들은 "달러 지원이나 식량 지원은 핵무기를 만들거나 인민군대의 군량미로 들어가기 때문에 안보위협이라는 부메랑이 되어 돌아온다"고 반박해왔다. 즉, 대북지원이 북한정권을 존속시키고 군사력을 키워주므로 오히려 북한정권을 강건하게 만든다는 논리다. 하지만 투명성을 빼버리면 부질없는 말싸움이 된다. 투명성이 있는 대북지원은 최종 수혜자가 북한의 일반주민이든 군인이든 공여자를 생각하게 되고 바깥세상에 대한 상념을 가지게 된다. 이 상념들이 쌓여서 언젠가는 "우리 북한이가 달라졌어요"라는 말을 듣게 할 것이다. 반대로, 투명성이 없는 지원은 북한정권의 권위를 고양시키고 대주민 통제력을 강화시킨다. 투명성이 있는 지원이라면 진보의 주장이 맞고, 투명성이 없는 지원이라면 보수의 주장이 맞다는 뜻이다. 보수와 진보는 대북지원을 해야 할 것인가 말아야 할 것인가를 놓고 다투지 말고, '투명성 제고'라는 공동의 목표를 위해 협력해야 한다.

비슷한 맥락에서, 북핵 문제가 막 부상하기 시작했던 1990년대 초반에 유행했던 연계론-비연계론 논쟁을 회상해보자. 연계론이란 북핵 문제와 대북지원을 연계하자는 것으로 북한이 핵무기 개발을 지속하는 한 어떤 대북지원도 해서는 안 된다는 보수의 주장이었다. 비연계론이란 북핵 문제와 대북지원을 별개로 구분하자는 진보의 주장이었다. 보수인사들은 북한이 핵무기를 만들어 우리를 위협하는 중에 지원을 해주면 핵위협이 더욱 커지게 된다는 논리를, 그리고 진보인사들은 그럴수록 대북지원을 통해 북한을 설득해야 북핵 문제도 풀 수 있다는 논리를 폈다. 하지만 그때에도 필자는 투명성 문제를 뺀 연계-비연계 논쟁은 무의미한 것으로 결론지었다. 투명성이 보장된다면 비연계가 옳고, 투명성이 보장되지 않는다면 연계가 옳다. 투명성이 수반되는 대북지원은 핵문제와 관계없이 제공해야 한다.

투명성이 중요하다고 해서 투명성이 보장되지 않으면 지원도 교류도 중단해야 하는가? 그렇지 않다. 단번에 100% 투명성을 요구하면 북한은 모든 것을 거부할 수 있다. 대북지원에 관한 한 'all or nothing(전부 아니면 전무)'이라는 방식은 금물이다. 지원이나 교류는 하나의 품목만을 대상으로 하나의

채널만을 통해 이루어지는 것이 아니다. 정부, 민간단체, 종교
단체 등 다양한 채널이 존재할 수 있으며, 요구되는 투명성의
수준도 같지 않다. 그래서 우리에게 필요한 것이 유연성이다.

요컨대, 화해협력 정책의 기저에는 '의문대자(倚門待子)'의
정신이 자리 잡고 있어야 한다. 자식이 일탈하여 온갖 못된 일
을 하고 다녀도 부모는 싸리문에 기대어 그 자식이 돌아오기를
기다리는 법이다. 북한이 개혁개방을 위한 올바른 수순으로
돌입한다면 지금까지 일어난 모든 일을 덮어두고 반갑게 맞아
들여야 하며, 김대중-노무현 정부시절보다 더 파격적인 대북
지원과 경제협력으로 화답해야 한다.

통일과제 5 : 연미통중의 통일외교와 미들파워 외교

통일로 가는 길을 열기 위한 다섯 번째 과제는 연미통중(聯美通中)
또는 연미협중(聯美協中)의 통일외교이다. 즉, 미국과 중국이
한반도 통일에 협력자 또는 지지자가 되도록 양 대국을 관리하
는 통일외교를 펼쳐야 한다는 뜻이다. 주변국과 국제사회의 지
지도 필수과목이다. 서독이 주변국들과의 역내통합(域內統合)
노력을 통해 함께 공생할 수 있는 나라라는 이미지를 굳혀나갔
듯, 우리도 입으로만 통일을 지지해달라고 외칠 것이 아니라
주변국들과의 공생관계를 굳혀나가야 한다. 또한, 독일통일에

서 미국의 역할이 중요했듯 한반도 통일을 위해서도 미국의 중재역할이 결정적으로 중요하며, 소련이 독일통일이 반대세력이 되지 않았듯 중국이 한반도 통일의 반대세력이 되지 않아야 한다. 일본, 러시아 등의 지지도 중요하며, 유엔 등 국제사회가 승인하는 것도 당연히 필요하다.

핵심은 중국과 미국이다. 중국이 무서운 속도로 성장하고 있는 신흥 강대국이라고는 하지만, 궁극적으로는 중국이 한반도 통일을 훼방할 정당성은 없다. 같은 말을 사용하고 같은 문화를 공유하는 한민족이 한 나라가 되겠다는데 중국 사람들이 무슨 자격으로 끼어들 수 있는가. 통일된 한반도는 중국의 경제발전에도 소중한 견인차가 될 터인데, 바보가 아니라면 이런 이치를 모르지 않을 것이다. 하지만 우리는 중국의 장래를 모른다. 장차 중국을 통치할 지배세력이 중화패권을 추구하는 국수주의자들일지 평화애호적 국제주의자들일지 아무도 모르는 일이다. 어떤 지도세력이 어떤 철학과 이념을 가지고 덩치와 영향력을 키우고 있는 중국을 다스릴 것인지 예단할 수 없다. 중국이 적극적 훼방자로 등장한다면 통일은 힘들어진다. 그럼에도 중국을 견제해줄 힘과 가능성을 가진 나라는 미국뿐이다. 그래서 연미통중(聯美通中)은 우리의 국가생존 전략일 뿐 아니라 최대의 통일외교 전략이다. 한국은 미래생존을 위해 미국과의 동맹도 유지해야 하고 중국과의 비적대적 우호관계와 협력관계도 발전시켜나가야 한다. 이것이 통일외교의 출발점인 것이다. 일본과 러시아를 향해서도 그래야 한다.

대중관계의 중요성은 아무리 강조해도 충분하지 않지만, 그렇다고 해서 중국만 쳐다보면서 살아야 하는 시대가 도래한 것은 아니다. 제2차 세계대전 종전과 함께 시작된 팍스 아메리카나(Fax Americana)가 예상보다 빨리 저물고 있다는 흔적은 도처에서 발견되지만, 미국은 여전히 세계 최강의 하드파워를 자랑하며 군사력과 정보력에 있어 향후 50년간 도전국이 등장하기 어렵다는 것이 전문가들의 중론이다. 2010년 천안함 폭침 직후 미국 항공모함 조지워싱턴호가 한국해군과 연합훈련을 벌인 사실에서 보듯 한반도 유사상태가 발생할 때 당장 도움의 손길을 내밀 수 있는 나라는 미국뿐이다. 한반도 통일을 위해서도 미국의 역할은 여전히 결정적이다.

이런 시대에 연미통중의 통일외교는 우리의 숙명이다. 연미통중은 말로만 되는 것이 아니다. 한국의 위상이 '고래싸움에 등터지는 새우'에 머물러 있다면, 큰 나라 눈치만 보다가 망한 19세기 조선의 꼴을 면하지 못할 것이다. 연미통중의 통일외교는 대국들이 자기편으로 끌어안기를 원하는 '돌고래급'의 덩치를 가져야만 가능하다.

하지만 미중 대결, 중일 경쟁, 북·중·러 북방 삼각구도의 부상 등으로 동북아에서 신냉전질서가 가시화되고 있는 현 시점에서 주변 4강이 한반도 통일에 대해 한 목소리를 내기는 매우 어렵다. 이럴 때 필요한 것이 미들파워 외교다. 캐나다, 호주, 인도, 인도네시아 등 국제무대에서 발언권을 가진 중강국(中強國)들을 통일 지지자로 만들어 나가는 외교가 필요하다는 말이다. 이런 맥락에서 2012년 6월 27일 통일연구원은 사상 최초로 「한·호 통일대화」란 학술회의를 개최하여 한반도 통일이 국제사회에서 가져다줄 긍정적 효과들을 설파했다. 이날 회의에 참석한 호주 측 대표들은 "자유민주주의와 시장경제에 입각한 한반도 통일을 지지한다"면서 "한국이 통일을 위해 외부의 도움을 원할 때 호주는 항상 거기에 있을 것"이라고 화답했다. "통일한국은 호주의 번영을 위해 더 많은 기회를 제공할 것이며, 한국과 호주는 미들파워 외교를 위한 진정한 동반자"라고 강조하기도 했다. 정말 고마운 말이었다.

통일과제 6 : 급변사태 대비

우리가 '점진적 상호동화의 의한 합의통일'을 추구한다고 해서, '급변사태 대비'란 말은 입에 담지도 않아야 하는가? 그렇지 않다. 물론, 북한은 급변사태 얘기만 나와도 신경질적인 반응을 보이며, 한국 내에도 "북한을 자극하면서까지 급변사태를 대비해서는 안 된다"라는 목소리가 많다. 과연 그런가. 필자가 보기에 이런 논쟁은 연작처당(燕雀處堂)의 우를 범하게 만들 수 있다. 지붕이 불타고 있는데 처마 밑에서 재잘거리는 제비나 참새처럼 되어버릴 수 있다는 뜻이다.

　필자는 정부가 실제로 북한 급변사태 대비계획을 마련하고 있는지를 확인해본 적이 없다. 그럼에도 급변 대비계획이라는 것이 어떤 성격을 가지는 것인지는 분명히 해둘 필요가 있다. 급변사태란 우리가 원하는 일도 아니고 정부가 북한의 급변이나 붕괴를 부추기는 정책을 펴는 것도 당치 않다. 급변사태 대비란 우리의 의사와 무관하게 주변에 큰 변화가 일어날 경우 차질 없이 대처하기 위한 것으로 이는 우리의 주권에 관한 문제이다.

혹자들은 북한 급변사태 대비계획이 곧 흡수통일 계획인양 알고 있지만, 이런 김칫국 마시기는 곤란하다. UN 헌장 제2조는 타국에 대한 부당한 군사개입을 불법으로 규정하고 있으며, 예외적으로 개입의 합법성을 인정하는 경우를 자위 또는 예방적 자위를 위한 개입(헌장 51조), 인도주의적 개입(헌장 42조), 당사국(피개입국)의 요청에 의한 개입 등 세 가지로 국한하고 있다. 자위를 위한 개입은 명백한 안보위협이 있거나 예상되어야 가능하며, 인도주의적 개입은 대량살상, 극심한 기아 등 심각한 인권사태가 발생해야 가능하다. 당사국의 요청에 의한 개입이란 당사국 정부가 요청하거나 동맹조약 등에 의거한 개입을 말한다. 즉, 북한에 무슨 사태가 일어났다고 해서 함부로 개입할 수 있는 것이 아니다.

북한에서 일어날 수 있는 급변사태는 단순한 재해로 인한 혼란사태, 주민 소요, 쿠데타, 정치변혁 등에서부터 정권붕괴, 체제붕괴, 국가붕괴 등에 이르기까지 다양한 시나리오를 들 수 있다. 이론적으로 그렇다는 뜻이다. 1994년 김일성 주석이 사망했을 때 많은 사람들은 큰일이라도 날 것으로 예상했지

만, 북한은 김정일 권력승계를 안정적으로 진행했다. 북한이
자체적으로 감당할 수 있는 사태라면 한국을 포함한 주변국들
은 개입을 위한 명분이나 권리를 가질 수 없다. 대부분의 경
우, 신속하게 북한의 안정회복을 도와야 하는 시나리오들이
다. 대량살상, 대량 난민, 재해로 인한 대량 인명피해 등 국제
법에 따라 개입명분이 있는 사태가 발생하는 경우에도, 한국
을 포함한 주변국들은 신속하게 인권사태를 막고 추가적인 피
해가 발생하지 않도록 합심하여 도와야 한다. 대비계획이란
이런 것이다.

물론, 최악의 사태가 발생하여 북한의 정부와 군이 기능을
상실하고 북한주민의 절대다수가 통일을 요구하는 사태로 간
다면, 한국은 법적 정당성을 따져서 통일 수순을 밟아야 할지
도 모른다. 하지만 이것은 수십 수백 가지 시나리오 중의 하나
일 뿐이다. 그럼에도 필자가 급변사태 대비를 여섯 번째의 통
일과제로 설정하는 이유는 한국은 어차피 모든 가능성에 대비
해야 하기 때문이다. 이런 것을 두고 '북한을 붕괴시키기 위한
음모'라는 식으로 시비하는 것은 당치 않다. 고령의 노부모를
모시고 사는 자녀가 장례보험에 드는 것은 부모님이 빨리 돌아
가시기를 원해서가 아니라, 예기치 않은 시점에 큰일을 당했
을 때 차질 없이 처리하기 위함이다. 발암물질이 많은 작업장
에서 일하는 남편을 둔 아내가 남편을 위해 암보험을 드는 것
은 남편이 빨리 죽기를 원해서가 아니다. 화재에 취약한 동네
에 사는 사람들이 화재에 대비하여 비상금을 적립하는 것을 두

고 화재발생을 원한다고 할 수는 없다.

공군에는 제6탐색구조비행전대(SART: Special Air Force Rescue Team)이라는 부대가 있다. '있어서는 안 될, 그러나 철저히 대비하지 않으면 안 되는 조종사 구출작전'을 위해 존재하는 부대이다. 이들 구조원들은 조종사가 비상탈출한 곳이라면 산이든 바다든 적진 한 가운데든 어디라도 간다. 때문에 구조사들은 사격, 고공강하, 산악등반, 스쿠버, 응급의료 등 모든 필요한 능력을 갖추기 위해 피나는 훈련을 받는다. 북한 급변사태에 대비하는 일도 같다. '원하지 않지만 그러나 일어날 수 있는 모든 가능성'에 대비해야 한다.

통일과제 7 : 통일지도자 만들기

마지막 과제는 서독의 브란트, 콜, 겐셔와 같은 통일지도자를 만들어내는 일이며, 김정은 정권 이후 이 일은 더욱 시급한 과제가 되었다. 조선왕조의 역사를 보더라도 치세(治世)를 열었던 임금들은 예외 없이 왕재교육을 철저히 받고 열성조(列聖祖)들이 남긴 교훈을 거울삼으면서 지도자가 필요로 하는 덕성(德性)과 중요분야에서의 경륜과 철학을 닦았던 인물들이다.

대통령은 하늘이 내리는 직분이다. 국회의원은 한 분야에서 갈고 닦은 실력이 있다면 누구나 해도 되지만 대통령은 그렇지 않다. 대통령은 국민의 최대 관심사인 경제와 복지에 통달해야 하며, 문화, 예술, 사회, 언론 등에서도 식견과 비전으로 무장하고 있어야 한다. 인사가 만사라는 진리를 정확하게 실천할 사람이어야 한다. 대통령에 당선되어 새 정부를 꾸린다는 것은 선거에 공을 세운 동지들이나 개인적으로 친한 사람들에게 고위직을 나누어 주어 한 세상을 풍미하는 것이 아니다. 대통령이 된다는 것은 적임자들과 함께 일정기간 동안 국가발전을 위해 희생하는 일이다. 대통령은 스스로 모든 분야에서 최고 전문가가 될 수는 없어도, 각 분야의 최고 전문가들을 알아보고 그들에게 봉사할 기회를 부여해야 한다. 대통령이 되기 위한 출전(出戰)은 출세를 추구하는 필부들이 나서는 자리가 아니며, 인기는 있되 정책능력은 없는 사람들이 출연(出演)하는 놀이마당도 아니다. 한 분야에서 전문성을 가졌다고 되는 것도 아니다. 아인슈타인은 이스라엘 건국 후 대통령이 되어달라는 요청을 받았지만, "나는 대통령직보다는 물리학을 더 잘한다"라는 말로 정중하게 사양했다.

작금의 세계정세와 북한 사태는 한국의 대통령에게 적어도 북한, 안보, 외교, 통일 등 외치(外治) 분야에서는 최고의 전문가가 될 것을 요구하고 있다. 이 시기의 대통령은 G-2 시대의 개막을 내다보고 동북아와 한반도에 몰아닥칠 파장을 내다봐야 하며, 외부위협으로부터 국가와 국민을 지키는데 있어 명실공히 최고수이어야 한다. 대내적으로는 부의 공정한 분배를 실천하면서도 대외적으로는 끊임없이 국경선 너머를 쳐다보면서 대한민국을 '돌고래'급으로 성장시킬 뚝심을 가진 사람이어야 한다. 한국은 경제기적을 통해 세계 15위의 GDP 대국에 세계 8위의 무역대국이 되었지만 여전히 최강국들에게 둘러싸여 있다. 지금은 성장을 멈추어서는 안 되는 시기다.

숨 가쁘게 돌아가는 북한사태를 감안한다면, 이 시기의 대통령은 최고의 통일전문가라야 한다. 대통령은 남북한 관계개선에 힘쓰면서도 안보위기, 북한의 급변, 통일 등의 가능성을 내다보고 대비할 수 있어야 한다. 가슴 속은 뜨거운 통일열기가 가득차 있어야 한다. 겉으로는 콜 총리가 그랬듯 포커페이스를 하고 있어도 속으로는 옹골진 통일 웅지(雄志)를 품은 민사신언(敏事愼言: 일은 민첩하게 처리하고 말은 삼간다)의 지도자이어야 한다. 겐셔와 같은 통일 일꾼들도 거느려야 한다.

좋은 지도자들을 찾아 국정을 맡게 하는 궁극적 책임은 결국 유권자 국민에게 있다. 시경(詩經)에 보면, '승부마이천리행(繩附馬而千里行)'이란 말이 있다. '파리가 천리마의 엉덩이에 붙어서 천리를 간다'라는 뜻이다. 함양도 부족하고 국가를 위해 헌신한 것도 많지 않지만 총선같은 것이 다가오면 갑자기 기류를 타고 나타나 거물인 양 행동하는 얌체족들을 두고 하는 말이다. 국운이 상승하는 나라의 현명한 국민은 이런 얌체족들을 골라내는 능력을 발휘하는 법이다.

'포세이돈 어드벤처'는 침몰하는 배속에서 출구를 찾아 헤매는 승객들의 처절한 모습을 담아낸 영화다. 목소리가 큰 사람을 따라간 승객들은 죽음을 맞이했고 차분한 목사님을 따라

간 사람들은 생명을 얻었다. 인기는 있되 능력이 검정되지 않은 지도자를 따라 나서다가는 낭패를 당할 것이다. 영화 속의 목사님처럼 차분하게 민족을 통일로 이끌 지도자들을 찾아내야 한다. 찾아서 없으면 만들어내야 한다.

'김정은의 북한'을 바라보는 우리의 자세

2011년 12월 17일 북한의 김정일 국방위원장이 사망했다. 북한은 그가 현지지도를 하던 중 열차에서 과로로 인한 심근경색으로 급사했다고 발표했다. 사람이라면 누구에게나 생물학적 수명이라는 것이 있지만, 김정일의 죽음은 결코 여느 필부의 그것과 같지 않다. 김 위원장은 휴전선 북쪽의 한반도를 지배해온 지도자이자 수십 년간 무력도발과 벼랑끝 전술을 통해 우리를 웃기고 울렸던 사람이었다. 국제적으로는 핵무기 개발과 마약 밀매로 국제질서를 뒤흔든 '불량국가(rogue state)'의 수장이었다. 북한 내에서도 그렇다. 그는 37년간의 철권통치를 통해 수백만 자국민을 굶기면서 '김일성 조선'이라는 봉건 교주국가 체제를 다진 독재자였지만, 그가 영도하는 체제에서 특권과 특혜를 누려온 계층에게는 '하늘이 내려주신 불세출의 영도자이자 전 인민의 자애로운 수령님이고 불세출의 사상가이시자 조선을 그 어떤 원쑤도 넘보지 못하는 핵보유 강국으로 전변시킨 천출명장'이었다.

그의 갑작스러운 죽음 이후 북한은 혼란스러운 모습을 보여주고 있다. 김정은의 등장 직후 북한은 탈북자 단속, '광명성 3호' 발사, 핵보유 의지 천명, 대남비방 강화 등을 통해 일단 김정일 유훈을 앞세우고 개혁개방을 거부하는 자세를 취했다. 그리고는 무서운 속도로 새판짜기를 진행시켰다. 2012년 4월 잇달아 열린 노동당 대표자회의와 최고인민회의는 김정은 후계자를 제1당비서 및 제1국방위원장으로 추대했다. 이로서 김정은은 2011년 말 인민군최고사령관에 추대된 것에 더하여 당과 국방위원회의 일인자가 되었고, 북한은 '김정은의 나라'가 되었다. 핵심요직에 대한 세대교체도 빠르게 진행되었다. 최룡해(인민군 총정치국장, 정치국 상무위원, 중앙군사위 부위원장), 김원홍(안전부위부장), 리명수(인민보안부장) 등이 급부상하고, 우동측, 김영춘 등이 실각하거나 후퇴했다. 7월에는 권력승계의 공로자이자 북한군 최고실세인 리영호 총참모장을 전격 해임하고 김정은에게 '원수'칭호를 수여했다.

이런 그림을 보면서 국내에는 김정은 정권이 신속하게 권력을 장악해나가는 것으로 그리고 무탈하게 안착할 것으로 보는 전문가들이 많다. 김정은의 북한이 '인민생활 향상'을 내걸고 본격적인 개혁개방에 나설 것으로 보는 시각도 있다. 하지만 필자는 이들의 판단에 선뜻 동의할 수 없다. 필자 역시 김정은 후계자가 '백두 혈통'을 계승한 인물이라는 점, 김정일 위원장이 생전에 후계구도에 걸림돌이 될 만한 인물들을 상당수 제거했다는 점, 김정은, 김경희, 장성택 등으로 대표되는 로열패밀리가 기득권을 주장하는 군부 강경파들을 제압하는데 일단 성공하고 있다는 점, 최대 후견국인 중국이 김정은 체제를 지지하고 있다는 점, 북한에는 제계적인 저항을 가능하게 하는 인프라가 없다는 점 등을 중시하며, 이것들이 김정은 체제의 안착을 돕는 '안정 변수'라는 사실을 인정한다.

하지만 중장기적으로 본다면 얘기는 달라질 수 있다. 현재 북한의 신지도부는 경륜이 일천한 김정은 후계자를 중심으로 하는 '김경희-장성택 섭정체제'를 구축한 상태다. 이들이 예상대로 '체제유지와 안정(continuity and stability)'을 최우선 과제로 삼고 김정은 체제의 제도화와 정당화를 위해 안간힘을 쓰고 있다. 하지만 김일성 주석 사후 김정일이 권력을 물려받았을 때와는 달리, 김정은 후계자는 권력을 안착시키는데 필요한 3대 요인인 권력기반(power base), 정책능력(policy capability), 카리스마(personality) 등을 제대로 갖추지 못했다. 그가 할아버지 김일성의 모습을 연상시키는 몸짓과 행동을 연출하고 있지만, 그의 카리스마는 할아버지의 1/100 그리고 아버지의 1/10에 지나지 않는다. 김정은 세력이라는 '새술'이 김정일 체제라는 '헌술'에 잘 담겨질까? 북한의 경제난과 식량난은 여전하며, 사회주의 체제의 상징이던 계획경제와 배급제도가 무너진 지는 오래다. 평양이외 지역의 배급제도는 이미 존재하지 않아 많은 농민들이 식량을 찾아 떠돌고 있다. 권력 엘리트들이 암시장을 통해 이권을 챙길 만큼 북한의 계획경제는 붕괴된 상태다. 이런 상황에서 김정은 정부가 시도하는 '인민경제 향상'이 얼마나 효과를 발휘할지는 의문이다.

그렇다면 적어도 이론적으로는 김정은 후계자가 무탈하게 권력기반을 굳힐 가능성, 현재의 섭정체제가 연장될 가능성, 순조롭게 개혁개방이 진행될 가능성, 권력 엘리트간 권력투쟁이 전개될 가능성, 군부 내 반목과 충돌이 발생할 가능성, 현상유지 세력과 개혁세력 간에 힘겨루기가 벌어질 가능성 등 다양한 가능성이 혼재한다고 봐야 할 것이다. 우리로서는 모든 가능성에 대비할 수밖에 없다. '김정은의 북한'을 바라보는 우리 국민의 자세 또한 그리해야 한다고 생각한다.

이럴 때일수록 우리 국민은 '평화적 분단관리'와 '북한의 변화'라는 두 마리의 토끼를 재확인해야 한다. 당장은 개혁개방 시도 가능성에 대비하여 북한을 도울 자세를 갖추는 것이 필요하지만, 궁극적으로는 북한의 신지도부와의 관계를 개선하여 평화적으로 분단을 관리하는 것과 북한의 변화를 선도하는 노력을 지속해야 한다. 경직된 남북관계 개선을 위해 금강산 관광사업 재개를 전향적으로 고민하고 유연성 발휘를 통해 대화의 창을 더 넓게 열어야 할 때이기도 하지만, 지금이야말로 수백만 주민을 굶주리게 만들면서 대남도발과 핵실험으로 긴장을 조성해 온 북한이 변해야 하는 시기이다. 갑작스럽게 닥칠 수 있는 사태에 대해서도 만전을 기해야 한다. 물기를 머금은 산은 겉으로 멀쩡해 보여도 일순간 무너져 내릴 수 있다. 이런 시기에 '김정은 체제의 안착'만을 전제하고 '남북관계 개선'을 위한 '우리의 변화'만을 강조한다면, 이는 북한의 변화와 통일에 대한 희망을 외면하는 것이다. 독재와 인권말살에 신음해 온 북한 주민의 아픔을 외면하는 것이며, 피붙이들을 남겨두고 사선을 넘어온 탈북민과 실향민에게 아무런 희망도 주지 못하는 것이다.

탈북민을 위해 촛불을 들자

중국에는 수십만 명의 불법 체류자들이 있지만 중국정부는 유독 탈북자들만 골라서 북한당국에 넘기고 있다. 탈북자들이 북한으로 송환되면 고문을 당하거나 처형을 당한다는 사실을 알면서도 중국은 "단순한 불법 월경(越境)자 일뿐"이라는 주장을 앵무새처럼 반복하면서, 어제도 오늘도 불쌍한 탈북자들을 사지(死地)로 내몰고 있다.

이 같은 행위는 중국도 가입하고 있는 난민지위협약, 고문방지협약, 여성차별금지협약, 인종차별금지협약 등을 무더기로 위반하는 일이다. 난민지위협약 제33조는 "난민을 생명이나 자유가 위협받을 우려가 있는 영역의 국경으로 추방하거나 송환해서는 안 된다"라고 명백하게 규정하고 있으며, 여기서 '난민'이라고 하는 것이 공식적 절차에 의해 난민의 지위가 인정받지 않았더라도 '난민일 가능성이 있는 자'를 포함한다는 사실을 중국도 잘 알고 있다. 고문방지협약도 제3조에서 "고문받을 위험이 있는 나라로 개인을 추방·송환 또는 인도해서는 안 된다"라고 규정하고 있다. 그럼에도 중국은 유엔난민기구(UNHCR)의 탈북자 접근을 막는 등 그들이 난민지위를 인정받을 수 있는 절차 자체를 차단하면서 탈북자들을 색출·송환하고 있다. 세계 제2위의 경제대국이자 아시아의 지도국을 자처하는 중국에 의해 저질러지고 있는 이 반인륜적 행위에 대해 한국 정부는 '조용한 외교'라는 미명 하에 소극적 자세를 취해왔다.

2012년 2월 22일의 일이다. 한 여성 정치인이 서울에 있는 중국 대사관의 맞은편 길바닥에 천막을 쳤다. 중국의 탈북자 강제송환에 항의하는 단식투쟁에 돌입한 것이다. 이후 중국 대사관 일대는 시위장소가 되었다. 인권단체, 종교인 등 각양각색의 항의자들이 "탈북자 북송중지"를 외치는 장소가 되었다. 유명 연예인들도 시위에 동참했고 탈북민 출신 이애란 박사와 탈북민 가수 김충성 같은 사람들은 아예 단식에 동참했다. 단식투쟁을 벌이는 장소는 모 교회의 정문이었다. 시위자들이 교회의 주차장과 화장실을 점령했지만, 교회는 묵묵히 참으면서 무언의 지지를 보냈다. 사회단체들의 호소도 이어졌다. 국제사회도 관심을 보이기 시작했다. 3월 5일 미국 의회에서는 청문회가 열렸고, 탈북자 출신 모녀가 나와 눈물 없이는 들을 수 없는 생생한 경험담을 들려주었다. 유엔인권위원회도 움직이기 시작했다. 요구는 한 가지였다. 탈북자들을 죽음의 땅으로 내몰지 말라는 것이었다.

그러나 보여야 할 사람들이 보이지 않았고, 들려야 할 함성이 들리지 않았다. 우리는 월드컵 축구대회가 벌어지던 2002년 광화문 네거리를 메운 수백만 '붉은 악마들'이 외쳤던 거대한 함성을 잊지 못한다. 당시 국민은 이 영파워를 보고 들으면서 대한민국의 밝은 앞날을 점쳤다. 우리는 미군 장갑차에 깔려 죽은 어린 두 여중생을 추모하던 수많은 촛불들을 잊지 않으며, 미국산 쇠고기 수입에 반대하여 길거리를 메웠던 촛불들도 생생히 기억한다. 그러나 북한의 천안함-연평도 도발로 장병들이 무참히 죽어갔을 때 우리 젊은이들은 촛불을 들지 않았다. 중국 선박의 불법어로를 단속하던 우리 해양경찰이 중국 선원이 휘두른 쇠파이프에 맞아 죽었을 때에도 촛불은 없었다. 탈북자 북송이 세계적 이슈가 되어도 거대한 촛불시위는 없고, 거대한 함성도 들리지 않는다. '정의'를 구현한다면서 거리로 뛰쳐나왔던 성직자들의 모습도 보이지 않았고, 도룡뇽을 살려야 한다면서 고속철도 건설을 가로막고 드러누웠던 여승의 모습도 보이지 않는다. 우리의 사라진 촛불들, 다 어디로 갔는가? 탈북자의 목숨이 도룡뇽보다 못한가?

중국의 탈북자 북송은 여러 얼굴을 가진 문제이다. 한중 간의 외교문제이기도 하지만, 국제규범을 어기는 일이므로 많은 나라들이 관심을 갖는 다자적 문제이기도 하다. 북한의 인권 부재를 문제삼는 측면이 있다는 점에서는 남북간 문제이지만, 북한인권을 거론하지 않는 것이 진보세력의 입장이어서 국내적으로는 보혁간 문제이기도 하다. 그럼에도 이 모든 성격보다 우선하는 것이 인류보편적 가치에 관한 문제라는 측면이다. 그래서 이 문제에 대해서는 우리가 당당함을 가지고 중국에게 요구해야 한다. '조용한 외교'가 능사는 아니라는 뜻이다. 중국 대사관 앞의 시위가 중국의 탈북자 정책을 근본적으로 바꿀 것으로 기대하기에는 한계가 있지만, 탈북자 북송은 진실로 반인륜적인 일이며 '주권'보다 우선한다는 '인권'의 문제다. 한국의 젊은이들이라면 탈북자들을 사지(死地)로 내몰지 말라는 큰 목소리를 발해야 한다. 세계를 향해 인권의 촛불을 들어야 한다.

북한은 국제사회로부터 '인권 후진국'으로 낙인찍힌 나라다. 1973년 미국 의 프리덤하우스(Freedom House)가 북한의 인권 문제를 제기한 이래 북한의 인권상태에 대한 국제사회의 우려는 커지고 있다. 「국제사면위원회」(Amnesty International)는 1989년 이래 매년 북한인권보고서를 발행하고 있고, 「유엔 인권위원회」도 2005년부터 '북한인권규탄 결의안'을 채택하며, 유럽의회(EU)도 2006년에 이어 2010년에 '북한인권 결의안'을 채택했다. 미국은 2004년에 그리고 일본은 2006년에 '북한

인권법'을 제정했다. 그럼에도, 당사국인 한국은 국제사회의 이런 움직임에 동참하지 못하고 있다. 오늘날 한국의 일부 인사들은 "북한에는 먹고사는 문제는 있어도 인권문제는 없다"는 입장을 취하고 있으며, 인권을 거론하는 것 자체가 북한을 자극하는 내정간섭이라며 반대한다. 북한의 현 체제도 북한주민이 택한 것이므로 존중해야 하며 인권문제도 북한체제의 속성을 고려하여 평가해야 한다는 '내재적 접근'을 주장하는 사람들도 있다. 어떤 정치인들은 "인권을 거론하면 반통일"이라며 목소리를 높인다. 2005년 발의된 '북한인권법안'은 지금도 국회에 계류되어 있다.

하지만 이런 주장은 두 단계에서 오류를 범하고 있다. 인권을 거론하면 반통일이라는 주장은 논리적으로 맞지 않다. 앞에서도 누누이 강조했지만, 자유민주주의에 입각한 평화통일이 가능하려면 북한이 우리와 비슷한 체제로 변모해야 하고, 그러기 위해서는 인권부터 개선되어야 한다. 인권을 거론하지 말라는 것은 북한 정부와의 관계를 중시하는 것으로 평화적 분단관리를 위한 것이다. 그렇다면, 평화적 분단관리를 위해 인권을 거론하지 말자고 해야 논리적으로 맞다. 둘째, 북한의 인권문제를 외면하는 것은 인권을 만고불변의 보편적 가치로 여기는 국제적 흐름에 역행하는 것이다. 인권이란 인간이 인간답게 존재하기 위해 누려야 할 정치·경제·사회·문화적 권리, 지위 그리고 자격을 총칭하는 것으로서 무조건적으로 보호되어야 하는 가치이다. 그래서 '인류보편적 가치'라고 부른

다. 한반도의 특수사정이나 북한의 내부사정은 인권을 외면하
는 변명이 되지 못한다는 뜻이다.

　인류보편적 가치라고 하는 것은 한국도 예외가 아니라는
뜻이다. 법의 오남용으로 부당하게 인권이 침해되었다면 당
연히 항의해야 한다. 민주열사들을 칭송하는 근본 이유도 여
기에 있다. 다른 목적을 위해 북한의 인권문제를 활용하는 것
도 옳지 않다. 예를 들어, 특정한 대북정책을 정당화하는 방
편으로 인권을 추궁하는 것은 당치 않다. 인권문제는 순수하
게 접근해야 한다. 인권은 좌우의 문제도 아니고 보혁의 문제
도 아니다. 우리 모두의 관심사이어야 한다. 인권을 외면하
면서 평화애호세력, 민족민주세력, 양심세력 등을 운운하는
것은 위선일 뿐이다. 그렇다면, 주민들이 극심한 식량부족
으로 생존권을 위협받고 있는 현실, 정치범 수용소에서 벌어
지는 인권 유린, 납북억류자 문제, 탈북 난민문제 등 숱한 인
권문제를 배태하는 북한에 대해 개선을 요구하는 것은 당연
하다.

　인권은 모든 북한문제들을 해결하는 출발점이자 종결점이
다. 북한의 인권이 개선되면 개혁개방과 민주화가 불가피하
고, 개혁개방과 민주화는 북한주민의 삶의 질을 크게 개선할
것이며, 핵무기를 필요로 하지 않는 국가로의 전환도 이 연장
선 상에 있다. 때문에 북한인권 개선을 위한 노력이 곧 북한의
변화를 끌어내는 길이자 서로 존경하는 남북관계를 구축하는
길이며, 궁극적으로는 평화통일로 가는 길이다. 통일이 가지

는 궁극적인 가치도 인권회복에 있다. 통일이 가져다주는 최의 편익이 바로 인권이라는 뜻이다. 북한에 사는 우리 민족이 궁핍에서 벗어나 배불리 먹게 되는 것, 납치된 사람들이 석방되어 가족과 합류하는 것, 정치범 수용소에 갇힌 사람들이 자유를 되찾는 것, 남과 북의 사람들이 만나 사랑하고 결혼하는 것, 주민이 정부를 선택하는 권리를 누리게 되는 것, 하고 싶은 말과 행동을 할 수 있게 되는 것 등은 인권을 회복하는 것이며, 이 모든 것은 통일을 통해 가능해진다. 그래서 한반도 문제에 관한 한 통일이 '최종병기'인 것이다. 통일이 되면, 한국사회를 둘로 쪼개온 고질적인 보혁갈등은 없을 것이고, 우리민족 전체가 인권을 보장받고 풍요한 삶을 누리는 미래가 열릴것이며, 한반도 비핵화도 자동적으로 완성될 것이다.

통일정책은 어디에 있는가

지금까지 이 책은 통일담론을 다루어보았고, 북한의 변화와통일을 염두에 둔 대북정책도 논해보았다. 통일을 위한 조건들도 정리해보았다. 독자로서는 어렴풋이나마 이런 것들이 어우러진다면 그것이 곧 통일정책일 것이라는 생각을 가질 것이다. 하지만 이 정도로 머릿속이 시원하게 정리되는 것은 아닐것이다. 통일정책과 대북정책은 같은 것인가? 통일정책과 안보정책은 어떤 관계인가? 통일외교는 통일부 소관인가 외교통상부 소관인가? 통일정책이란 도대체 어디에 있는가? 지금까지 기술한 내용들을 토대로 이런 질문들에 대한 답변을 정리해 보자. 결론부터 말한다면, 통일정책은 따로 존재하기보다는 대북정책, 대내정책, 대외정책 등에 담겨있기 때문에 선뜻 구분해내기가 쉽지 않다.

대북정책이란 북한의 두 얼굴을 상대하는 정책이므로 '화해협력 정책'과 '안보정책'이라는 두 개의 수레바퀴를 조화롭게 굴리는 것이라 정의할 수 있다. 남북 공생을 위한 화해협력 정책과 도발방지와 생존을 위한 안보정책은 대북정책의 두 줄기이다. 당연히 국방부, 외교부, 통일부 등이 집행기관이다. 양자가 적절한 조화를 이루면 바람직한 대북정책이 된다. 통일정책이란 확고한 안보정책과 바람직한 화해협력 정책을 통해 구현하는 것이며, 바람직한 화해협력 정책이란 정교한 사고를 필요로 한다. 서독이 대동독 교류협력 정책 속에 '3불'원칙을 심음으로써 양독 간의 관계개선과 동독의 변화를 동시에 추구했듯, 우리도 화해협력 정책 속에 '평화적 분단관리'와 '북한의 변화와 통일'이라는 두 마리의 토끼를 잡는 전략을 담아내야 한다.

통일정책은 대내정책에도 담겨 있으며, 국내정치와도 깊은 연관성을 가진다. 통일의 비전과 가치를 홍보하여 건전한 통일담론을 형성하고 국민적 통일의지를 수렴하는 일은 국내정치의 일부이며, 정부와 국회가 집행기관이다. 어떤 정부가 어떤 국내정책을 펼칠 것인가 하는 것은 결국 국민의 손에 달려 있다. 정부를 선택하고 정치지도자들을 선출하는 것이 유권자 국민의 몫이기 때문이다.

통일외교는 대외정책에도 포함되어 있다. 한미동맹을 관리하고 미국이 통일을 지원하도록 만드는 일, 중국이 통일을 방해하는 세력이 되지 않도록 한중관계를 가꾸는 일, 주변국들로부터 통일에 대한 지지를 얻어내는 일, 유엔 등 국제사회로 하여금 한반도 통일을 지지하도록 만드는 일 등을 두고 '통일외교'라고 부른다. 통일외교를 주관하는 부처는 외통부, 국방부, 통일부 등이며, 궁극적으로는 국민이 통일외교의 주체이다. 국민이 어떤 정부를 택하는가에 따라 정부부처를 이끄는 사람들도 달라지기 때문이다. 우리는 대북정책, 국내정책, 대외정책 등에 담겨있는 통일관련 정책들을 통틀어 '통일정책'이라고 부르며, 통일부는 이런 업무들을 종합적으로 기획·조정·관리 하는 부처인 셈이다.

통일로 가는 길은 통일혼을 머금은 대내정책, 대북정책, 대외정책 등이 한데 얽혀 한 방향으로 향하고 있는 것과 같은 형상이다. 여러 가닥의 넝쿨들이 한데 어울려 한 방향을 향하고 있는 것과 같다. 여러 갈래의 길들이 헤어지기도 하고 합류하기도 하면서 한 방향으로 뻗어가는 형상이다. 이 길들이 올바른 통일정책을 머금고 올바른 방향을 향하고 있다면 그리고 거기에 서독이 누렸던 행운까지 곁들여진다면 그 길들이 끝나는 어디에선가 통일을 만날 수 있다. 잘못된 방향을 향하거나 길

섶 곳곳에 도사리고 있는 장애물들을 극복하지 못하면 통일은 영영 우리 앞에 나타나지 않을 것이다. 최희준의 노래가사가 읊조리듯 '가도 가도 끝이 없는 외로운 길 나그네 길'이 될 것이다.

요컨대, 통일이란 통일부만의 업무가 아니라 여러 정부 부처들의 업무이자 국민 모두의 일이다. 이런 일들을 조화시키고 통일로 가는 길이 올바른 방향으로 향하도록 선도하고 통일의 장애물들을 극복하는데 주도적인 역할을 해야 하는 부처가 통일부이다. 이런 것들을 연구하여 정책방향과 구체적인 조치 사항들을 제시하는 곳이 통일연구원이다. 북한 사람들과 만나 회담하고 지원을 보내는 것은 통일부 업무의 일부일 뿐이다.

못 다한 질문, 못 다한 답변

지금까지 이 책은 북한, 안보, 통일 문제 등에 대해 젊은 사람들이 궁금하게 생각할 수 있는 대목들을 찾아 정답을 찾아주고자 노력했다. 당연히 충분하지 않을 것이다. 해서 지금부터는 못 다한 질문들과 못 다한 답변들을 소개하고, 재정리가 필요한 질문들도 다루어보기로 하자.

보수와 진보는 누구이며, 좌파와 우파는 누구일까? 사회발전을 위해 과거의 관습이나 가치를 함부로 버려서는 안 된다는

사람들이 보수이며 가급적 많은 변화를 추구하는 사람들이 진
보다. 물론, 상대적인 개념이다. 보수라고 해서 변화와 개혁을
거부하지 않으며, 진보라고 해서 다 바꾸라고 하지 않는다. 보
수와 진보는 사회발전이라는 동일한 목표를 가지고 있기에 적
대할 상대가 아닌 협력해야 할 상대다. 우파란 자유민주주의
와 시장경제를 신봉하는 사람이고, 좌파란 사회주의적 평등주
의 경제를 추구하는 사람이다. 진보와 좌파는 분명히 다른 것
이며, 보수와 우파도 다른 것이다. 사회현상에 대해서는 많은
변화를 갈망하지만 시장경제 체제를 선호하는 사람, 즉 진보
적 성향을 가진 우파도 존재할 수 있고, 보수적 성향의 좌파도
존재할 수 있다.

　좌파와 종북도 분명히 다르다. 종북이란 대한민국을 부정
하고 북한을 추정하는 세력을 총칭하는 말인데, 한국의 운동
권이 두 계열로 갈라져 있는 것을 보면 잘 알 수 있다. 하나는
'민족해방' 또는 'NL(National Liberation)'로 불리는 계열인데,
대한민국의 정통성을 부정하고 북한의 수령독재 체제를 추종하
는 성향을 보인다. 학자들은 이들을 '주체사상파(주사파)'라고
부른다. 또 하나는 '평등파' 또는 'PD(People's Democracy)'로
불리는 계열로서 대한민국의 정통성을 인정하지만 자본주의
폐해를 없애고 노동자 농민이 평등을 쟁취해야 한다는 계급투
쟁을 목표로 삼는다. 말하자면 종북보다는 반자본주의 및 반
미 좌파로서 북한에 대해서도 비판할 것은 비판한다. 요컨대,
한국의 좌파 내에는 종북도 있고 그냥 좌파도 있다. 국제적으

로는 북유럽식 사회민주주의자들이 국가사회에 협력하면서 온건한 평등 운동을 벌이는 가장 점잖은 좌파에 속한다.

대개, 종북 인사들은 북한의 수령체제나 권력세습에 대해 비판하지 않으며, 북한의 인권문제에 대해서도 침묵하거나 거론하는 것 자체를 반대한다. 재미있는 것은 종북 내부에도 성골, 진골, 평골 등의 분류가 가능하다는 사실이다. 성골의 특징은 종북과 반미의 정도가 매우 강하지만 이론적으로 잘 무장되어 있고 매우 조직적이지만 통상 전면에 나서지 않으며, 소위 '품성론'을 몸소 실천하는 사람들로서 겸손, 친절, 근면 등을 잘 지키기 때문에 주위 동료나 제자들로부터 인간적으로 칭송받는 경우가 많다. 여기에 비해 진골들은 성골들의 지휘에 따라 공개된 조직력과 연대성을 가지고 사회적으로 힘을 발휘하는 인사들이다. 북한에 가서 공개적으로 친북활동을 하거나 과격한 언행으로 물의를 일으키는 사람들이 대개 이 부류다. 평골이란 설익은 지식으로 친북주장을 늘어놓거나 인터넷 공간에서 지식인 행세를 하지만, 조직력이나 연대성을 가지지 않고 개인적으로 활동하는 사람들을 말한다.

하지만 한국에서는 좌파인사들이 '진보'를 자칭하면서 '진보=좌파'로 등식화된 측면이 적지 않다. 태극기를 부정하고 애국가 부르기를 거부하는 사람, 북한의 주체사상을 추종하며 연방제 통일과 주한미군 철수를 주장하는 사람, 그리고 한국 사회를 '어둠에 찬 반도의 땅, 피에 적은 싸움터'라 부르며 제주도 해군기지를 '해적기지'로 헐뜯는 사람들도 '진보'라는 명함을 가지고 다닌다. '진보'로 자칭하는 사람들 중에 순수진보, 짝퉁진보, 종북 등이 섞여 있다는 얘기다. 보수에도 진짜 보수와 짝퉁 보수가 있다. 기회주의적 수구세력들도 '보수'라는 명함을 가지고 다닌다.

대북정책에 있어 어떤 사람들이 협력해야할 건전한 보수이고 어떤 사람들이 배제되어야 할 수구일까? A, B안경을 모두 가지고 다니되 B안경을 더 자주 사용하면 건전한 보수이고, 앞이 보이지 않을 정도로 높은 도수의 B안경만 가진 사람은 수구다. 북한에 대해 경계심과 동정심을 모두 가지고 있되 경계심이 더 강하면 건전한 보수이고, 경계심만 가지면 수구라고 분류할 수 있다. 한미동맹에는 찬성하지만 미국의 정책에 대해서 반대할 것은 반대하는 사람은 건전한 보수지만, 미국이라면 무조건 깜박 넘어가는 사람은 종미(從美)수구라 할 수 있다. 보수로 자처하지만 사회를 위해 한 푼도 쓰지 않고 탈세나 하는 사람도 보수인가? 그렇지 않다. 그들에게 '보수'란 '보나마나 수구꼴통'의 줄인 말이다.

대북정책에 있어 어떤 사람들이 협력해야 할 건전한 진보이고 어떤 사람들이 배제해야 할 짝퉁 진보일까? A, B안경을 모두 가지고 다니되 A안경을 더 자주 사용하면 건전한 진보이고, 도수가 너무 높아 앞이 보이지 않는 A 안경만 가진 사람은 종북이기가 쉽다. 미군 장갑차에 깔려죽은 소녀들, 북한도발에 의해 희생당한 장병들, 중국 어부들의 난폭한 행동으로 희생된 해양경찰, 정신대 문제 등에 대해 고르게 분노하면 건전한 진보이거나 건전한 보수다. 유독 미국에 대해서만 면죄부를 주는 사람은 수구이며, 유독 미국과 관련된 사건들에만 분노하는 사람은 반미종북일 가능성이 높다. 진보로 자처하지만 강남의 큰 아파트에서 부유하게 살면서 자식들을 미국에 유학 보내고 부동산 투기를 일삼는 사람을 진보로 봐야 하는가? 그렇지 않다. 그런 사람에게 '진보'란 '진짜 보신주의자'의 약자일 뿐이다.

한국에는 "북한의 인권 문제를 거론하면 반통일"이라고 하면서 거론하지 못하게 하는 정치인들이 적지 않다. 이들을 어떻게 생각해야 할까? 인권을 거론하지 말자는 것은 북한정부를 자극하지 말자는 것으로 평화적 분단관리를 중시하자는 주장이다. 북한 체제를 묵인하고 북한 정부와 잘 지내자는 주장이므로 자유민주주의 질서에 입각한 평화통일과는 반대 방향이다. 때문에 자유민주주의 통일을 말하면서도 북한의 인권을 건드리지 않아야 한다고 주장하면 궤변이 된다. 종북 통일을 원한다고 전제하면서 그렇게 말하면 논리적으로 하자가 없다. 한국에는 북한의 인권문제를 건드리지 말라고 하면서 스스로를 통일역군으로 자칭하는 사람들이 적지 않지만, 이들은 어리석은 사람이거나 소인배일 가능성이 높다. 논리를 모르고 그렇게 말하면 단순히 어리석은 사람이지만, 시비(是非)와 곡직(曲直)을 분별하는 능력을 가지고 있고 종북주의자도 아니면서 그렇게 말한다면 스스로를 속이는 소인배일 가능성이 높다. 소인불여우인(小人不如愚人)이라는 말이 있다. 소인은 어리석은 사람보다 못하다는 뜻이다. 어리석은 사람은 깨우칠 가능성이라도 있지만 소인배에게는 그럴 가능성이 없기 때문이다.

국가보안법은 남북화해의 장애물이므로 폐기해야 할까? 그렇지 않다. 북한의 두 얼굴을 생각해보면 안다. 남북협력법이 '동족'의 얼굴을 바라보는 법체계라면 보안법은 '안보위협'이라는 얼굴에 대비하는 법체계다. 다만, 고무·찬양을 처벌하는 제7조와 불고지죄를 처벌하는 제10조는 오남용의 소지를 줄이는 방향으로 개정할 필요가 있다. 대북정책에 원칙도 필요하고 유연성도 필요하다고 하지만, 유연성을 발휘하는 것과 원칙을 포기하는 것이 어떻게 다를까? 어렵게 생각할 필요가 없다. 아무리 큰 양보를 하더라도 정책 결정자의 가슴 속에 민주, 인권, 안보, 통일 등을 향한 목표의식이 살아 있으면 유연성이다.

그 외에도 한번 더 총정리를 해주고 싶은 대목들이 많다. 미국의 핵우산에 대해 단순히 고맙다고 하는 사람은 그냥 보수이지만, 무지무지 고맙다며 엎어지는 사람은 수구일 가능성이 높다. 해외 파병에 대해서 국익논리로 찬성하거나 반대하는 사람은 건전한 보수이거나 건전한 진보이지만, 미군이 가는 곳에는 무조건 가야 한다고 하면 수구다. 다른 곳에는 다 가도 미군이 있는 곳은 안 된다고 하면 반미종북일 것이다. 천안함 폭침에 대해 우리에게도 북한을 잘못 관리한 책임이 있다는 사람은 진보이지만, 뻔히 알면서도 정부의 조작이라고 우기는 사람은 종북이기가 쉽다. 평화적 분단관리를 원하여 유화적인 대북정책을 주장하면 진보이지만, 북한에 가서 만경대 정신으로 통일을 이룩하자고 하면 종북이다. 제주도 해군기에 대해 환경오염을 우려하여 반대하는 사람은 그냥 진보이거나 환경론자이지만, 미국산 쇠고기 반대, 맥아더 동상 철거 등 모든 반미데모에 빠지지 않으면서 제주도까지 원정 온 사람들은 종북이다. 북한을 달래는 것이 북한의 핵보유와 미사일 개발을 막기 위해 최선이라고 주장하는 사람들은 그냥 진보이지만, 북한의 핵보유와 미사일 개발을 민족의 이름으로 축원한다고 하면 종북일 가능성이 높다. 연방제 통일에 대해 모르고 찬성하면 순진한 것이지만 알면서 찬성하면 종북이다.

북한 축구팀이 다른 나라와 경기할 때 북한을 응원하는 것은 정상이지만, 남북한이 시합을 할 때 북한팀을 응원하면 비정상이 된다. 북한에 가서 김일성 장군의 영생을 빈다고 한 목사님은 어떻게 봐야 할까? 본심으로 그랬다면 비정상이거나 짝퉁 목사님이다. 일부러 그렇게 말했다면 북한선교를 위해 매우 전략적인 사고를 하는 목사님일 수 있다. 궁극적으로 보수와 진보 중에 누가 나라를 다스려야 할까? 온건하고 개혁적인 보수와 합리적이고 애국심을 가진 진보가 손잡고 나라를 다스리는 것이 최상이다. 그러나 안보와 통일 문제에 있어서는 합리적 보수가 중심에 있어야 한다.

대북 지렛대는 없다?

필자가 대학에 다니던 시절 세 단계로 코끼리를 냉장고 넣는 방법을 묻는 난센스 퀴즈가 있었다. 답은 의외로(?) 쉬웠다. 첫째 냉장고 문을 연다, 둘째 코끼리를 냉장고에 넣는다, 셋째 냉장고 문을 닫는다. 배속의 기생충을 죽이는 세 가지 방법을 묻는 퀴즈도 있었다. 답은 역시 간단하다. 첫째, 밥을 굶어서 아사(餓死)시킨다. 둘째, 작은 볼일을 참아서 익사(溺死)시킨다. 셋째, 큰 볼일을 참아서 압사(壓死)시킨다. 남북관계를 개선하는 방법이나 북한의 변화를 유도하는 방법에 대해서도 이렇게 쉽게 답할 수 있다면 얼마나 좋겠는가. 말을 듣지 않는 북한을 말을 잘 듣는 나라로 바꾸는 비방은 없을까? 햇볕정책을 펼치든 압박정책을 펼치든 또는 통일을 위해 북한의 변화를 요구하든, 효과가 있으려면 정책이 북한에 먹혀야 한다. 그것이 대북 지렛대이다.

이 세상에 미국을 무시하는 나라는 없다. 테러세력이 표적으로 삼는 것도 미국이지만 테러세력들이 가장 무서워하는 나라도 미국이다. 미국의 정치를 보면 해답이 쉽게 보인다. 미국은 공화당과 민주당이 번갈아 집권하는 양당체제의 국가이지만, 양당의 차이점은 크지 않다. 특히, 결정적인 국익이 걸린 사안에 대해서는 더욱 그렇다. 동맹정책, 파병정책, 외교정책 등 외교안보 문제에 있어서의 양당 간의 차이점은 크지 않으며, 테러세력에 대한 응징에는 공화당 정부와 민주당 정부가 따로 없다. 그 일관성 때문에 미국은 무서운 나라다.

비슷한 교훈은 서독으로부터도 얻을 수 있다. 1970년대 이후 서독은 동방정책을 통해 동독을 관리했다. 앞에서 지적했듯 서독은 동독정부를 향해서도 적지 않은 '떡'을 줌으로써 '분단 관리'에도 노력했지만 동족주민에게 변화의식과 통일의식을 심는 데에도 게을리 하지 않았다. 어째서 이런 정책이 동독에 통했을까? 어째서 동독정부가 이를 허용했을까? 해답은 일관성이다. 동방정책을 펼치는 과정에서 빈번하게 정부가 바뀌고 다양한 연립정부가 들어섰지만, 통일문제에 있어서 양당은 합심했다. 서독에 세 개의 정보기관이 있지만 정부가 바뀌어도 정보기관들의 수장이 바뀌지 않는 경우가 허다했다. 한국에서는 꿈도 꾸지 못할 일이다. 동방정책의 기틀을 닦은 사람은 사회민주당 출신의 브란트 총리였고, 꽃피운 사람은 기독민주당 출신의 콜 총리였으며, 동방정책을 지휘한 야전군사령관은 자유민주당 출신의 겐셔 외상이었다. 서독의 정치지도자들은 대동독 정책에 있어서는 소속정당과 무관하게 상당부분 공감대를 공유했고, 그래서 동방정책은 무서운 일관성을 발휘했다. 서독이 정부교체와 무관하게 일관성을 유지하니 동독으로서는 서독의 여론을 분열시키는 책동을 엄두내지 못했고, 서독 정치에 개입할 이유도 없었다. 그것이 서독의 대동독 지렛대였다.

유감스럽게도 우리에게는 세 가지 이유로 그런 지렛대가 없다. 첫째 이유는 취약성의 비대칭성이라는 안보태세상의 문제다. 수십 배가 넘는 경제력에도 불구하고 북한이 핵, 미사일, 야포, 사이버, 특수부대, 공격성 등의 비대칭성을 앞세우고 우리를 위협하는 형국이다. 물론 이 문제는 우리 내부의 합의만 있으면 국방개혁과 국방예산 확보를 통해 해소할 길도 있고 경제적으로도 감당할 수 있지만, 아직은 그런 합의가 없다. 충분한 철학과 의지를 가진 정부도 없었다. 두 번째 이유는 대북정책 일관성의 부재이다. 여당과 야당이 상대의 모든 것을 전적으로 부정하는 상황에서 그리고 집권세력이 바뀌면 대북정책의 근본부터 몽땅 바뀌는 상황에서 북한은 한국 정부의 대북정책을 경청할 이유가 없다. 수틀리면 도발로 겁을 주거나 한국 대통령에게 '역적패당'이라는 욕설이나 퍼붓고 다음 선거를 기다리면 된다. 북한에겐 '꽃놀이 패'나 다름이 없다. 세 번째 이유는 서서히 자리를 잡고 있는 '미중대결'의 국제질서다. 이 때문에 중국은 북한의 전략적 가치를 재인식하고 죽기 살기로 북한편을 들어주고 있다. 우리의 대북정책이 제대로 먹힐리가 없다.

어떤 분야이든 정책이 일관성을 발휘하기 위해서는 보혁(保革)간, 여야(與野)간 또는 여여(與與)간 공유할 수 있는 '공감대'가 있어야 한다. 원자력 발전 문제를 예로 들어보자. 한쪽에서는 '대폭 증설'을 그리고 다른 쪽에서는 '원천 반대'를 주장하는 상황에서는 원자력 산업은 갈 곳이 없다. "원전을 무분별하게 증설해서는 안 되지만 에너지 빈국인 한국으로서는 당분간 의존할 수밖에 없다"라는 정도의 합의는 가능해야 하며, 그 정도의 공감대만 있어도 한국의 원자력 산업은 이를 토대로 생존할 수 있다. 한미 FTA도 그렇다. "FTA가 한국의 경제국익에 큰 이득이 된다면 추진하는 것이 옳지만 피해를 당하는 부문에 대해서는 충분한 보상책을 마련해야 한다"라는 정도의 공감대만이라도 공유한다면 정부가 서명한 FTA를 두고 반대세력들이 "우리가 집권하면 폐지할 것"이라고 외치는 나라답지 않은 꼴을 보여주지 않았을 것이다.

대북정책이나 통일정책은 더욱 그렇다. "평화적 분단관리와 북한의 변화는 비중의 차이는 있을 수 있지만 모두가 포기할 수 없는 목표이다"라는 정도의 공감대만이라도 공유한다면 얼마나 좋겠는가. "햇볕정책은 정부간 관계개선과 평화적 분단관리에는 유효했다" 또는 "원칙있는 대북정책은 북한의 변화를 끌어내기 위해서 필요한 것이다"라는 공감대만이라도 공유해준다면 얼마나 좋을까. 천안함-연평도 사건도 그렇다. "반드시 사과를 받아야 하지만, 방법에 있어서는 좀 더 유연해질 필요가 있다"라는 정도의 공감대만이라도 있다면 얼마나 좋을까. 북한 인권문제에 대해서도 "인권개선을 요구해야 하지만 조심스럽게 해야 한다. 네오콘식 밀어붙이기는 곤란하다"라는 합의만이라도 있다면 얼마나 좋을까.

현재처럼 '전면 부정'과 '원천 반대'가 횡행한다면 우리의 대북 지렛대는 없다. 현재처럼 보수와 진보 그리고 여야가 "네가 하는 것은 전부 스캔들이고 내가 하는 것은 로맨스"라는 식의 흑백놀음을 지속한다면 북한은 결코 우리 말을 듣지 않을 것이다. 현재처럼 보수는 '분단관리'를 주장하는 사람들을 '좌빨'로 내몰고 진보는 '북한의 변화'와 '통일준비'를 주장하는 사람들을 '수꼴'로 매도하기를 계속한다면, 북한은 우리를 만만하게 보고 수틀리면 욕설이나 해댈 것이다. 우리의 젊은이들이 천안함 사태를 '한국정부의 조작극'이라며 엉뚱한 댓글이나 달고 있다면, 도발을 저질러 놓고 오히려 큰 소리를 치는 저들의 적반하장도 반복될 것이며 한국을 비아냥거리는 중국 네티즌들의 태도도 바뀌지 않을 것이다. 2012년 대선 이후도 마찬가지이다. 새 정부가 들어서면서 전임정부와의 차별성을 들고 나오는 것은 늘 있어온 관행이고 그게 정치인들의 잘난 척하는 방법이기도 하지만, 이번에도 대북정책에 있어서 전임자의 모든 것을 부정하는 식이 된다면 대한민국은 웃음거리가 될 것이다. 북한을 움직일 지렛대를 키우는 일은 또 다시 원점에서 재출발해야 할 것이다. 그런 상태에서는 북한의 변화도 없고 통일도 없다.

북핵을 넘어 통일로 가자

북한에게 있어 핵무기는 약(藥)이자 독(毒)이다. 당장은 체제를 수호하는 긴요한 수단인 것으로 보이지만, 결국은 북한을 고립과 궁핍 속에 가두는 멍에다. 아프리카에 밀렵이 성행하던 시기 사람들은 원숭이를 잡기 위해 호리병을 사용했다. 볶은 땅콩을 허리가 잘룩한 병에 넣어 나무에 묶어 놓으면 원숭이들이 냄새를 맡고 달려와 병에다 손을 넣어 땅콩을 움켜잡는다. 땅콩을 놓으면 손을 빼고 도망갈 수 있지만 원숭이들은 움켜잡은 손을 놓지 못해 결국 잡히고 만다. 북핵이 그 꼴이다.

우리에게 있어 북핵은 통일로 가는 길을 막고 있는 중대한 장애물이다. 앞서 설명했듯 통일로 가는 길에는 여섯 개의 산들이 가로 놓여있다. 미성숙한 북한 내부의 통일역량, 대북정책에 대한 우리 스스로의 혼란과 분열, 고질적인 안보불안, 불리한 주변환경과 걸음마 단계에 머물고 있는 통일외교, 국민적 통일의지의 부재, 통일 지도자의 부재 등이다. 북핵은 이중 적어도 네 개의 산들을 가로 지르면서 버티고 있는 만리장성과 같은 존재이다.

첫째, 북핵이 북한 내부의 통일역량 함양에 치명적인 악영향을 미친다. 북핵은 현재의 '김일성 조선' 체제가 존속하기를 원하는 세력들에 있어 태양과 같은 존재이다. 그들에게 있어 핵무기는 '위대한 지도자의 빛나는 과학적 업적'이자 '체제를 지켜내는 수단'이다. 북한 내에서 기득권층이 아닌 사람들 중에도 막연하게나마 핵보유 사실에 긍지를 느끼는 경우가 많다. 민주주의와 인권의 소중함을 제대로 파악하고 있을 리가 없는 그들이 바깥 핵세계의 질서를 알 리가 없으며 핵보유가 얼마만큼 북한의 고립과 핍박을 강요하는 것인지 알지 못한다.

북한군대에 있어서 핵무기는 마지막 보루다. 합의통일이든 흡수통일이든 북한이 남한주도의 통일이 임박했다고 가정해 보자. 북한의 정치와 경제는 거덜나고 통일을 갈구하는 민심이 가득하다고 가정해보자. 북한군의 지휘관들은 두 갈래 선택을 놓고 고심하게 될 것이다. 남한에 투항하여 정착금과 보상금을 받고 통일한국의 시민이 될 것인가 아니면 자신들의 공화국을 회생시키기 위해 저항할 것인가를 놓고 고심하게 될 것이다. 그들이 전자의 길을 택하면 피 흘림이 없는 평화통일이 성취될 것이지만, 후자의 길을 택하면 강토는 또 다시 유혈이 낭자한 전장으로 변할 것이다. 북핵은 북한군대의 이런 결정에 결정적인 변수로 작용할 것이다. 그들이 핵무기를 믿음직한 보루로 판단한다면 평화통일을 허락하기 보다는 저항을 택할 것이다.

둘째, 북핵은 한국의 대북정책을 혼란에 빠뜨리는 괴물과도 같다. 이 땅에는 북한의 핵보유를 칭송하는 종북세력이 건재해 있고, 적지 않은 젊은이들은 "북핵도 통일되면 우리 민족의 자산"이라는 A시각에 치우쳐 B시각의 진실을 외면한다. 이들은 핵무기가 얼마만큼 북한 주민의 빈곤을 가중시키는가 또는 북한이 핵무기를 통해 지키려는 체제가 어떤 가치를 가지는가에 대해서는 관심이 없다. 북핵이 한국에게 강요하는 안보비용과 사회적 비용에 대해서도 귀를 막는다. 적지 않은 한국의 지도자들마저 "북핵은 방어용이니 괜찮다", "북핵에는 신경을 쓰지 말고 대북지원을 늘려 남북관계만 개선하면 된다", "북한의 미사일은 대미(對美)용일 뿐이다" 등의 발언을 해왔고, 이런 발언들은 곧바로 남남갈등으로 비화되었다. 요컨대 북핵은 한국사회의 보혁갈등과 분열을 촉발한 발원점이며, 대북정책의 혼란을 가중시키고 '통일혼'이 담긴 대북정책을 어렵게 만든다.

셋째, 북핵은 한국안보를 위협하는 최대의 비대칭 위협이다. 북핵은 우리가 가진 수십 배의 경제력과 질적 군사력의 우위를 일거에 무용지물로 만드는 괴물이다. 북핵은 북한으로 하여금 천안함을 기습하고 연평도를 때리도록 만든 배경이자, 한국을 협박하기도 하고 달래기도 하면서 대북지원을 강요하는 수단이다. 북핵이 건재하는 한 북한은 남한의 경제력에 압도되기는커녕 오히려 남한을 급박할 수 있다고 믿는다. 이런 상황에서 북한이 남한의 대북정책에 고분고분 따라오지도 않을 것이며, 남한주도의 통일도 허용하지 않을 것이다. 1989~1990년 동독 정부는 서독의 압도적인 국력과 안보태세에 무력감을 느끼고 순순히 무혈통일을 허락했지만, 북한이 핵을 보유하고 있는 한반도의 상황은 이와는 다르다.

넷째, 북핵은 한국의 통일외교를 무용지물로 만든다. 통일외교에 성공하기 위해서는 통일이 주변국들의 경제와 국제사회의 안정과 평화에 긍정적인 역할을 한다는 인식을 심어주어야 한다. 하지만 북한이 핵을 고수하는 한 불가능하다. 통일한국이 아무리 동북아의 경제적 번영에 기여한다 하더라도 주변국들과 국제사회는 핵을 보유한 통일한국을 원하지 않으며, 안정과 평화에 기여한다는 설득도 먹히지 않는다. 이런 맥락에서 보면, "북핵도 통일되면 우리 것"이라는 주장은 통일 자체를 불가능하게 한다. 진정 통일을 원한다면 남과 북 어디에도 핵무기가 없어야 한다.

북핵을 극복하는 출발점은 북핵의 A얼굴과 B얼굴을 직시하는 것이며, 그리고는 각각의 얼굴이 가지는 중요성과 현실성을 직시해야 한다. '통일되면 우리 것'이라는 측면보다 '극복해야 할 대상'이라는 측면이 더 강하다면 당연히 거기에 부합하는 정책을 펼쳐야 한다. 북한을 바라봄에 있어서도 그렇다. A시각이 북한을 '동족'으로 보는 것이라면 B시각은 북한을 경계해야 할 위협세력으로 보는 것이다. B시각이 가지는 현실성을 무시할 수 없다면 안보의 중요성을 망각하지 않아야 한다. 북한을 동족으로 보고 펼치는 화해협력 정책 안에도 '평화적 분단관리'에 초점을 맞춘 A시각과 '북한의 변화와 통일'을 중시하는 B시각이 있다. A와 B는 모두 필요한 목표이지만 중요성과 시급성에는 차이가 있다. 이 차이점을 있는 인정하고 비중을 배분하는 것이 바람직한 대북정책이자 통일정책이다. 그것이 통일로 가는 길이다. 선대들이 보릿고개를 넘어 산업화로 갔듯, 우리는 북핵을 넘어 통일로 가자.

맺으며

필자는 2011년 6월 한국국방연구원에서 정년퇴임을 맞았다. "인생살이는 세 바퀴에 불과하다"라는 말이 떠올랐다. 너무나 맞는 말이다. 부모님 밑에서 성장하는 기간이 첫째 바퀴라면, 결혼하고 독립하여 능력과 수단을 가지기 위해 수학하는 기간이 두 번째 바퀴이다. 이후 나라와 사회에 기여하며 활동하는 시절이 세 번째 바퀴다. 필자도 그랬다. 박사 학위를 마치고 '강대국 만들기'에 기여하겠다면서 마지막 바퀴를 돌리기 시작했던 때가 엊그제인데, 금방 활동을 마감해야 하는 순간이 다가왔다. 정년을 몇 달 앞둔 2011년 초 어느 날, 마지막 책을 쓰겠노라며 컴퓨터 앞에 앉았을 때 필자의 머릿속은 지워지지 않는 상념들로 가득했다.

대구 변두리에서 찢어지게 가난하게 보냈던 어린 시절, 중학교와 고등학교에 합격했을 때 춤을 추면서 좋아하셨던 어머니, 대학시험에 실패하여 처진 어깨로 낙향했을 때 위로해주셨던 아버지, 그래서 자원했던 3년간의 공군사병 생활, 젊음

을 발산하면서 보냈던 대학시절, 4학년 재학 중에 총장님의 주
례로 올렸던 결혼식, 졸업과 함께 대우그룹에 입사하여 별보
고 출근하여 달보고 퇴근하던 시절 … 모두가 추억 속에 남은
내 인생의 앨범이다.

(주)대우개발 사원이었던 1977년 필자는 홍해를 끼고 있는
수단의 항구도시인 포트수단(Port Sudan)이라는 곳에 있었
다. 갓 결혼한 아내를 남겨둔 채 홀로 파견되어 한국에서 들어
오는 자재들을 받아 카르툼의 건설현장에 보낼 준비를 하고 있
었다. 호텔방 천장에는 수십 마리의 도마뱀들이 붙어 있었고,
바닥에는 엄지만한 바퀴벌레들이 우글댔다. 항구에는 번쩍번
쩍 빛나는 수만톤 급의 일본 화물선들이 자주 들어왔다. 수주
일 동안 행정절차를 마치고 설레는 마음으로 부두에 나간 내
앞에 다가온 한국배는 3천 톤급의 '코리안 크라운'이라는 화물
선이었다. 침몰할 듯 가라앉은 채 여기저기 페인트가 벗겨진
초라한 몰골을 보니 무척 속이 상했다. 이후 한참동안 우람찬
일본 선박들의 모습이 뇌리를 떠나지 않았다. '강대국병'에 처
음 감염(?)되는 순간이었다.

1982년 크리스마스 이브였던 것으로 기억된다. 딸 지현이
와 아들 주식이는 잠자리에 누웠지만, 들뜬 표정으로 벽에 걸
린 긴 양말을 향해 연신 곁눈질을 하고 있었다. 아이들이 잠들
었는지 보기 위해 살며시 문을 열어보았다. 아빠가 엿듣는 줄
도 모르고 잠자리에 누운 채 속삭이고 있었다. "산타 할아버지
는 없는 거지?" "엄마 아빠가 몰래 선물을 넣어놓는 거지?" "우

리는 자는척하면 되는 거지?” 그랬던 아이들이 벌써 직장인이
다. 지현이는 십년차 언론인에다 여섯 살짜리 아들까지 둔 엄
마다. 코흘리개 주식이는 노총각 직장인이다.

1983년 어느 날이었던 것으로 기억된다. 잘 나가던 시절이
었다. 33세 나이에 대기업 부장이라는 계급장을 달았고, 부업
으로 동시통역사 일을 할 수 있는 특혜까지 누렸다. 각국에서
온 종교지도자들이 서울에서 국제회의를 개최했다. 필자는 동
시통역을 하고 있었다. 한국대표들은 일본정부가 성노예 할머
니들에게 사과하고 보상해야 한다고 울부짖었지만, 일본 대표
들은 묵묵부답 침묵을 지키다가 아는 바가 없다는 한 마디로
일갈했다. 동시통역사 생활은 필자에게 여러 번에 걸쳐 약소국
의 서러움을 느끼게 해주었다. 드디어 결심을 했다. 이제부터는
대한민국을 강대국으로 만드는 일을 하면서 살기로 작정했다.
본격적으로 강대국병에 감염된 순간이었다. 그 길로 아내의 만
류를 뿌리치고 늦깎이 유학생이 되었고, 결국 핵문제를 전공한
안보전문가로 변신했다. 호연지기 가득했던 시절의 일이었다.
유학생활 중 막내딸을 얻었을 때, 펄펄 뛰었다. ‘미국’에서 ‘정치
학’ 학위 공부를 하던 중에 낳은 막내 ‘미정(美政)’이는 아빠의 맹
목적인 사랑 속에 자랐고, 2011년 사회인으로 첫 출발을 했다.

세 아이의 아버지가 된 나는 1989년 학위를 받고 귀국했고,
한국국방연구원에서 새 출발을 했을 때에는 세상을 다 얻은 것
같았다. 행복한 시간은 오래가지 않았다. 강대국 집념을 불태우
던 필자에게 있어 노태우 정부의 핵정책은 충격이었다. “한국이

농축 및 재처리 권리를 포기하면 수십 년 동안 후회하게 될 것"
이라며 정부를 다그쳤지만, 계란이 바위를 향해 돌진한 꼴이었
다. 결국 연구원을 떠나야 했다. 이후 다른 지위를 통해 평화적
핵주권을 관철하겠노라며 정치에 뛰어들었지만, 그것이 내 인
생 중 가장 나쁜 선택이었다. 지금은 작고하신 모 정치인이 영
입을 제안했을 때 "대통령이 되시면 평화적 핵주권과 미사일 주
권을 회복한다고 약속하겠느냐"고 물었다. "집권을 하면 영호남
갈등을 확실히 해결하겠느냐"고 물었다. "그래야 우리도 강대국
이 될 수 있다"고 다그쳤다. 그가 벌떡 자리에 일어서서 손을 내
밀면서 확실히 그렇게 하겠노라고 약속했을 때, 그렇다면 기꺼
이 고향땅을 버리고 영호남 화합을 위한 희생양이 되겠다고 약
속해버렸다. 좋게 말하면 40대 초반의 호연지기였지만, 지금
생각하면 고난을 자초한 광기였다. 강대국병 환자의 광기였다.
그 분은 대통령이 된 이후 내게 약속했던 정책을 펼치지 않았
고, 나는 그의 정부에 참여하지 않고 실직자로 떠돌았다.

　하지만 인생이란 모진 사람도 만나고 은인도 만나는 법이
다. 옆에서 꼼꼼히 지켜보면서 도와준 분들이 계셨다. 그분들
의 도움으로 2001년 국방연구원에 복직했다. "비리나 성추행
을 저지른 것이 아니라 나라에 충성하는 직언 때문에 쫓겨난
것이니 복직할 권리를 인정한다." 당시 원장이었던 장창규 장
군(육사 21기)의 고마운 말씀이었다. 그렇게 하여 다시 찾은
전문가의 자리를 정년퇴임까지 소중하게 지켰고, 수백편의 집
필을 이어가면서 오피니언 리더로 안착했다.

이명박 대통령이 취임하면서부터 대통령의 외교안보자문 교수가 되어 자문활동을 펼쳤다. 국방개혁의 필요성을 강변하여 국방선진화추진위원회의 탄생을 끌어낸 것은 가장 보람된 일이었다. 물 만난 고기처럼 국방개혁의 밑그림을 그리기 데에 몰두했다. 개혁이란 주어진 예산으로 이 모퉁이를 깎아내고 저 모퉁이를 보태는 작업이다. 많은 군인들이게 가슴앓이를 강요했다. 그분들에게 미안하다는 생각과 함께 국방개혁 일을 마치고 돌아서니, 문득 정년이 다가왔다.

세 번째 바퀴는 그렇게 속절없이 굴러가버렸다. 공부를 이어받겠다는 자식이 없으니, 책들과 함께 강대국 망상들을 불태우고 은퇴생활을 준비하려고 마음먹었다. 아쉬움이 컸다. 특히, '운동권'이라고 불리는 젊은이들에 대한 아쉬움이 컸다. 46명의 꽃다운 젊은이들이 비참하게 죽어간 천안함 피격을 우리 정부의 자작극이라고 인터넷을 도배질했던 철부지 네티즌들을 생각하면 가슴이 저렸다. 혼자 중얼거려 보았다. "사람이 아무리 바람처럼 왔다가 이슬처럼 사라지는 존재라고 하지만 …" 그래서 젊은이들에게 읽을거리 하나라도 더 남겨야 하겠노라고 결심했다. 대학(大學)의 첫 장에도 "물유본말(物有本末)하고 사유종시(事有終始)하다"라고 쓰여 있지 않은가. 인생에는 근본과 결과가 있어야 하고, 매사에는 시작과 끝맺음이 있어야 한다는 뜻이다. 『북핵을 넘어 통일로』는 이런 심정으로 전문가 생활을 마감하기 위해 쓰기 시작한 책이다.

하지만 국방연구원 퇴임과 함께 출판하려고 했던 계획은 차질을 빚었다. 기쁜 일 때문이었다. 국무총리실 산하 통일연구원의 원장으로 취임한 것이다. 강대국병 환자 생활을 3년간 더 할 수 있으니 좋았고, 부강한 통일한국을 그려볼 수 있으니 짜릿했다. 내친 김에 '통일연구원가'를 작사 작곡했다. "보라 동해의 해돋이에서 서해의 해넘이까지 …"로 시작하는 이 노래는 매일 아침 출근시간에 원내에 방송된다. 출판이 늦어진 또 하나의 이유는 슬픈 일이었다. 1996년 아버지 별세 이후 15년을 홀로 사신 어머니가 세상을 하직하셨다. 임종조차 지키지 못한 아들은 또다시 불효의 한에 몸을 떨었다. 배운 자식치고 효자 없다는 옛말은 이번에도 들어맞았다. 아들은 어머니를 무서운 불구덩이 속으로 밀어 넣어야 했고, 곧 이어 한 줌의 재로 변한 어머니를 안아들고 통곡해야 했다. 출판은 자꾸 지연되었다.

그래도 할 말은 다했다. 지금까지도 할 말을 하면서 살아왔으니 남은 임기동안도 그렇게 살다 갈 것이다. 통일연구원장에 취임한다고 했을 때, 경쟁자를 지원하기 위해 악의적으로 필자를 깎아내리는 보도를 낸 신문기자가 있었다. 안보국방 전문가가 통일을 연구해서는 안 된다고 시비한 국회의원도 있었다. 안보와 국가생존을 전제하지 않는 통일정책이란 척추가 없는 아메바나 백두대간이 없는 한반도와 마찬가지인데, 안보 전문가는 통일을 연구해서는 안 된다니 이건 무슨 해괴한 논리인가. 하지만 이런 사람들 때문에 흔들리지는 않는다.

인생의 황혼기에 들어선 필자에게 정작 혼란을 준 사람들은 천주교 사제들이었다. 1987년 KAL기 폭파사건을 한국정부의 조작이라고 주장하는 젊은 신부들, 관운장 수염을 휘날리면서 죽창을 들고 오산-평택 미군기지 반대데모를 선도하는 M 신부, 철부지 주장을 앞세우고 제주도 해군기기 건설을 가로막는 K 주교, 천주교의 큰 어른이신 정진석 추기경에게 물러나라고 대든 H 신부 … 이런 분들이 여생을 가톨릭으로 살고자 했던 필자의 가치세계를 뒤흔들었다. 성제(聖祭)를 주관해야 할 사제들이 왜 이러는지 헤아릴 수 없다. 한국 천주교회가 이들의 언행에 침묵하는 것도 헤아리기 어렵다. '정의'를 구현한다면서 거리로 뛰쳐나왔던 사제들이 중국의 탈북자 강제송환에 침묵하는 것은 무슨 이치일까? 이들에게 이끌려 거리로 나온 젊은 수녀들은 무슨 생각을 하는 것일까? 그럼에도 내가 할 수 있는 것은 "날마다 주님의 성체와 성혈을 이루는 사제들을 지켜주소서"라고 기도하는 것뿐이다.

『북핵을 넘어 통일로』는 이런 곡절을 거치면서 집필되었다. 독자들로 하여금 북한과 북핵을 바로 보고 바로 대처하여 통일을 가는 길을 찾도록 돕는다는 목적으로 이런저런 내용들을 담아냈다. 이미 기술한 내용들을 반복하여 책말미를 지겹게 만들고 싶지는 않다. 책머리에서 소개했던 사자성어들을 한 번 더 상기시키는 것으로 충분할 것 같다.

부동여산 · 의문대자 · 호시우보 · 수적천석 · 유비무환 · 화이구동

'부동여산(不動與山)'이란 거대한 산처럼 미동도 하지 않아야 한다는 뜻이다. 안보를 다룰 때에는 확고한 자세로 임해야 함을 의미한다. 경제는 실패하더라도 만회할 기회가 주어지지만 안보에는 재수(再修)가 없다. 한번 실패하면 망국이다. 바둑 한수 물리듯 역류할 수 있는 것이 아니다. 그래서 예나 지금이나 제대로 된 국가 지도자들은 꺼진 불도 다시 보는 심정으로 안보를 다룬다. 안보국방 정책에는 이런 정신이 이어져야 한다. 부동여산의 안보태세는 북한의 도발을 억제하고, 무력충돌을 근절하여 건강한 평화를 가져오며, 그 연장선에서 평화통일도 가능하게 한다.

'의문대자(倚門待子)'란 부모가 대문에 기대어 서서 집나간 자식이 돌아오기를 기다린다는 뜻이다. 자식이 개망나니 짓을 하더라도 부모는 싸리문에 기대어 서서 자식이 회심하여 돌아오기를 기다리는 법이다. 마음에 들지 않는 행동을 일삼는 북한지만 우리의 가슴 속에는 그들이 언젠가는 더불어 통일을 이루어내야 할 동족이라는 사실을 기억하고 있어야 하며, 우리의 대북정책과 통일정책에는 이러한 정신이 살아 있어야 한다.

'호시우보(虎視牛步)'란 호랑이의 눈으로 꿰뚫어보되, 소처럼 신중하게 발걸음을 떼야 한다는 뜻이다. 북핵이 의미하는 위험성은 물론 북핵이 건전한 남북관계와 통일로 가는 길을 가로막고 있는 최대 장애물이란 사실을 직시해야 하지만, 우리의 대응은 국제사회의 현실을 감안하여 신중하게 해야 한다는 뜻이다. 북핵이 심각하다고 핵무장으로 대응할 수 있는 것이 아니라는 의미이기도 하지만, 동시에 국제질서를 준수하는 범위 내에서 북핵 위협을 상쇄할 수 있는 길이 있다면 뚜벅뚜벅 그 길을 걸어가야 한다는 뜻이다.

수적천석(水滴穿石)이란 똑똑 떨어지는 물방울이 바위에 구멍을 낸다는 뜻이다. 통일을 생각할 때 명심해야 하는 사자성어이다. 북한의 붕괴를 부추기는 통일정책은 우리가 갈 수 있는 길이 아니며, 북한에게 충분한 시간적·공간적 여유를 주면서 점진적으로 북한을 변화시켜 나가야 한다는 뜻이다. 변화를 위한 물방울을 쉼없이 떨어뜨려야 한다는 의미도 담고 있다. 지겹다는 이유로 또는 힘들다는 이유로 이를 포기한다면, 결국 통일도 없다.

유비무환(有備無患)이란 익살스러운 의사들이 말하듯 "비가 오는 날이면 환자가 없다"라는 뜻이 아니다. 갑자기 닥칠 수 있는 걱정거리에 대해서는 미리미리 준비해야 한다는 뜻이다. 갑작스러운 통일은 우리가 추진해야 할 목표는 아니지만 대비해야 할 대상임에는 틀림이 없다. 통일기회가 새벽녘의 도둑처럼 갑자가 찾아왔을 때 우왕좌왕하지 않으려면 준비를 하고 있어야 한다. 화이구동(和異求同)이란 상이점을 조화시키면서 공통점을 찾아나간다는 뜻으로 우리가 통일을 염두에 둔다면 늘 이런 자세로 주변국들을 상대해야 한다.

　마지막으로, 이 책을 쓰기까지 필자의 인생에 전환점을 만들어 주셨던 멘토분들에게 감사드리고 싶다. 김현욱 민주평화통일사무처 수석부의장님과 장창규 전 국방연구원장님 그리고 신앙생활의 길잡이가 되어 주신 배론성지의 주임사제 여진천 폰시아노 신부님께 특별한 감사를 드린다. 오랫동안 전문가 생활을 하도록 터전을 제공했던 국방연구원의 동료들과 오늘날까지도 가르침을 주고 받는 '핵동지' 신성택 박사에게도 새삼 고마움을 전한다. 필자를 새로운 가족으로 맞아들여 통일 문제를 고심하게 해준 통일연구원 연구진과 직원 여러분께도 깊이 감사드린다. 또한 이 책에서 사용된 사자성어들을 포함하여 적지 않은 가르침을 주신 항산(恒山) 김유혁(金裕赫) 선생님에게도 머리 숙여 감사를 표한다. 국방개혁 일을 하는 동안 스승님의 역할을 해주신 이상우 선생님과 머리를 맞대고 함께 개혁을 고심했던 국방대학교 김열수 교수님에게도 진한 감사를 드린다. 또한 김태효 전 청와대 대외전략기획관에게 각별한 감사를 실어 이 책을 드린다. 핵우산강화, 미사일 사정거리 연장, 농축-재처리 협상, 국방개혁 등 숱한 국가적 이슈들을 놓고 그와 교감하면서 보낸 세월에 대해 감사를 표하고 싶다. 미국과의 미사일 협상이 성사되려는 시점에 그가 한일정보보호협정 문제로 갑자기 청와대를 떠났을 때, 필자는 안타까움과 답답함을 주체할 수 없었다. 청와대는 임기 막판에 큰 일꾼을 잃은 것이었다.

　끝으로, 기복 많았던 필자의 인생길을 35년간 군말 없이 동행해준 아내 이미경 미카엘라에게 애틋한 감사를 표하고자 한다. 내게는 "나 건들지마, 운명아 비켜나라"라고 소리치며 살았던 시절이라도 있었지만, 아내는 그런 남편을 지키느라 고초를 겪었다. 반듯하게 자라준 지현이, 주식이, 미정이, 그리고 눈에 넣어도 아프지 않을 외손자 은호란 놈 … 이런 사람들이 필자가 남은 인생동안 함께 할 최종병기들이다. 함께 텔레비전 뉴스를 보다가 '중국의 부상'을 다루는 내용이 방영되자 "할아버지, 중국이가 다쳤어요?"라고 물었던 우리 은호다. 이 녀석보다 더 예쁜 아이는 우주천지에 없다.

　그래도 그렇지. 어찌 젊은이들에게 마지막 한 마디를 하지 않고 글을 맺을까. "연애를 하고 있는가", "자살충동을 느껴본 적이 있는가" 등을 화두로 해서 열리는 인기인들의 콘서트에는 수천 명의 젊은이들이 몰려들지만, 안보나 통일문제를 다루는 행사장에는 젊은 사람들이 모여들지 않는다. 하기야, 안보와 통일이 젊은이들에게 비인기 과목이 된 것이 어제오늘의 일이던가. 물론, 우리의 젊은이들이 이렇게 된 이유를 모르지 않는다. 오늘날 젊은이들은 심한 좌절을 겪고 있다. 이들은 간절하게 희망·자존심·일자리를 원한다. 보혁논쟁이나 좌우대결에는 관심조차 없는 젊은이들도 많다. 작금의 경제여건, 정(情)과 의(義)가 상실된 자본주의 행태, 전 세계적으로 일고 있는 '부자들에 대한 저항' 등을 감안할 때 충분히 납득할 수 있는 현상이다. 그렇다. 경제, 문화, 복지 등 여러 분야에서 다양한 시각과 참신한 아이디어들이 요구되고 있다. 진보나 보수가 아닌 제3의 접근도 필요하다.

하지만 적어도 안보와 통일은 그런 문제가 아니다. 나라의 담장이 무너지면 그 안에 존재하는 희망·자존심·일자리도 없다. 통일을 이루어내지 못하면 후세가 누릴 더 큰 희망·자존심·일자리는 없다. 안보와 통일이야말로 개혁적이고 양심적인 보수가 중심이 되어 애국적 진보와 손잡고 풍우동주(風雨同舟)의 정신으로 함께 성취해나가야 할 국가적 과제다. 한 배를 타고 폭풍우를 헤쳐 나가듯 합심해서 가꾸어나가야 할 우리 모두의 미래자산인 것이다. 먹고사는 일이 힘들다고 안보와 통일에 무관심하다면 생존기계나 괴물밖에 더 되겠는가. 대한민국의 미래가 괴물들에게 맡겨져서야 되겠는가. 나처럼 강대국병 환자가 되라고 요구하고 싶지는 않지만, 조국을 잊지 말고 부강한 통일한국의 꿈을 버리지 말라는 말만은 전하고 싶다.

뿌리가 있어야 지엽(枝葉)이 있고 수원(水源)이 있어야 하천이 있듯, 그대들 역시 이 땅에 내리는 비를 맞고 살아온 한국 사람이라면 그리고 이 땅에 맺힌 이슬을 밟으며 자라난 한국의 청년들이라면, 낳아주고 길러준 조국에 대한 고마움을 잊지 말라. 태극기를 거부하고 애국가를 부르지 않는 자들과 상종하지 말라. 통일비용 괴담이나 퍼뜨리는 황당한 젊은이들이 되지 말라. 미래는 꿈꾸는 자의 것이고, 기회는 대비하는 자의 것이며, 운명은 개척하는 자에게 펼쳐질 것이다. 가장 확실하게 미래를 예측하는 방법은 직접 미래를 만들어나가는 것이다. 아들들아, 딸들아 …

저자약력

김태우(defensektw@hanmail.net)

- 1950년 대구 출생. 달성초등학교, 경북 중·고등학교, 영남 대학교 경영학과 졸업
- 한국외국어대학교 통역대학원 졸업. 미 몬트레이 통역대학원 수료. 국제회의 한영(韓英) 동시통역사
- 1978~1983년 대우 사원, 전경련 과장, 금성사 부장 역임.
- 1989년 뉴욕주립대학교에서 핵문제 전공 정치학 박사 취득
- 1990년 한국국방연구원 안보전문가로 재출발, 노태우 정부의 '농축 및 재처리 포기'에 반대하여 '평화적 핵주권론'을 주창하고 1994년 국방연구원 떠남. 2001년 복직.
- 1999년 수필 '아버지'로 교단문학 수필부문 신인상 수상.
- 국회 정책연구위원, KBS-TV 객원해설위원, 국무총리실 정부업무평가위원(2008~2010), 대통령직속 국방선진화추진위원회 군구조개혁 소위원장(2010) 역임.
- 핵문제, 북한, 한미동맹 등과 관련하여 연구논문, 기고문, 발표문, 칼럼 등 1,000여 편을 집필.
- 대학생, 군, 정부기관, 종교단체, 해외동포 등을 대상으로 500회 이상 강연. TV-라디오 시사토론, 칼럼 등을 통해 안보통일 오피니언리더로 활동.
- 2011년 6월 한국국방연구원 정년퇴임

- 2011년 8월 국무총리실 산하 통일연구원 원장 취임.
- 대통령 외교안보 자문교수, 통일부 정책자문위원, 향군 / 공군 / 해병대 정책자문위원, 해군 발전자문위원장, 한국해양전략연구소 자문위원 등으로 활동.

_주요 논저

『핵테러리즘』(역서, 한국해양전략연구소 출판부, 2007)
『북핵 감기인가 암인가』(시대정신, 2006)
『주한미군 보내야하나 잡아야 하나』(한국국방연구원 출판부, 2005)
『미국의 핵전략 우리도 알아야 한다』(공저, 살림출판사, 2003)
『저승바다에 항공모함 띄웁시다』(다물출판사, 1999)
Dealing With the North Korean Nuclear Problem (편저, 한울사, 1995)
『한국핵은 왜 안 되는가』(지식산업사, 1994)